高等教育中新工科
人才培养的实践与思考

王 菲 ◎ 著

中国商务出版社
· 北京 ·

图书在版编目（CIP）数据

高等教育中新工科人才培养的实践与思考 / 王菲著 .

北京 : 中国商务出版社 , 2024. 6. — ISBN 978-7-5103-

5302-4

　　I. G649.2

　　中国国家版本馆 CIP 数据核字第 2024DD2541 号

高等教育中新工科人才培养的实践与思考
王　菲　著

出版发行 : 中国商务出版社有限公司

地　　　址 : 北京市东城区安定门外大街东后巷 28 号　邮编 : 100710

网　　　址 : http://www.cctpress.com

联系电话 : 010—64515150（发行部）　　　010—64212247（总编室）

　　　　　　010—64515164（事业部）　　　010—64248236（印制部）

责任编辑 : 徐文杰

排　　版 : 河南济航文化有限公司

印　　刷 : 宝蕾元仁浩（天津）印刷有限公司

开　　本 : 787 毫米 × 1092 毫米　1/16

印　　张 : 15.25　　　　　　　字　　数 : 240 千字

版　　次 : 2024 年 6 月第 1 版　　印　　次 : 2024 年 6 月第 1 次印刷

书　　号 : ISBN 978-7-5103-5302-4

定　　价 : 79.00 元

基金项目

本书系江苏高校哲学社会科学研究思想政治工作专题项目"'创业型大学'建设背景下'双创'教育与思政教育的有效融合研究"（2019SJB054）；中国建设教育协会教育教学科研课题（思政专项）"从行政管控到协同治理：本科生创新能力培养模式转型"（2020030）；南京工业大学党建与思想政治教育研究课题二类资助课题"从行政管控到协同治理：本科生创新能力培养模式转型"（SZ20200216）研究成果。

前　言

随着新质生产力和新一轮产业变革的到来，高等教育的新工科人才培养成为教育改革和发展的重要议题。2011年，教育部发布了"卓越工程师计划"，之后的十年培养出了一批创新能力强、适应经济社会发展需要的高质量各类型工程技术人才。2016年，我国提出了"新工科"的概念，各大高校积极响应号召，开始研究和探索新工科人才培养模式。本书通过对新工科人才培养的研究背景与意义进行分析，梳理国内外在新工科人才培养方面的研究现状和培养模式沿革，以文献研究法，分析各个国家推进工程教育方面的共同点，总结当前新工科建设的发展趋势；以案例分析的方式，围绕"新工科人才培养模式的实践"，梳理具有代表性的工科院校开展的实践探索，厘清新工科人才培养的关键点，总结新工科人才培养模式的路径，为后续研究奠定坚实的基础。本书强调了新工科教育中跨学科融合培养、创新思维、工程实践能力、团队协作能力、社会责任感、可持续发展意识等培养要素，分析了在教师队伍建设、教育教学改革、课程体系优化、评价体系重塑、实践育人导向与资源保障等方面存在的挑战。基于上述分析，提出了课程体系改革、专业设置调整、实践教学模式创新和校地企联合培养等实践探索模式，并指出新工科人才培养需要加强政策和制度上的支持与引导，不断适应国际化发展趋势，用好教育信息技术，以实现新工科人才培养和社会需求的有效对接。本书以"现状及需求分析—总结人才培养的要素—实践的问题和挑战—新工科未来发展方向"为逻辑主线，主要内容如下：

第一，分析了新工科人才培养的现状及存在的主要问题。从国家层面、高校层面、企业层面，阐述了新工科建设阻力的问题症结点、政策和资源支持相对短缺、新工科跨学科建设表面化、高校课程内容和体系陈旧、校企合作表面化等诸多问题。

第二，构建了新工科人才培养的六大关键要素框架。从新工科的内涵出发，通过对成功案例的分析，强调在新工科背景下，为适应产业的变革和快速更迭，人才必须具备的六大特征：①跨学科融合能力；②创新思维；③工程实践能力；④团队协作能力；⑤社会责任感；⑥可持续发展意识。

第三，分析了高等教育中新工科人才培养所面临的问题与挑战。分别从教师队伍建设、教育教学改革、课程体系优化、评价体系重塑、实践育人导向、资源保障方面进行了分析，阐述了当前人才培养实施过程的现状和问题，并就此提出了解决方案。

第四，论述了新工科人才培养的发展方向。把握新质生产力的发展特征，明晰其与新工科人才培养的关系，结合我国社会主义的鲜明特征，坚持从顶层设计出发，贯彻落实新工科人才建设的制度机制，并对制度机制和政策支持提出优化策略，强调了信息化技术与人才培养相融合的必然性和必要性。以国际化视野、加强全球合作来提升新工科人才培养水平，以应对和抵御新质生产力快速迭代导致的人才与需求不匹配的问题，在一定程度上缓解人才滞留、无法就业的社会问题。

通过对新工科人才培养实践的梳理和总结，从各个层面的高校人才培养目标出发，完善新工科人才培养的教学体系，提高新工科人才的综合工程能力，以期推动我国新工科建设的良性发展。鉴于学术水平有限时间有限，加之编写书中难免有不妥之处，恳请广大读者批评指正。

作　者

2024.6

目 录

第一章　高等教育新工科人才培养的背景和现状

近年来，随着新质生产力的发展，高等教育新工科的建设成为热点之一，时代的演变催生了对新工科人才的新需求。解决这个问题需要厘清高等教育的义务和责任，紧紧围绕习近平总书记提出的"教育三问"，夯实新工科发展的经济基础，方能未雨绸缪，培养出适应时代潮流的新工科人才。

第一节　研究背景

一、新时代"教育三问"

党的十八大以来，党中央对高校工作进行了一系列的重大决策和部署，习近平总书记在不同场合多次提出了"为谁培养人、培养什么人、怎样培养人"这一教育的根本问题。

回答"为谁培养人"一问中，把握教育的政治方向。这是关系教育举旗定向的根本性问题，是高等教育的出发点、落脚点。为党育人、为国育才的任务是一以贯之的。党百年奋斗的重大成就和历史经验表明，党的领导是办好社会主义教育的最根本保障。随着新一轮科技革命和产业变革的到来，国际竞争日趋激烈，国际形势错综复杂，高校面临着更为严峻的风险挑战。只有坚持党的领导，才能保证教育沿着社会主义办学方向前进而不偏航，才能保证高校这个党和国家的人才培养阵地、思想文化阵地、意识形态前沿阵地成为培养社会主义事业建设者和接班人的坚强阵地，才能在"为谁培养人"这个问题上交出合格的答卷。

回答"培养什么人"一问中，把准人才的政治品格。这是高校人才培养的规格和标准。当代中国青年生逢盛世，作为中华民族伟大复兴重要的参与者、主力军，他们迎来的是一场具有许多新的历史特点的伟大斗争。高校要培养的人才是能堪当中华民族伟大复兴重任的时代新人，立大志、明大德，有坚定的理想信念、政治立场和政治方向。高校必须把塑造学生优良政治品格放在第一位，培养学生系统掌握马克思主义理论的知识体系、方法体系，以及运用马克思主义立场、观点和方法分析问题、解决问题的能力，让学生能够结合工科专业知识和专业技能，攻坚克难，解决实践中的"疑难杂症"，增强学生的思想定力和战略定力，在第一、第二课堂中增进学生对中国特色社会主义的制度认同、理论认同和道路认同，增强志气、骨气和底气；加强社会主义核心价值观教育，引导学生努力成为"社会主义核心价值观的坚定信仰者"。

回答"怎样培养人"一问中，践行人才培养的政治担当。这回答的是教育目标的实现路径及能否得到有效实现。构建高质量人才培养体系是关键，高质量人才培养体系建设是一项系统工程，科学合理的学科专业结构是人才培养体系的前提。高校应站在学科发展和时代发展的前沿，以前瞻性、战略性的眼光对学科专业提前谋篇布局，不断优化学科专业设置，优先发展国家急需的基础学科，加快建设新兴学科、交叉学科，使培养出的人才能够符合社会主义现代化强国建设的需求，为中华民族伟大复兴提供战略人才储备。

厘清在"为谁培养人""培养什么人""怎样培养人"三问中的责任，高校应审视自身育人体系的建设，在思政教育、教师队伍建设、资源整合方面加强理论指导，落实人才培养保障计划，完善教师职业发展支持系统，具体如下：

思政教育方面，思政工作是人才培养体系的主线。要紧抓课堂教学主渠道，将思政课与专业课相结合，灵活运用思政元素，利用好在关键领域实现科研突破的榜样事迹，邀请优秀校友进校开展座谈会并分享相关经历，帮助学生深刻理解理论，积极参与实践，树立崇高理想，从而内化社会责任感。思政课体系要紧扣历史逻辑、实践逻辑和理论逻辑。积极创设社会服务平台，鼓励学生参与其中，打造全覆盖、多元化的学生课外实践育人体系。

教师队伍方面，高质量的教师队伍是落实人才培养任务的保障。要加强教师政治引领和政治吸纳，教育引导教师提高政治站位，牢记为党育人、为国育才的崇高使命，打造"经师"与"人师"相统一的新时代教师队伍；完善高校师德师风长效机制，强化师德第一标准，教育引导教师向"大先生"看齐，做到方向明、主义真、学问高、德行正，努力成为"四有"好老师；完善"破五唯"的评价机制，激励教师潜心、静心搞教学、做科研，用心培育人才。

资源整合方面，完善教师职业发展支持系统，高校应整合校内外资源，建立与地方政府和企业的密切合作，为教师提供全面的发展资源和平台。通过这种合作机制，有效提升教师的研究能力和教育素质，确保教师队伍政治坚定、专业精湛、师德高尚。素质过硬的师资力量的提升将为高校履行立德树人的根本使命提供坚实的保障。

二、新一轮产业变革

21世纪迎来了数字经济时代，同时也面临着能源和资源危机、全球生态环境恶化、气候变暖等挑战。在各种高新技术广泛交叉应用的推动下，新一轮产业革命正加速展开。信息、生物、新材料、新能源技术等领域的快速发展，使人类的生活和生产活动实现了智能化和信息化，从而推动了文明的进步。乌尔里希·森德勒在其著作《工业4.0：即将来袭的第四次工业革命》中将这次技术革命称为第四次工业革命，强调技术创新在历次工业革命中的核心地位。

第四次工业革命与前三次相比具有以下特点：首先，涉及的技术领域更加广泛，呈现全方位创新的趋势。基因技术、量子信息技术、新材料技术、新能源技术、虚拟现实等领域的突破，实现了生产生活系统的全面智能化，带来了经济社会的深刻变革，例如智能机器人已渗透到各个领域。其次，多种新技术的整体应用对人类具有系统性、整体性的影响。当前世界产业技术革命中，信息技术、生物技术、新材料技术、新能源技术的广泛应用，各新兴技术之间高度融合、相互渗透，形成了完整的技术体系，对人类社会的改造表现出同步性、系统性和整体性。再次，对人类生产生活方式的改造具有全面渗透和跨界应用的特点。各种新产品，如无人飞行器、智能机器人、无人驾驶汽车、机器人厨师等正逐步走入人们的生活，传统制造业向"智造业"转变，互联网逐渐发展为物联网，企业逐步实现数字化。最后，本次产业技术革命在世界各大国之间呈现同步进行的趋势，不同国家和地区之间的技术创新和应用同步推进，形成了全球范围内的创新网络和竞争格局。各国政府高度重视这一革命带来的机遇和挑战，纷纷出台政策，支持科技研发和产业升级。例如，美国推出了《先进制造业国家战略计划》，旨在增强制造业的竞争力；德国实施了"工业4.0"战略，用于推动制造业的智能化和数字化转型；中国则发布了"中国制造2025"规划，致力于提升制造业的创新能力和智能制造水平。

在这场技术革命中，全球合作和竞争并存。国际合作不断加强，跨国企业和研究机构通过联合研发、技术转移和项目合作，共同推动技术进步。同时，国家之间的技术竞争也日益激烈，科技创新能力和产业竞争力成为国际竞争的重要因素。为了保持竞争优势，各国加大了对基础研究和高科技领域的投资，注重培养高素质人才，建立了完善的创新生态系统。

与此同时，第四次工业革命对全球劳动力市场也产生了深远影响。自动化和智能化技术的广泛应用，虽然提高了生产效率，但也导致了传统就业岗位的减少和就业结构的调整。大量简单、重复性工作的消失，需要劳动力市场进行转型升级,培养适应新技术需求的新技能和新职业。各国纷纷加强职业教育和技能培训,鼓励终身学习,以应对劳动力市场的变化,保障就业稳定和社会公平。由此可见,技术创新促进了工科的改革,而工科的实践和研究也推动技术创新,二者相辅相成,同频发展。

新一轮的科技革命与产业变革导致各国综合国力的较量愈演愈烈,综合国力的竞争归根到底是人才的竞争、创新的竞争。2012年7月9日,国务院发布的《"十二五"国家战略性新兴产业发展规划》划分了新一代信息技术、生物、新能源、新材料和高端装备制造等七大战略新兴产业,提出了对重大技术突破和重大发展的需求。2016年12月19日,国家出台了《"十三五"国家战略性新兴产业发展规划》,其中提出超前布局四个战略性产业,即空天海洋领域、信息网络领域、生物技术领域和核技术领域,以培养我国未来发展新优势,这为新工科的产生和发展奠下定历史基础。

第二节　国内外研究现状综述

一、国外研究现状综述

国外针对工程教育改革开启了高等教育工科人才培养模式的转变,在相关研究和实践上取得了较大成果,对我国的工科教育人才培养模式改革有借鉴价值,下面将综述相关发达国家对工程教育的改革过程和举措。

相关发达国家工程教育体系与其工业历史紧密相连,经历了从传统学徒制到精英教育,再到专业化培养和产教融合的多阶段发展。在欧洲,如法国主要采取精英化教育模式,旨在培养高素质的工程师和博士;而德国则强调工程人才的实用性,形成了分层次的教育体系,并积极推行职业教育,最终促成了欧洲工程师教育认证体系（EUR-ACE）及国内专业认证标准。相比之下，美国的工程教育起步较晚，但随着工业革命的发展，其教育体系特别强调科学理论与工程实践的结合，形成了科学与实践双螺旋并进的特色，通过 1989 年发起的《华盛顿协议》确立了其在全球工程教育中的主导地位。随着全球制造业进入智能化阶段，"云大物移智"等数字技术的融合不仅转变了产业结构，也极大地增加了对工程科技人才的需求。面对这一挑战，工业强国如美国和俄罗斯纷纷出台有针对性的策略以改革和优化工程人才的培养模式，确保教育体系能够有效满足智能制造时代的发展需求。

（一）美国工科教育综述

从 19 世纪开始，美国现代工科教育起步，1862 年的《莫里尔法案》（Morrill Act）促进了美国高等教育体系的重构，完善了专业设置和课程体系。然而随着工科技术水平的不断提升，工科教育高校培养的人才在专业技能水平上与岗位要求上有了一定差距，岗位要求逐渐提升。2005 年，美国国家工程院（National Academy of Engineering）的报告中进一步指出，新世纪的工程师面临诸多挑战，如技术的快速进步、国家安全的需求、发达国家的老龄化结构、人口增长和资源减少等问题。因此，未来的工程师不仅需要在技术上更加成熟，还应具备更强大的分析技能、创造力、独创性、交流技能、领导力和专业主义，以及高标准的道德观、活力、敏捷、可靠性和灵活性。2008 年，美国开展了"大挑战学者计划"（GCSP），该计划通过重新定义工程教育的培养目标和方法，旨在培养能够应对 21 世纪工程大挑战的卓越工程师。此计划的合理性在于其直接对接当前和未来社会对工程技术人才的实际需求，特别是在可持续能源、健康信息化、环境保护等全球性问题上。GCSP 提升了学生的技术水平和创新能力，强化了学生的全球视野和社会责任感，这对于培养未来的工程领袖是至关重要的。此外，该计划的必要性也在于其推广了跨学科学习和实践，通过实际项目的参与，让学生能够更好地理解和解决复杂的工程问题，这种教育模式的改革为美国工程教育的持续发展注入了新的活力。

2020 年，美国国家教育统计中心（National Center for Education Statistics）指出，工科教育致力于通过学习、实验和实践培养学生，使其获得数学和自然科学知识，并能够选择性地应用这些知识，合理地开发和利用资源，以支持和协助工程师等相关职业的发展。这一连串的发展展示了美国高校工科教育模式的逐步演变，其正不断适应技术和社会的变化，以满足现代世界对工程专业人才的复杂需求。20 世纪末，加州的一项调查发现，高校 1/3 的在校生都已获得学士学位，回校接受继续教育是为了学习职业技术技能，以获得新的就业机会，由此表明产业的升级改造和新产业的快速发展，都对工科教育提出了持续更新和创新的新要求。

（二）俄罗斯工科教育综述

俄罗斯工程教育面对新型工业化时代的挑战，提出了具有前瞻性和系统性的改革策略。通过《现代工程教育》提案，明确了对"工业 4.0"技术的人才培养需求，预测了这些技术的未来发展趋势，提出建立"工程教育—研究—工业 / 创新"的统一综合体框架。该框架有助于形成一个闭环的创新生态系统，促进教育、研究与产业的深度融合。此外，《2011—2012 年工程教育研究报告》由俄罗斯工程教育联合会发布，强调了教育重构的紧迫性，并提出了具体措施，主张通过超前培养和继续教育来满足新型工业化对人才的需求。改革包括重构教育内容、采纳新教育技术，以及创新人才培养组织结构，旨在培养学生掌握综合知识并形成创新思维的能力。具体的教育技术，如问题与设计教学、创造性生产实践等，旨在促进学生的认知和职业技能发展。同时，该报告提倡建立工程教育质量的社会认可支持体系，包括专业认证、工程师资格认证及继续教育体系，以提升工程师的社会地位和职业技能。

俄罗斯通过"工程教育发展"项目，提高了工程教育的现代化和社会威望，特别是通过中学生的工程奥林匹克竞赛选拔人才，以及与企业合作确立的招生和培养机制。这一项目自 2013 年以来显著增加了工程专业的招生人数，至 2015 年，工程专业招生人数超过高考总招生人数的 50%，并形成了订单式的培养模式。同一时期，俄罗斯实施了"2012—2014 年提升工程人才专业技能总统计划"和"2015—2016 年提升工程技术人才专业技能的专项计划"，通过国家与私企的合作，利用现代化培训内容和技术，有效提升了工程人才的专业技能，满足了地区经济发展的需求，其中 2012—2013 年有 11573 人接受了专业技能培训，超过计划指标的 27%，足见这一系列工程教育和技能提升计划不但有效提高了工程人才的专业水平，而且适应了新型工业化的需求。

（三）日本工科教育综述

日本高校的工科教育历来遵循以"学科"和"专攻"为基本教育单元的传统模式，根据《大学设置基准》和《研究生院设置基准》进行人才培养。这一教育结构通过固定的学生数额和相应的教师配备确保了教育的系统性和规范性。目前，这种相对僵化的组织形式已难适应快速变化的产业结构。因此，日本文部科学省建议对现行的"学科"和"专攻"定员制度进行重审，增强教育模式的灵活性，通过解除教师与特定"学科"或"专攻"的固定隶属关系，优化校内教育资源配置，构建一个能够迅速响应社会需求、科技进步和产业发展的更加动态化的工科教育体系。在日本高校工科教育中，通识教育的重要性日益凸显，旨在平衡专业与通识教育的内容。

日本的《咨询报告》建议将通识教育深度融入本科、硕士及博士阶段，通过与专业教育的互补和融合，加速形成一贯制、系统化的通识教育体系。报告特别强调本科阶段教育的重要性，提出课程设置应紧跟科技前沿、减少课程数量、提高课程质量，采用慕课、翻转课堂等现代化的教学方法，以学生为中心，提升教学水平。此外，报告明确了本科阶段的必修核心课程，包括专业基础科目如数学、物理等技能科目，如信息与信息安全等，以及工学相关的概论科目如伦理与安全、创业等，以全面提升学生的专业能力和实际应用能力、适应社会和产业的需求。该改革措施为构建更加动态的工科教育体系提供了有力支撑。

《咨询报告》还提出了一系列创新的教育改革措施。如推荐实施"本硕六年一贯制"，通过系统化、多样化的课程设置，提高课程的进阶性和衔接性，同时增强学生的跨专业学习能力和解决问题技能。该模式强调使用以问题为导向的教学方法（PBL），并调整本硕毕业论文的重要性，鼓励学生在多个研究室间轮换，自主定义和深化研究课题。此外，报告还建议采用"硕博五年一贯制"，结合文部科学省推出的多项计划，打破学科与学位间的障碍，通过跨学科的一体化教育项目，培养具有国际视野的高端人才。该教育改革措施强化了教育的连续性和灵活性，同时积极引入外部资源，如政府和产业界的支持，共同培养符合未来社会和产业需求的工科精英人才。

这些计划和战略不仅展示了各国在全球化和技术快速发展背景下对工程教育的新需求和新挑战的应对策略，也反映了工程教育体系在新的工业革命面前必须进行深刻变革。通过这些变革，不仅能够培养出适应新技术需求的工程人才，更能够在全球范围内推动工程教育的质量提升和创新发展。这些国家的经验和探索为全球工程教育的发展提供了宝贵的参考和启示，有助于其他国家和地区构建自己的工程教育体系。

二、国内研究现状综述

（一）新工科内涵研究

2016年"新工科"概念提出后，国家在宏观层面上进行了一系列的教育部署，教育部联合各大高校先后召开了"复旦共识""天大行动""北京指南"会议。国内众多学者都对"新工科"的内涵从不同角度进行了研究，不断丰富"新工科"的内涵，然而对于"什么是新工科"，截至目前还未有一个统一的定论。

李培根院士在探讨新工科的核心要素时强调，新工科教育应培养具备国家责任感、空间感知能力、创造力及批判性思维的工程人才。在教育结构上，他建议重新评估和设定专业界限、重组课程内容、促进多学科知识的整合；在教育方法上，他提出应采用更加具有关联性和非中心化的教学策略。林健提出,新工科的"新"代表了三种形式:全新的学科领域、通过转型和升级重塑的现有学科,以及通过不同学科的交叉和融合形成的新学科。夏建国教授将新工科定义为对现代工科教育现状的深刻反思和重新定位。他认为,新工科是高校根据社会需求和自身特色,通过学科交叉、知识重构、教育模式创新及制度变革形成的一种现代化教育理念。新工科以全新的教育范式,旨在为经济社会和科技创新的发展提供必要的智力支持和人才培养。李华将新工科定义为一种新的工科形态,为了适应新经济发展的需求,引入了新的内容和理念来更新工科教育,详细阐述了"工科+"的概念,包括将新理念、新模式和新技术融入传统工科教育,形成一种全新的教育态势。学者刘坤在"复旦共识"后对新工科的内涵发表了见解,他认为在实际操作层面上,其内涵包括多个关键要素,即新工科专业结构需要同时布局战略性新兴产业的相关专业和改造升级传统工科专业。具体而言,就是实施"五新"战略:采纳新理念(创新型、综合化、全周期教育)、建立新结构(将新兴工科与传统工科相结合)、采用新模式(创新工程人才培养模式)、确保新质量(培养具有国际竞争力的人才)以及发展新体系(建立具有中国特色的工程教育体系)。钟登华在 2017年对新工科建设的内涵进行了明确界定,并将其英文名称正式确定为"Emerging Engineering Education"。他认为新工科应以培养德行、应对变化和塑造未来为核心建设理念,通过继承与创新、交叉与融合以及协调与共享的途径,培养具有多元化和创新能力的卓越工程人才。在理解新工科时,应认识到"工科"是基础,"新"代表了前进的方向,强调创新和进步,但同时必须牢固根植于工科的本质和传统之中。以上对"新工科"内涵的解读是目前较为被公认的。

刘坤提出新工科的基本要义在实践操作层面可以分成两个方面:一是新的工科专业,设置前沿和紧缺的学科产业,提前布局培养引领未来技术和产业发展的人才,改变"跟跑者"的现状,转变为"领跑者",实现跑道领先。二是工科专业的新要求,由产业变革引发的新需求,亟须加快传统工科专业的改造升级,以此来支撑、服务、引领产业的转型和升级。此外，他还从动态的角度阐述了工程教育内容的发展变化，将这种动态称为"范式"，进而解读新工科范式，从工程教育的发展史来看，其经历了技术范式、科学范式和工程范式等不同阶段。每一种工程教育范式的形成、发展、成熟和转型都是一个渐进的过程。一般来说，工程教育范式需要经历一段时间的形成和稳定，才能更好地进行总结和评估。工程教育范式转型的实质是呼唤对工程教育进行根本性、系统性的变革。因此，工程教育范式的内涵和内容比名称和时间更为重要。目前，随着新一轮科技革命和产业变革的迫切需求，工程教育改革的力度和速度都得到了加强。刘坤等人将这一轮工程教育的新范式称为"新工科范式"，如图1-1所示。从某种意义上说，"新工科范式"为工程教育提供了全新的思维框架和参考标准，有助于掌握当前工程教育改革的进行情况，推动人们提出新的、不同的问题，从而促进范式的转变。

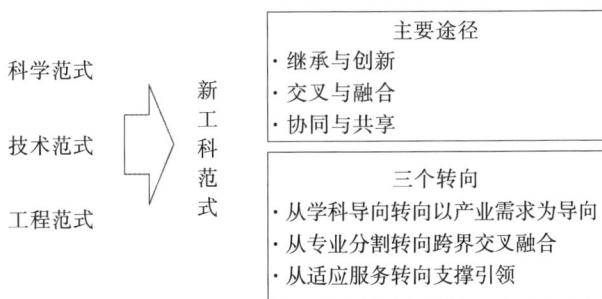

科学范式

技术范式　→　新工科范式

工程范式

主要途径
· 继承与创新
· 交叉与融合
· 协同与共享

三个转向
· 从学科导向转向以产业需求为导向
· 从专业分割转向跨界交叉融合
· 从适应服务转向支撑引领

图1-1　工程范式转型与新工科范式

新工科实质上是工程范式的变革和演进，是在高等工程教育所面临的环境、条件和需求发生根本性变化的大背景下，积极主动地探索工程教育的新路径、新模式和新形式。这种变革意味着人们须在工程教育的内容、流程和机制上进行更新和再造。

（二）新工科背景下人才培养模式的探索

以"新工科""人才培养"为关键词，在中国知网（CKNI）进行高级检索，经过对文献的梳理与总结，共筛选出学术期刊 8502 篇，学位论文 259 篇，该领域的研究内容主要包括融合学科知识、多主体培养、课堂教育教学模式改革和面向产业需求等方面。

姜晓坤在综合分析新工业背景下的新工科人才素质要求时，提出了新工科人才的素养结构，强调了培养学生的生态意识和工程认同感，以及人文社科与数学知识的交叉融合，同时注重终身学习和创新创业能力的发展。在他的《新工科人才培养新模式》一书中，姜晓坤进一步提倡以成果导向教育（Outcome-Based Education，OBE）作为教育理念，主张以学生为中心，采用反向设计方法来进行教学设计，推动教学评估的持续改进，同时系统加强对新工科人才的品格、知识和能力的培养，为我国新工科工程人才的教育培养构建了一个全面的理论框架。黄河燕指出，新工科的成功发展依赖于对人才培养目标、内容和方法的多样化处理。她特别强调采用"研究型、小班化、个性化"的教学模式，以及以问题驱动、项目为基础，创新为目标的实践教学方法。该教学方式能激发学生的主动参与性和创造力，并通过实践活动培养学生的科学思维和创新创业能力。刘亮军在研究中专注于地方本科院校在新工科人才培养方面的特点和策略。他强调，新工科人才培养应紧密结合地方产业的实际需求，通过优化学科结构、采用成果导向的教育模式、改革以技术应用为核心的课程体系，全面提升教师的教学和实践能力，并加强实践平台和协同育人机制的建设，这些措施能够培养满足地方发展需求的创新型工程技术人才。章云及其团队针对当今社会对工程人才需求的转变，特别是对解决复杂问题能力的重视超过了传统的认知能力，分析了工科教育面临的挑战，特别是本科教育时间的限制和对工科毕业生跨界能力日益增长的要求。他们提倡通过跨学科项目合作和团队学习的方式，进行多专业融合培养，以提升课程内容的整体性，减轻学生的学习负担，并在短时间内有效提升学生的综合能力。此外，他们还建议与校外企业及研究院合作，建立非实体的多专业联合学院，通过项目驱动的教学方式促进不同专业学生的交流，培养其处理复杂工程问题的能力，并通过强化实践教学进一步提高学生的实际工程处理能力。

（三）新工科人才培养探索案例

随着国家颁布的新工科建设的教育战略的顶层部署，各大工科院校纷纷响应号召，开展新工科背景下人才模式的探索。通过知网检索"新工科人才培养"，就能看到各大工科院校的实践和经验总结。

天津大学首倡"新工科建设路线图"，提出新工科建设"天大行动"，规划新工科建设行动路线；构建"学校—区域—全国—世界"四级实施体系，率先设计并实施了跨界融合、集成共享、系统创新的"天大方案"，助力构建具有中国特色、世界水平的工程教育培养体系。以"天大方案"为代表的新工科教育"中国方案"带动了人才培养的综合改革，催生了新时代中国高等教育的新教改、新质量、新体系和新文化，形成了内涵上实质等效的全球新工科教育的中国模式。学校以立德树人、交叉融合、与时俱进为方向，旨在培养具有家国情怀、创新意识、卓越工程能力的新工科人才。

学者贾玲利、傅娅、赵东平以西南交通大学为例，探究新工科背景下风景园林专业人才的跨学科能力培养。风景园林专业的跨学科能力培养面临着诸多挑战，为了有效应对这些挑战，他们分析了专业配置的差异性、课程体系的独特性和教学环境的局限性，提出可以采取以下措施。首先，可以构建"学生—平台—教师"三位一体的人才培养体系。通过建立学生参与项目设计和实践的平台，以及引进跨学科领域的专家教师，促进学生与教师之间的深度互动和合作，实现跨学科能力的全面培养。同时需要更新教学理念，采用更加开放、灵活的教学方法，鼓励学生跨学科学习，参与不同领域的课程和项目，培养其综合应用能力和创新能力，拓展专业视野和思维方式。完善知识架构，加强跨学科课程设置，在课程体系中融入相关跨学科知识和技能培训，如生态学、社会学、设计思维等，为学生提供更加全面和多样化的学习资源。其次，需要细化培养过程，注重个性化和有针对性。根据学生的特点和需求，设计个性化的学习计划和培养方案，为其提供更有效的支持和指导，促进其全面发展。最后，建立多重科学评价方法，全面评估学生的跨学科能力。除了传统的考试和论文评价外，还可以引入项目实践、作品展示、专家评审等方式，为其提供更加客观和全面的评价。未来，风景园林专业跨学科能力培养的发展趋势为运用人居环境科学的宏观理念，强调学科优势和平台资源的整合，注重关键培养环节的设计和实施，以满足社会对跨学科复合型人才的需求，推动专业教育的不断创新和发展。

学者李玉波、杨淑杰、王皓琨等人对地理信息科学专业的人才培养进行了探索，白城师范学院结合国家人才培养的目的设置了培养目标：强化和拓展理论知识学习，突出技术开发与应用创新，建立通识课程、学科理论课程、实践课程和拓展创新四大教学平台，课程体系被构建为涵盖基础到专业应用的多层次课程，构建课程实验实习、专业实习、毕业见习实习为一体的专业实践教学体系，并与国内知名测绘地理信息类企业进行合作，提高学生的实践和创新创业能力，采用多样化专业课程教学方法构建良好的课堂氛围，强调学生的主体性，通过项目或生产实践来实现多学科、多专业的交叉融合。在专业教学评价体系中，建立多方参与的开放性评价机制，促进评价主体的多样化，改进课程考核方式，加大过程考核比重，建立融知识、能力和素质于一体的综合评价体系。加强双师双能型教师队伍建设，一方面鼓励教师走出去与企业合作，参与实践，鼓励教师深造；另一方面邀请业内专家前来授课，并聘请优秀技能型人才作为兼职教师。学者林建新、蓝丽金对新工科背景下的 2019 级电气类专业人才培养模式进行了探索，深入展开丰富的实践教学活动，健全培养链条设计的创新创业能力模式，构建了全方位多层次的科技竞赛训练体系和综合实践平台，打造了深度校企融合模式，历经两年，创建了"全方位人才培养模式"，其由八大模块构成：以学生为中心、以学生工作为保障、以科研团队为支撑、以校企合作为引领、以实训平台为依托、以学科竞赛为动力、以科技协会为基础、以导师制为主线，取得了丰厚的成效。

学者李尚林、张雯雾、陆汝华、肖娟以湘南学院物联网专业为例探索了"竞赛驱动，赛学一体"的新工科培养模式，学校以竞赛为驱动，让学生在解决问题的过程中学习相关知识，培养相关能力，实现物联网专业学生在四年培养周期内学科竞赛的全周期覆盖、全方位实施。在培养方案方面，首先，湘南学院物联网专业明确将"参与学科竞赛"纳入第二课堂学分中。学生必须完成 8 个第二课堂学分才能获得学位，从制度上为学生提供足够的驱动力，促使其在四年内积极参与学科竞赛。同时，在综合测评中，对学科竞赛获奖的学生进行加分，进一步完善了学科竞赛的正向激励机制。此外，在实习、实训、开放实验室、创新实验室、导师项目等软硬件资源的分配上，也倾向于支持积极参与竞赛的学生。学院深度融合了学科竞赛与专业性质的协会和社团，同时将学科竞赛与学生的课余时间进行融合，实现了学科竞赛全方位的覆盖和实施。学院借助高校专业型社团，设立了多个专业能力侧重点不同的社团，如 ACM 社团、物联网社团、人工智能社团及 CTF 网络安全协会等，与物联网专业的综合实训课程和相应的学科竞赛进行对接。每个社团都与特定类型的学科竞赛相关联，为学生提供更具针对性的培训和准备。其次，在专业社团内部设置了相应学科竞赛的校队机制，建立了完善的选拔、训练、淘汰机制，实现了社团与学科竞赛的深度融合。最后，学院还根据学科竞赛的不同能力培养目标，对学生采取差异化的引导策略。

学者何皓怡、韦丽娟、何永波等人以广西某高校网络工程专业为例探索新工科背景下数据驱动的人才培养模式。他们阐述了当前网络工程专业建设及人才培养过程中所面临的主要问题，包括专业人才培养方案及路径不够完善、教学软硬件资源不足和人才培养评价体系不完善，并据此提供了新工科背景下，数据驱动的人才培养模式为网络工程专业的发展提供的新思路。一是数据采集，通过线上或线下教学环境记录学习过程及结果数据，同时通过走访调研等方式获取行业情况和用人单位反馈等相关数据。二是数据存储，根据数据类型和安全性要求选择适配的存储方案，包括师生基本信息、课程数据、学校信息和行业数据等。三是数据智能，利用数据处理、人工智能和可视化等技术，从教学数据中挖掘教学规律，学习诊断信息，并绘制学生、教师和企业人才画像。四是应用服务，智能分析结果服务于学习分析、学习绩效预测、教学评价和教学管理分析与决策等方面。教师可以实时了解学生的学习情况，实施精准教学干预；教研室和教学管理者则可综合分析课程目标和毕业要求的达成情况，为教学管理和决策提供支持。学者们还论述了推进新工科背景下数据驱动的人才培养模式的有效实施，需要在以下两个方面重点发力：第一，重视教师专业发展，加强师资队伍建设，包括注重丰富教师的学科内容知识、对教学法知识和相应的教学技术知识，以及提升教师的数据素养；第二，改革教学方式及手段，探寻多元立体的教学质量评价机制。

三、综述述评

通过对国内外关于"新工科建设"的检索梳理，以新技术、新业态、新产业、新模式为特点的新经济和快速更新迭代的产业变革已经在全球形成连锁反应，各个国家的工科高等教育建设都存在不同程度地落后于产业需要和岗位需求的现象。国外学者研究了本国工科建设与产业需求的关系，总结了存在的问题症结点，21世纪初期，以俄罗斯、美国等为首的发达国家相继出台建设新工科的政策和措施。我国在工科教育建设上受苏联模式影响较深，无法适应产业未来的发展，新经济形态对人才的跨学科能力、解决复杂问题的能力、创新应用能力都提出了更高的要求，发达国家对工程教育的建设为我国的新工科建设提供了参考依据。2016年以来，我国各大高校也陆续开展了新工科建设的探索和研究，众多学者对"新工科"内涵进行了解读，为新工科建设提供了方向指引，对于新工科建设的理论研究初具规模，各大工科院校积极响应新工科建设的号召，纷纷开展立足于本校专业情况的实践，但在实践中阻碍较大，很多理念距离理论还有一定距离，从理论到实践中间也存在较多空白地带，未来仍需进一步深化对理论研究的应用，推进新工科高等教育人才培养的实践研究。

第三节　思路与内容

本书以习近平总书记关于教育的重要论述为纲领，以"复旦共识""天大行动""北京指南"的内容为参考，以新技术、新业态、新产业、新模式为特点的新经济和新一轮产业变革为研究背景，研究内容为高等教育新工科人才培养的实践与思考，研究流程如图 1-2 所示。

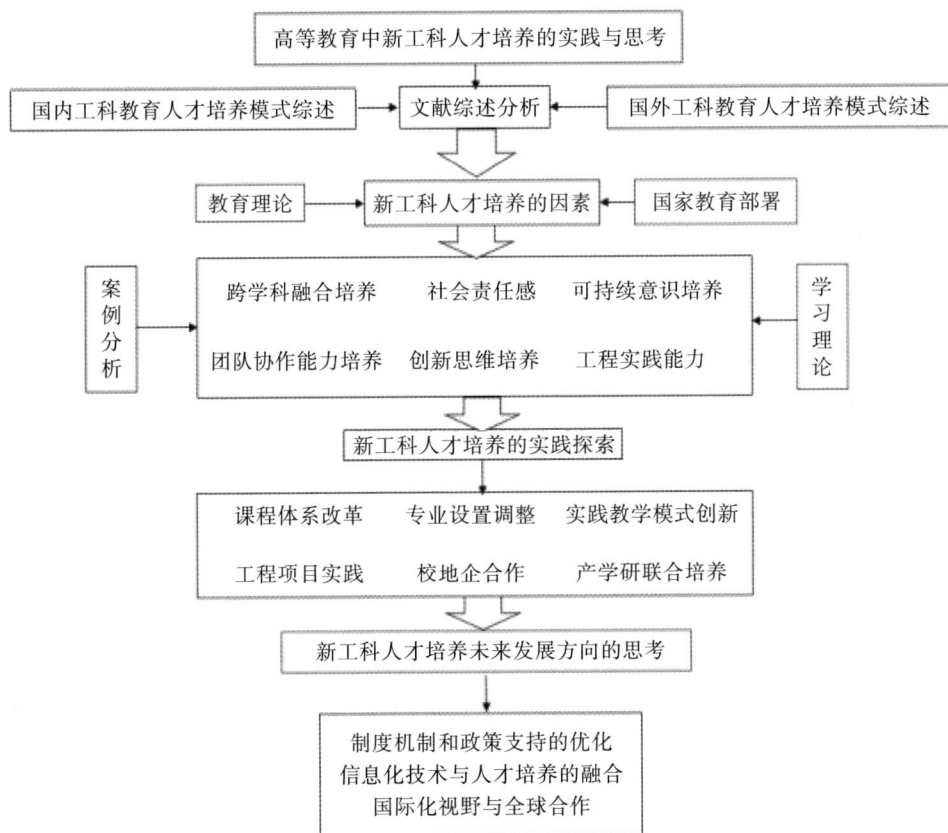

图1-2　研究流程

第四节　研究方法

本书采用文献研究法、案例分析法和比较研究法，结合相关文献，对新工科人才培养的实践与成效进行系统分析。

案例分析法：本书选取几所全国具有代表性的、不同层次的工科院校，在新工科背景下对其人才培养体系改革和建设的实践及结果，进行梳理和分析，收集有关新工科建设的相关理论资料进行对比，探讨理论运用于实践之中的困境，并提出解决办法。

文献研究法：本书确定研究主题，进行文献收集与筛选，包括学术期刊、会议论文、政府和教育机构发布的政策文件、行业报告等。使用关键词如"新工科建设""工科教育改革""人才培养"等进行收集。此外，重视中外文献的收集，确保全面覆盖国内外的发展动态和理论研究。阅读梳理有关新工科建设、新工科人才培养建设最前沿的理论和实践内容，深入分析新工科建设的国际和国内背景，包括经济发展需求、技术进步的推动、教育政策的导向。从宏观层面上，阐述新工科建设的背景，国家颁布的有关政策；从微观层面上，收集学者对工科高校的人才培养体系的改革实践和升级措施，推进新工科建设的创新之举并进行深入思考，总结有效因素，探讨新工科建设的着手点，探索新工科建设的基本发展路径，指出当前研究中可能存在的空白和未来研究的方向。

第五节　本书创新与不足

一、创新之处

第一，本书通过对新工科最前沿的文献进行梳理，对新工科建设的国家政策、学者研究、高校实践进行了汇总，并对高校主体进行了细化，明确了不同层次院校即工科优势高校、综合性高校、行业性高校和一般地方高校在新工科建设中不同的人才培养方向的同时，紧扣新工科教育范式，加强师资队伍建设、教育教学改革、课程体系优化、评价体系重塑、实践育人导向与资源保障，实现大规模的人才培养使效益最大化。

第二，梳理并探究新工科建设成功案例的可借鉴之处，如天津大学、吉林大学、南京理工大学、南京工业大学等开展的新工科各个方面的建设实践，可以为新工程建设的研究提供参考依据。

第三，总结新工科人才培养的关键六要素，即跨学科融合培养、创新思维培养、工程实践能力培养、团队协作能力培养、社会责任感培养、可持续意识培养，分析当前工科教育和新工科教育实施过程中普遍存在的问题，并提出优化方法，以进一步优化新工科人才培养体系。

二、不足之处

一方面，新工科建设是一个宏大的框架和方向，目前对新工科的定义尚未形成定论，有关新工科人才培养的理论也众说纷纭，大致能分成国家、高校、企业、个体四个维度，而在培养体系建设方面，则以静态的具体措施为主，在多主体的协同育人的动态研究方面还存在不足；另一方面，对新工科建设案例的分析主要以某一方面或某几方面为主，只知其一，不知其二，在实践操作层面，无法给定新工科建设的整体路径，存在一定的局限性。

第二章　高等教育新工科人才培养的理论阐述和模式沿革

第一节　相关概念界定

一、工科

工科专业范畴广泛，传统工科主要指以应用科学如数学、物理学、化学为基础，着重于技术与工艺开发的教育领域。这类专业主要包括机械工程、建筑工程、水利工程以及汽车行业等，工科专业致力于探索和实施创新技术，同时结合实践经验保障持续发展。工科学科体系中的专业丰富多样，涵盖了55个主要类别，并细分至多个子领域，如电子信息科学、材料科学、化工制药和护理学等。

传统工科教育致力于培养具备深厚理论知识和实际操作能力的高级工程技术人才，他们能在工程规划、资源勘查、设计、建设施工、材料选择研究以及项目管理等多个环节发挥关键作用。其目标是为社会输送可以解决复杂工程问题，推动科技进步的专业人才，以适应现代社会对工程技术的需求。学者别敦荣指出工科是运用科学原理和技术经验解决社会生产和生活问题的知识。他同时阐述了工科与其他学科之间的关系，一是工科与工程不可分裂，工科和工程不仅是工业化的产物，也是工业化发展的动力，这种关系突出表明，工科学科在将理论科学转化为实践应用中起到了决定性作用，推动了技术和工业的进步；二是工科与科学技术是既相对独立又相互包含的知识体系，工科与科学技术交叉融合发展的结果是创立新的学科领域；三是工科与文科的知识范式存在显著差别，但二者之间又具有内在关联性，即人的精神需要和认知水平需要与工程科学技术进行有机结合，工程的发展不仅是技术行为，还涉及对人类需求、行为和伦理的理解；将工程与人文学科相结合，既丰富了技术发展的社会和伦理背景，也确保其符合人文标准，并对社会产生积极影响。

综上所述，工科是一类应用自然科学（如数学、物理学和化学）和技术经验来解决实际工程问题的学科。其包括如机械、电子信息、材料科学、化工以及护理学等一系列子学科，涵盖了从基础研究到工程设计、施工管理等广泛领域。传统工科强调对工学类专业知识的学习和应用，学生学习应用技术和相关工艺，并结合生产实践积累下的技术经验进行工程项目来推进社会传统建设。

二、新工科

2017年，教育部发布"新工科"计划，激发了学界和各地高校对"新工科"研究的热情，开启了"新工科"的建设征程。新工科的提出迎合了时代产业发展的需要，服务于以新技术、新业态、新产业、新模式为特点的新经济。

针对新工科的内涵，学者们提出了自己的真知灼见。学者杨宗仁提出，新工科的核心在于树立一种开放包容、创新为先、综合集成、全周期覆盖、全面发展的工程教育新观念。这要求通过重构工科专业的架构与课程体系，培育新工科人才的全新能力，创建具备国际竞争力的工程教育新水准，并进一步完善具有中国特色的工程教育体系。概括而言，新工科大致展现出五大本质特征：导向性、融合性、创新力、跨域性与前瞻性。

清华大学教授林健指出，新工科是一个发展性的理念，其内涵会随着产业发展变化而产生变化，新工科是在原有的工科设置之上，立足于新，蕴含了新兴、新型、新生。"新兴"指前所未有的、新出现的新技术、新学科；"新型"指在互联网技术和人工智能的深刻影响下，对既有的传统学科实施变革、改良与提升；而"新生"则是在新经济模式的框架内，产业链的综合化趋势打破了以往学科专业细分的界限，催生了一系列跨学科融合的新兴学科领域。

学者高海涛强调，新工科专业的定义是相对于传统工科专业而言的，新工科主要服务于新兴产业领域。这类专业显著地融入了互联网技术及工业智能化的特点，涵盖了诸如大数据分析、云计算应用、人工智能技术、区块链技术等先进技术。新工科不仅仅包括新型、新生和新兴工科专业，还致力于培养适应未来技术发展需求的高素质工程技术人才。

中国工程院钟登华院士关于新工科内涵的见解广受认同，他阐述了新工科的本质：以立德树人为导向，秉持应变未来的发展原则，以传承与创新、交叉融合及协同共享为实施策略，旨在培育未来社会所需的多元化、创新型高端工程人才。新工科之"新"，体现了一种导向性，关键在于精准把握"新"的内涵与外延。

首先，树立"应对变化，塑造未来"的新理念。这一理念反映了新工科教育的核心目标是主动适应不断演变的技术和市场需求，通过革新教育结构、模式及质量，前瞻性地探索和建立符合未来发展需求的工程教育体系；新工科教育着重于创新及变革力的培育，提升学生对未来环境的适应能力及创新能力，领航技术与行业发展而非被动跟进，造就出能够应对未来工程挑战的杰出工程技术人才。该教育模式不仅要求学生适应社会现状，更强调主动作为，承担起塑造与革新世界的重任。在高等教育中，工程教育连接科技与产业，直接贡献于社会经济发展，使工程人才和科技成为推动变革的关键力量。

其次，提出"培养未来多元化、创新型卓越工程人才"的新要求。一是坚持人才结构新，新工科教育致力于培养与未来产业和技术发展步伐相匹配的工程人才，重视人才培养结构的多元化。面对中国工业 2.0 至 4.0 的并行发展，工程教育需涵盖从研发到管理的全产业链，构建符合各层次教育目标的人才培养体系。此外，随着产业需求的不断变化，高校需调整专、本、硕、博的培养规模和目标，确立以市场和人口需求为导向的教育供给机制，以适应国家战略和社会发展的需求。二是坚持质量标准新，新工科强调未来导向，综合国际视角和国内实际需求制定全新的质量准则。2016 年世界经济论坛的报告《The Future of Jobs：Employment，Skill sand Works-force Strategy for the Fourth Industrial Revolution》着重指出，跨领域能力如社会交往能力、系统思维能力、处理复杂问题的能力、资源配置能力以及技术运用能力等具有重大意义。无独有偶，美国工程院也在《2020 年的工程师：面向新世纪的工程愿景》报告中强调，未来的工程师除需具备出色的分析技巧、实践能力、创新思维、沟通艺术外，还应掌握商业管理知识，具备领导才能。结合前沿研究提出的标准，钟登华院士认为我国工科人才还应具备强烈的家国情怀、跨学科整合能力及持续的自主学习能力。另外，关键个人素质还应包括沟通与协商技巧、国际视野、环境保护与可持续性认知、数字时代的信息素养，这些均为应对工业 4.0 时代挑战、有效解决复杂工程难题所不可或缺的能力。因此，高校应借助教学模式的创新及课程体系的革新，全面提升学生的综合素养及实践操作技能。

最后，建立新工科"继承和发展、交叉和融合、协调与共享"的新途径。新工科的建设核心在于"继承与创新"，旨在积极应对技术和产业变化，通过更新教育理念和改革教育模式来塑造未来的工程教育形态。这一策略强调从历史和传统优势出发，结合现代科技进步和教育创新需求，进行教育内容和方法的全面革新。"协调与共享"通过优化专业结构和提升培养质量，强化了新工科的教育资源和成果的共建共享。这不仅包括国内的高校主体、政府、行业和企业的协同合作，也涵盖了国际合作，如中国—东盟及中俄工科大学联盟。天津大学与佐治亚理工学院的合作是探索国际合作新模式的有力例证，该合作旨在培养适应全球化需求的新工科人才，标志着高等工程教育的全面升级和国际化发展。

综上所述，新工科是针对快速变化的产业需求推出的教育改革计划，其目标是通过开放包容、综合化、全周期的教育理念，重构工科专业课程体系，培养具有引领性、交融性、创新性、跨界性和发展性特征的新时代工程技术人才。重点利用新兴技术如互联网、人工智能、大数据等，服务于新业态和新产业，培养能够适应未来技术挑战的高素质人才。

三、高等教育

参照 2011 年修订版《国际教育标准分类》对高等教育的界定，此阶段教育建立在完成中等教育高级阶段的基础上，培养兼具社会责任意识、创新思维及实践技能的高级专业人才。高等教育是教育体系的重要组成部分，通常指各类教育机构开展的高级别、专业化的学习与培养、教学、研究以及社会服务等活动。高等教育包括学历性教育与非学历性教育两大类，其中学历教育又细分为四个递进层次：专科学历教育、本科学历教育、硕士研究生教育及博士研究生教育。

2021 年 9 月，习近平总书记在中央人才工作会议上指出，创新是发展的第一动力，人才是创新的第一资源。人才竞争首先是人才培养的竞争，高等教育的竞争在于人才培养竞争。2023 年，教育部提出高等教育的总体思路：根据习近平新时代中国特色社会主义思想，全面践行党的二十大精神，关注高等教育发展的新方向和要求，加快新工科、新医科、新农科、新文科领域建设，以发展强大高等教育为目标，提高人才培养质量为首要任务，深化高等教育综合改革试点工作，探索建立适合中国国情的高等教育发展模式，从而更好地促进国家区域经济发展和社会进步。

在《高等教育强国梦》中，教育部吴岩详细阐述了高等教育的必要性和重要性。他指出："一个国家的兴衰与大学息息相关，大学的兴旺决定了国家的强盛与稳定。"高等教育不仅是社会发展的基础，更是动力源和引领者。他强调，高等教育的关键在于从事这一事业的人要具备三种能力：看得准、谋得深、干得实。

首先，所谓"看得准"，即清晰地认识到了中国高等教育的定位。2015 年，联合国教科文组织在一项研究报告中强调，全球高等教育领域正面临着一场深刻的变革，其特点可归纳为"普及性增强、形式多样化、国际化趋势明显、终身学习理念普及及信息化程度加深"。通过纵向数据分析可知，当前全球高等教育在学人数超过 1000 万的国家有三个，中国就是其中之一。1978 年以来，中国高等教育的平均增长率位居世界首位，这一规模优势预计将持续到 21 世纪中叶。

其次，所谓"谋得深"，即通过中国高等教育来实现国民总体水平的进步和国家地位的跃升，从相对量指标来看，马丁·特罗提出的高等教育发展阶段包括精英化、大众化和普及化。2020 年，中国高等教育的毛入学率达到 54.4%，2021 年为 57.8%，2023 年更是达到 60.2%，这标志着高等教育进入普及化的初级阶段，并预计以将每年 3% 的速度持续增长。

最后，所谓"干得实"，即高等教育体系要贯彻育人为本的中心任务，切实提升人才创新水平。如图 2-1 所示，从经济型、国际性和国民性角度看，中国的高等教育毛入学率与欧洲发达国家相比仍有显著差距，未来仍需保持较快的增长速度以缩小这一差距。

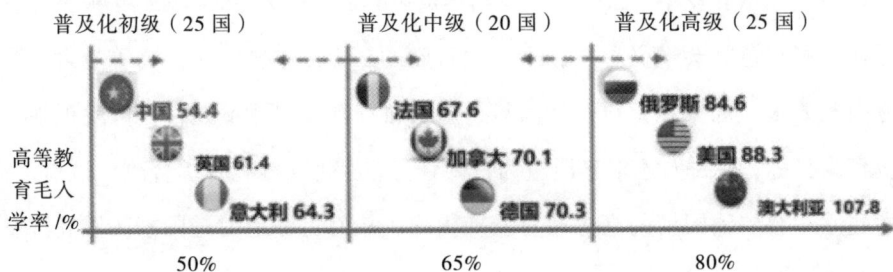

图2-1　各国高等教育进入普及化阶段情况

根据横向分析的数据，从通用性指标来看，表 2-1 是由母语为英语的国家推出的，其依据主要是科研指标的中国高等教育整体发展实力，如表 2-1 中所示，中国高等教育整体水平处于世界前 4%，理科、文科、农学、医学、医科、工科、人力资源开发水平、高水平大学群体实力处于世界前 1%~2%，足见中国高等教育整体发展已进入世界先进水平行列，一些领域已进入世界一流水平行列。

表2-1 中国高等教育的整体发展水平

具体指标	排名	世界前 500 名上榜高校数（以QS 为例）	相对位置
高水平大学群体实力	世界第 3 名	美国 87 所、英国 49 所、中国 26 所	世界前 2%
高等教育整体水平	世界第 8 名、亚洲第 1 名	—	世界前 4%
高等理科教育水平	世界第 3 名	美国 102 所、英国 37 所、中国 35 所	世界前 2%
高等工科教育水平	世界第 2 名	美国 90 所、中国 37 所	世界前 1%
高等农学教育水平	世界第 2 名	美国 140 所、中国 54 所（软科）	世界前 1%
高等医学教育水平	世界第 4 名	美国 127 所、英国 37 所、德国 34 所、中国 27 所	世界前 2%
高等文科教育水平	世界第 3 名	美国 95 所、英国 51 所、中国 21 所	世界前 2%
高等教育创新贡献水平	世界第 14 名	全球创新指数 53.28%	世界前 7%
人力资源开发水平	世界第 1 名	大学文化程度人口 2.1 亿，R&D 人员全时当量 509 万人年	世界前 1%

从引领性指标来看，中国高等教育实现了在新课改、新形态、新质量和新保障上世界范围的领跑，四个具体表现依次为推动学科专业改革、发展在线教育、培养创新创业能力、建立质量国际互认体系，这是党对高等教育的顶层设计，也是全国高校通力合作的有利印证，展现了中国高等教育在发展上取得的重大成果。

综上所述，高等教育是指在完成高级中等教育的基础上，以习近平新时代中国特色社会主义思想为指导，建设一批一流大学和一流专业，以推进"四新"改革为领跑策略，助力国家的科技进步和社会发展，服务新经济时代的需求和提升国际竞争影响力；以高校教育机构和组织为主体，联合企业和政府共同培养具有社会责任感、创新精神和实践能力的复合型高级专业人才。

第二节　理论基础

一、成果导向理论

成果导向教育理论（Outcome-Based Education，OBE），又称能力导向教育或目标导向教育，是一种以学生学习结果为导向的教育方式。它侧重于确定预期学习产出、提供实现产出的条件、评估学习结果并进行改进的反向设计。

OBE 教育模式包括课程体系的构建、教学设计、实施及评价。在整个培养体系中，需要融合和协调内外部因素，以确保教学目标的实现。课程体系的构建应注重多样化和综合性，涵盖基础课程、专业课程和选修课程，确保学生在掌握核心知识的同时，也能具备跨学科的思维能力。

教学设计方面，必须考虑到学生的不同学习需求和背景，采用灵活多样的教学方法，如项目制学习、案例分析、实验实践等。评价体系的完善也是关键，通过形成性评价和总结性评价相结合的方式，全面衡量学生的学习成果。此外，培养体系中还需考虑外部因素的影响，如行业发展趋势、社会需求变化等。教育机构应与企业、研究机构等外部组织建立合作关系，及时更新课程内容和教学方法，确保学生所学知识和技能与社会实际需求相匹配。

OBE 模式具有整体协作、融合各种条件的特点。通过 OBE，教育工作者能够更加有效地组织教学活动，使学生更好地实现学习目标。在这种模式下，学生的学习过程变得更加清晰和明确，教学效果也更容易被评估和改进。OBE 模式的实施有助于教学目标的达成，为学生提供更加个性化和有针对性的学习方式。

目前美国工程教育采用的就是成果导向教育模式，《华盛顿协议》明确指出，本科工程学位被认可的前提条件是采用 OBE 模式。基于成果导向教育理念建立新工科通识教育课程体系，在传统工程专业教育模式和体系的基础上，有望实现打破学科、专业、课程、机构、制度及理念方面的过度分化和单一性，以新工科人才培养目标为引领，以学习成果为基准，构建系统性的多元多级、融汇贯通的课程体系，通过学生的自主探索和教师的辅助支撑，以知识、能力、情感为切入点，将学习成果结构与课程体系结构形成清晰的映射关系，将通识课堂与专业课程相互渗透、融合，激发学生的学习自主性，加强人才培养的效益化、深刻化。

OBE（Outcome-Based Education）教育理念中，成果的概念被细分为三个主要层次：首先是传统型，这一层次主要关注学科技能和机构表现，突出与学科直接相关的学业成果；其次是过渡型，这一层面强调跨学科的专业性和能力，关注更高层次的技能表现，如非结构性成果，目标是实现科学课程的成果；最后是转变型，此层次强调未来导向，注重知识、能力与特质的匹配，旨在整合和实现各领域的成果。这三个层次共同构成了OBE教育理念的核心。

学者张雪提出OBE教育理念中的学习成果可从狭义和广义两个层面理解。广义上，学习成果包括学生通过系统学习后在认知、情感、技能和行为四个维度上的整体表现。这通常包括通过学校教育和其他学习经历获得的技能提升，涉及对学习内容的深化和外延的拓展。狭义的学习成果则更侧重于能力，即学生在应用专业知识和技能时所展现的基本能力和态度，因为这体现了学生有效应用知识和技能及判断力的综合能力。

结合以上内容，OBE教育理念聚焦于学生的个人发展、学习效果和经历三个核心维度。首先，OBE教育注重学生的个人发展和学习效果，这意味着教育活动的目的是促进学生的全面成长，不仅仅关注知识和技能的掌握，还包括学生的思维能力、创造力、沟通能力等方面的发展。其次，OBE教育强调成果的具体性、明确性和可见度。学生可以清楚了解他们需要达到的学习目标和标准，并能够直观地看到学习成果。最后，OBE教育要求成果是可量化的，以便对学生的最终成就进行总结和评价。这些维度共同构成了OBE教育理念评估学生学习成果的基础。

OBE（Outcome-Based Education）教育理念代表了一种从传统学科中心向学生中心转变的教学模式，主要围绕"是什么""为什么""怎么做"和"怎么评"

这四个问题进行。该教育理念的主要特点包括：①培养目标与市场人才需求之间的一致性；②倡导构建综合课程体系，强调能力本位，提高学生解决开放性问题的能力；③弱化"教师教"，强调"学生学"的重要性，重视个性化学习和实践操作；④关注教学评价的发展性，重点是学习成果而非具体的教学内容或教学方法。这种全过程的评价体系有助于挖掘学生的潜能，并提供丰富的反馈，确保评价聚焦于学生的实际学习成果。

OBE教育理念与传统教育理念相比，更注重以学习的成果推动过程，激发学生的自主性和积极性，在一定程度上避免了大班制的弊端，减少消极灌输、防止抑制学生的主观能动性。表2-2是OBE教育理念和传统教育理念的对比情况。

表2-2 OBE教育理念与传统教育理念的对比

人才培养	OBE 教育理念	传统教育理念
教学理念	培养目标、课程设置、教学设置、评价标准等均以成果为导向，强调开放性教学	教学目标、课程安排、教学进度均以计划为导向，强调忠实地执行
学生角色	主动学习，重点在学习的产出上	被动接受，重点在教师要求上
课程设置	需求中心，利益相关者导向（专家、用人单位、学生等）	学科结构中心，学科专家导向
教学方式	以学生为中心，主张协调教学，建立学习共同体	以教师为中心，主张分科教学，学生间竞争学习
学习方式	批判学习，注重反思	接受学习，机械记忆
评价方式	能力导向，多元评价，注重过程，扩大成功机会	知识导向，总结评价，注重结果，限制成功机会

综上所述可知，OBE的教育理念下的人才培养模式更灵活，更侧重个体的可能性，但同时，OBE教育理念的达成是一个需要顶层设计部署、教师深度参与、学生广度参与的三方协作与融合的过程。

二、问题导向理论

"问题"（problem）一词源自古希腊语词汇"problem"，原意涉及障碍或阻力（obstacle）。"问题"又指疑问或质疑（question）或者不确定的事件（issue）。

问题导向学习理论（Problem-Based Learning，PBL），发端于 20 世纪 60 年代加拿大的麦克马斯特大学医学部，是一种革新的教育理念。该理论通过将课程知识点转化成问题的形式呈献给学习者，鼓励他们自我探索，提升学生解决实际问题的技能，突出了以问题为核心的自主学习和团队协作学习的重要性。

　　问题驱动教学模式的核心特征在于构建富有挑战性的问题场景，以此激发学生的认知活力，并在实施过程中重视"留白"策略，旨在高效启迪学生心智。此模式涵盖三大阶段与六个精细操作程序。三大阶段：首先，聚焦于问题情境的建构，要求学生识别并提出问题，继而确立问题的导向性，实现问题的初步"建构"。其次，针对已定向的问题，学生独立或通过小组合作的方式，展开深入探讨，解析问题本质，即进入"探究"阶段。最后，确保对探究过程中的问题给予即时反馈，在验证环节确立解决方案，并鼓励问题的进一步"深化"与扩展。六个精细操作程序包括：①构筑问题背景，引导学生主动发现并提出问题；②在教学目标指引下，引导学生界定问题所属领域，实现问题的精准定位；③鼓励学生自主开展问题剖析、构思假设，设计解题策略；④实施假设性解决方案，宽容学生试错，并将其作为学习的一部分；⑤对解决方案执行情况予以快速反馈、严谨验证，巩固问题解决技巧及科学方法论；⑥促进学生对已解问题的反思与再质疑，推动问题向更深层次延展，这既有利于知识体系的整合，也为新知探索铺设了基石。问题驱动教学法着重于促进学生的自主探究及问题解决能力的发展，旨在锤炼其批判性思维。教学实践中，教师应依据学生能力与学科特性，灵活运用问题导向教学法，以期教学成效最大化。

　　教育者应激励学生主动质疑，增强其思维活动的积极性，并传授有效的思维方式，引导学生遵循逻辑规律，对资料进行深入剖析并提出具有深度的问题。提问与质疑技巧可多样化实施，如采用桥梁构建法、逐步深入法、对比分析法、因果探究法、视角转换法及反向思维法等，规避琐碎字面解读，提升问题的实质性和探索价值。问题导向理论注重师生间的深度互动，讲究双主体，以学习者对情境当中的问题为抓手，通过积极主动地探究获得知识，培养创新思维。

三、跨学科教育理论

20 世纪 20 年代，美国社会科学研究理事会（SSRC）首次使用了"跨学科"这一术语。雷普克在其著作《如何进行跨学科研究》中指出，跨学科研究是一个旨在回答或解决问题的过程，该过程依赖于各学科基础，通过整合不同学科的见解，旨在构建一个更加全面的理解体系。这种方法强调了学科间知识的互补性，致力于通过综合多学科知识来优化问题解决策略，并提升学习者对学习的深度和广度。其中，约翰·杜威（John Dewey）和杰罗姆·布鲁纳（Jerome S. Bruner）对该理论的形成有深刻影响。跨学科教育的内涵包括，知识整合、问题解决、学习深度与广度的延伸、学习者中心，其形成的教育理论的实践运用包括，项目式学习、主题式学习和案例研究。项目式学习是指学习者在项目设计和实施过程中应用多个学科的知识和技能，通过实践活动来解决问题；主题式学习是指教师设计以主题为中心的课程，学习者通过主题来整合不同学科的知识，从而获得跨学科运用和整合知识的技能，扩大对主题认识的广度和深度；案例研究是指通过具体案例来应用和测试不同学科的理论和方法，使学习者能够在实际情境中进行深入学习。

跨学科教育理论兴起于 20 世纪 20 年代，发达国家展开了适合自己国情的跨学科教育实践，例如：芬兰的现象学习引起了广大学者的关注，芬兰学校所有一年级至九年级的学生能根据自己的问题参加为期 9 周的跨学科项目，以芬兰赫尔辛基的一所学校为例，从学前班到六年级的全体学生都参加了以"时间"为主题的现象学习周活动。学生以不同的角度进行研究，一年级和二年级学生学习和了解芬兰钟表匠职业，然后用纸板制作了古代的钟表。三年级的教室创造了历史上不同文化的日历。四年级和五年级的学生通过设计蓝图和地图来预测他们所在城市的未来。六年级结束时，学生会去英国进行班级游学，考察时间文物。通过"时间"的项目式学习，学生能够实现利用各个学科知识结合来探索时间的产生、应用，以及不同国家的时间文化。

跨学科教育理论下的学习本质上是表层学习、深层学习和迁移学习的同等发力和整合。表层学习允许学生定义、识记事实并使用技能。深度学习允许学生将想法和技能联系起来。迁移学习则允许学生将想法和技能应用于不同的情况，将现实世界与学术范畴联系起来。跨学科学习发生在不同层次，并实现不同层次的整合。学生在各个层次学习，能够在不同的情况下结合所学知识和学习方法，利用跨学科比较的方法，集中在一个主题上，丰富知识的深度。

我国从 20 世纪开始模仿苏联的分科教学模式，随着生产力的快速发展，分科教育的弊端逐渐显露，2022 年颁布的新课标提出学校课程中要设立 10% 课时比例的"跨学科主题"学习活动，加强学科间的相互关联，带动课程综合化实施，发展学生的核心素养。

四、建构主义学习理论

建构主义学习理论最早来源于 18 世纪意大利哲学家维柯，他认为，人能够清晰地理解自己所建构的一切，后建构主义吸收了康德、马克思、杜威的哲学思想，皮亚杰、维果茨基、布鲁纳的心理认知理论。其将学习和文化背景联系在一起，认为个体的学习是在特定的社会文化环境中进行的，强调学习是基于个体与环境之间的交互，学生通过积极参与实践解决问题来建构自己的知识体系，即学生是知识的主动建构者。

皮亚杰是对建构主义产生深远影响的心理学家之一，他认为学习者与环境之间的相互作用通过"同化"和"顺应"来实现。"同化"是将外部环境提供的信息吸收并融合到学习者已有的认知结构中，即个体整合外界刺激提供的信息到自身认知结构中的过程；"顺应"则是指当外部环境发生变化，原有认知结构无法处理新信息时，学习者的认知结构被迫重组和改变，即个体的认知结构因外部刺激而改变的过程。通过同化和顺应，认知个体逐渐与周围环境保持平衡，并逐步重建认知结构。

斯滕伯格和卡茨认为，个人的主动性在学习中发挥着关键作用。维果茨基则通过进一步研究指出，学习是一种"社会建构"，强调学习者所处社会文化历史背景对认知过程的影响。他指出了"活动"和"社会交往"在人的高级心理机能发展中的作用。建构主义被认为是集体智慧的结晶，包含着人类集体认识事物的方式和发展途径，同时依赖于人类集体所面对的大环境背景。通过维果茨基的研究，我们深刻理解了学习背后的社会文化影响，以及集体智慧对认知发展的重要性。

建构主义认为，学习是在特定社会文化背景下，通过他人帮助和借助必要的学习资料，积极地通过"同化"和"顺应"来获得知识的过程。建构主义学习理论认为，学习环境的四大要素是"情景""协作""会话"和"意义建构"。情景是指学习环境必须有利于学生对所学内容的意义建构，教学设计应考虑教学目标分析和有利于学习者建构意义的情境的创设；协作贯穿在整个学习过程中，对学习资料的收集分析、假设的提出验证、学习成果的评价直至意义的最终建构都起着重要的作用；会话是小组成员通过交流商讨如何完成学习任务的过程，每位学习者的思维都可以为整个学习群体所共享，因此会话是重要的意义建构手段；意义建构是对事物的性质、规律以及事物之间内在联系的建构，学习者根据自身经验建构有关知识的意义能力，而不是机械的背诵和记忆。建构主义理论融合了马克思主义思想，通过学习透过现象发现事物的性质、规律和联系。

目前建构主义理论已深刻影响了我国的教育体系，在课程设置、教学法设计和运用、教材编写方面都有显著体现。建构主义的应用和推广主要体现在以下六个方面。

①建构主义推动了从教师中心转向学习者中心的教学模式。在这种模式下，教师的角色从知识的传递者转变为学习的引导者和支持者，学生则被鼓励成为自己学习的主人，通过探索和实践来构建知识。

②影响了课程设计的方式，促使教育者开发出更多以项目为基础、以问题为中心的课程。这些课程设计强调真实世界的情境，要求学生参与到解决实际问题的过程中，通过这种方式提升批判性思维和解决问题的能力。

③改变了传统的评估方法，更加重视形成性评估和学生自我评估。这种评估方式更注重过程而不只看重最终结果，帮助学生在学习过程中不断反思和改进。

④促进了教育技术的广泛应用，如在线学习平台、虚拟现实和增强现实等。这些技术工具不仅增强了交互性，还提供了丰富的情境，使学生能够在模拟环境中进行实际操作和实验。

⑤鼓励学生通过合作学习来共同构建知识。这种模式下，学生在小组讨论、合作项目中相互学习、共同解决问题。这不仅有助于知识的深入理解，还促进了社交技能的提升。

⑥倡导跨学科的学习方式，使学生能够在多个学科领域中找到知识之间的联系，通过整合不同学科的方式来解决问题，促进创新思维的发展。

总之，建构主义理论在教育界的应用和推广极大地改变了教学和学习的方式，更加符合个体发展的需要，侧重于实际能力的培养，更能适应快速发展变化的现代社会。

五、多元智能理论

多元智能理论是由美国哈佛大学著名学者霍华德·加德纳（Dr. Howard Gardner）在 1983 年出版的《智能的结构》（*Frames of Mind*）一书中首次提出的。他认为，智能是个体在特定文化环境中处理信息的生理和心理潜能。这种潜能可以被文化环境激活，也可以不被激活，激活后的潜能会被用来解决实际问题和创造所在文化环境下被珍视的产品。

具体来说，多元智能理论主张人类具有多种相对独立的智能，每种智能在不同的人群中有不同的发展水平。加德纳最初识别了七种智能：语言智能、逻辑—数学智能、空间智能、身体—动觉智能、音乐智能、人际关系智能、内省智能，后来其又增加了两种智能：自然观察智能、存在智能。多元智能理论强调在教育和学习过程中应该认识到每个人的智能类型和潜能，以便更有效地教育和培养学生。以下将简要介绍每一种智能的内涵。

语言智能涉及对语言的敏感性，包括阅读、写作、说话和听力技能。擅长使用词汇表达思想，理解他人的言辞，能够有效地使用语言来达到目的。

逻辑—数学智能涉及逻辑思考、抽象推理、问题解决和数学计算的能力。擅长分析问题、执行科学操作和解决复杂的数学问题。

空间智能涉及对三维空间的理解和操作能力。擅长思考和推理关于空间的问题，例如阅读地图、绘图以及想象和操控物体的外观和位置。

身体—动觉智能涉及使用身体进行表达或技能操作的能力。这种智能表现为对运动的控制和精细的手眼协调。

音乐智能涉及对音调、节奏和音色的识别、创造和再现能力。

人际关系智能涉及理解与他人相处的能力。擅长观察和评估他人情绪、意图、动机和行为，能够有效地与他人进行沟通和工作。

内省智能指个体对自己内心世界的了解，包括自我反思的能力和对自己情绪的理解。擅长分析自己的行为和内心活动，了解自己的长处和弱点。

自然观察智能涉及识别、分类和利用环境中的元素，以及对自然世界的敏感性。擅长在自然环境中观察、辨别和组织不同种类的植物、动物和岩石等。

目前多元智能理论已被广泛认可，并已运用到教育教学理论和实践中，该理论强调教育应该个性化，根据每个人的智能种类来设计教学方法和评估体系。教育者应利用学生的优势智能，并鼓励他们发展其他智能。例如，如果一个学生在音乐智能上表现出色，则教育者可以通过音乐活动来教授其数学或语言知识。

第三节 国内外高等教育工科人才培养模式的沿革

一、国外高等教育工科人才培养模式的沿革

在高等教育领域，工科人才培养一直是各国重点关注的领域之一。在过去几

十年里，为了适应日益变化的社会和技术需求，一些发达国家对工科人才培养模式进行了深入研究和探索，下面选取了四个发达国家的工科人才培养变革案例。

（一）美国高等教育工科人才培养模式的沿革

19世纪末至20世纪初，随着工业革命的发展，美国经济迅速发展，对技术人才的需求大幅增加，美国开展了以工场为主体的培养模式，这种模式重在培训实际操作和技能掌握，由企业根据自身需求设计内容，产教密切联系，其局限性在于质量参差不齐，内容缺乏系统性和科学性，难以适应技术创新的需求。20世纪初，随着科学技术的发展和复杂工业系统的出现，工科人才培养模式逐渐转变成以大学和学院为主体的"学院培养模式"。由学院作为培养人才的专业机构和组织，系统性地教给学习者相关专业知识和技能，同时延续与产业密切结合的传统。美国辛辛那提大学在部分专业中提出要求，"一年必须有四分之一的时间在专业相关企业实习，以获得必要的知识"。后来随着校企合作的深入，美国又进行了人才培养模式的探索，第一种是并行式模式，以理论学习为主，学习者可在空余时间从事专业相关工作，每周20小时左右；第二种是交替式模式，学习理论与实践操作交替进行，这种模式既有利于学习者的专业学习，也有利于学习者积累工作经验，更易获得工作职位；第三种是双重制模式，这也是美国大部分高校采用的模式，即在低年级时期实施"并行式模式"，在高年级时期则采用"交替式模式"。

基于学院培养模式，美国培养了大批高素质工程师，促进了技术创新，推进了美国与其他国家教育机构和组织的合作。当前，美国出台了大挑战学者计划，其工科人才培养模式继续沿用并发展了学院培养模式，目前的综合性学院培养模式提倡多学科融合，将课程内容进行整合，让学习者能够从多角度理解和解决问题。通过提供先进的实验室设施和工作坊，设置工程设计中心，让学习者进行实践和创新项目的研究。同时，学院与企业合作，提供学习者实习和合作教育程序，使学习者与实际工作环境建立联系，在真实情境中解决问题。

（二）德国高等教育工科人才培养模式的沿革

德国作为工程技术领域的先驱之一，在工科人才培养方面积累了丰富的经验。东德的工科教育模式整合了该国的社会主义经济结构和工业化需求，将教育目标与政治意识形态相结合，在课程中融入社会主义价值观和政治教育，强调工程师在推动社会主义建设中作用，课程标准和教育目标由国家统一管理。1990年德国统一后，民主德国从"新"技术人才培养模式转变到联邦德国应用技术大学的培养模式。坚持实践导向，强调与企业密切联系，适应社会生产力的发展，强调课程的实用性和现代性，引入最新的科技和工程技术，提供给学习者更多的专业选择和灵活的学习路径，以适应不断变化的工业需求。鼓励跨学科学习，在实践中运用所学知识和技能解决复杂的工程问题。在高校层面上，积极与全球多个教育机构和企业合作，实施"双元制"校企联合培养模式，企业在人才培养中同样发挥主体作用，着重培养学习者的职业能力，以"企业需求、相对稳定、广泛适应、能力培养、职业发展"五项基本原则和"规范性、效益性、合理性、可行性"进行教学分析并最后确定专业。以"综合化理论课程＋实践课程交替式学习"为模式，学习者兼有学生和工人的身份，由行会代表、企业、学校共同参与评价。

（三）澳大利亚高等教育工科人才培养模式的沿革

澳大利亚的大学普遍采用以工程项目和工程问题为导向的校企合作的人才培养模式，莫那什大学在1998年最先开启对这种模式的探索，并在1998年到2001年逐渐将该模式引入新课程体系，形成了以工程项目和工程问题为导向的工程辅助课程体系。在工程辅助课程体系中主要是进行工程基础训练，教师设计课程的内容，学习者获得基础的工程理论知识。在以工程项目为核心的课程体系中，学习者根据项目需要学习知识，教师做好学习者需要的知识补充。而在工程问题为核心的课程体系中，学习者控制课程内容，课程内容取决于工程实际问题。大学实行四年制，第一年以通识类的工程技能发展课为主，第二年开设通识课＋

相关的专业课，采用工程辅助学习，第三年是以工程项目为导向的课程教育，第四年则开始以工程问题为导向进行学习。中央昆士兰大学在 1998 年推行以工程项目为导向的工程学位，每个学期，以工程项目的实践操作 +6 个单元的课程学习为抓手，在发展学习者理论基础的同时，注重实践和知识的运用，随着学习年限的增长，学习者参与的工程深度和难度都会逐渐增加。

（四）日本高等教育工科人才培养模式的沿革

20 世纪 50 年代，日本战后重建，引进美国及欧洲先进技术，再进行本地化改进，工科教育转向民用和工业生产，电子工程、汽车工程快速发展，工科院校数量急剧增加，应用科学与工程学院设立，专业化教育模式得到推广。70 年代到 80 年代，随着全球化和技术革命的到来，日本工科教育强调微电子、计算机科学和自动化技术。教育政策上加强高校与企业的合作，实习和实训项目被纳入标准课程中，强化学生的实际操作能力。90 年代后，受泡沫经济影响，工科教育重点从量的扩展转向质的提高，更多地注重设计思维、创新方法教学，强化创新能力和国际竞争力。21 世纪初，随着信息技术革命的兴起，日本工科教育开始注重加强软件工程、网络技术以及人工智能等领域的培养，注重国际间的交流和项目合作。近十几年来，日本工科教育注重绿色技术、环境工程及可持续发展技术，2011 年东日本大地震后，工科教育增加了灾害管理和恢复技术的相关课程。当前，工科教育也吸纳了跨学科思想、问题导向等理论，让学习者在真实情境中解决问题，提高解决复杂工程问题的能力、在实践中创新的能力。整体上更强调工程教育的实用性和现代化，服务于社会建设、国家布局。

综上所述，以发达国家为例可以看出，各个国家的工科发展都经历了工场式模式，侧重满足企业的发展需要，培养国家层面的急需人才。21 世纪以来，各国在工均科教育模式上进行了新的探索，不管是在课程体系上，还是在相关专业设置上，都强调了在服务于企业、经济发展需求的同时，人才培养也要有创新和引领作用，加强国际间的合作，工科教育整体上从体系零散、侧重技能转向实践和理论并重、系统化、跨学科化、国际化、创新化。

二、 国内高等教育工科人才培养模式的沿革

中国高等教育人才模式的沿革可以追溯到古代的儒家教育，但真正的现代高等教育体系则始于晚清至民国时期的洋务运动和新文化运动。以下是中国高等教育人才模式沿革的六个重要阶段。

清末洋务运动时期和近代初期，中国开始意识到，要想进步就必须吸收西方的科学技术和现代教育理念。洋务运动时期是中国首次尝试引进西方技术和教育体系的历史性时期。这一时期，中国开始建立起一些近代工科院校和职业学校，为培养工程技术人才奠定了基础。

19世纪中叶起，广大爱国教育者们开始寻求教育突破的新路径，提出了中学为体、西学为用的思想，后历经辛亥革命建立了壬子癸丑学制。新文化运动时期，中国知识分子对传统文化进行了深刻的反思，并提出了科学、民主和人文主义等现代价值观。在此背景下，中国高等教育开始追求科学化和现代化，提倡"实用主义"和"民主主义"，并推动了一系列学术革新和教育改革。

20世纪50年代，新中国建立初期，高等教育面临着前所未有的挑战和机遇。中国政府积极借鉴苏联和东欧国家的高等教育经验，建立了以大学为主体的现代高等教育体系，同时也大力发展了工科教育，为国家的经济建设和科技发展提供了人才支持。高校院系开始进行调整，学习、借鉴苏联，在高校设置专业，实行苏联教育模式，以学科为导向，定位于为现代化、产业化发展提供专业人才资源。这种模式强调学科知识体系的系统性和完备性，培养了大批具有专业知识和专业技能的职业人才，在新中国建设中起到了举足轻重的作用。其分科教学模式沿用至今，但相对线性、静态、封闭的传统工科教育模式逐渐无法适应新一轮产业技术革命带来的产业快速迭代、产业链的整合化、学科交叉、数字化渗透、人工智能持续迭代升级催生的对复合型、创新型、卓越型新工科人才的需求。

中国的高等教育在改革开放政策的推动下经历了快速发展时期。改革开放初期，中国开始逐步恢复和扩大高等教育，大力发展本科教育，促进高等教育的普及化和大众化。同时，中国还积极引进国外先进的教育理念和管理模式，不断改革高等教育体制和人才培养模式。

21 世纪以来，中国高等教育进入全面提质增效的新阶段。高等教育逐渐从数量扩张向质量提升转变，注重培养创新人才和实践能力，推动产学研深度融合，促进高校和企业的密切合作，以适应国家经济发展和社会需求的新形势。同时，随着信息技术的发展，中国高等教育也在不断探索和应用新技术，推动教育教学模式的创新和升级。

随着新一轮科技革命和产业变革的推进，数字化和智能化已经深刻改变了工程领域的人才需求。从蒸汽机时代的生产力革命到现代的智能制造，工程行业经历了从体力劳动到脑力劳动的转变，而当前的数字化与智能化则标志着从传统工程知识和实操能力的要求转向更加强调数学基础、数字思维及数据处理能力。这些变革不仅提高了对工程技术人才的专业能力要求，也对其思维模式和技能结构产生了更大的挑战，从而导致工程教育和职业发展必须进行相应的调整和更新，以满足快速变化的工业需求。

三、高等教育新工科"三部曲"

2016 年，教育部正式提出进行"新工科"建设，并且加入《华盛顿协议》，这意味着我国高等工程教育与国际正式接轨，新工科建设成为高等工程教育改革的重点举措，2017 年 2 月，教育部发布《教育部高等教育司关于开展新工科研究与实践的通知》（教高司函〔2017〕6 号），提出要深化工程教育改革，推进新工科建设，开展新工科研究和实践。2017 年 2 月 18 日，教育部在复旦大学召开了高等工程教育发展战略研讨会，称为"复旦共识"，与会高校对新时期工程人才培养进行了热烈的讨论，共同探讨了新工科的内涵特征、新工科建设与发展的路径选择，并达成如下共识。

①我国高等工程教育改革发展已经站在新的历史起点。新经济具有新技术、新业态、新产业、新模式的特点，国家正在实施创新驱动发展、"中国制造2025"等重大战略，突破核心技术，登上国际战略制高点，国家统筹推进世界一流大学和一流学科建设，为加快建设和发展新工科奠定了良好基础。

②世界高等工程教育面临新机遇、新挑战。第四轮产业革命正如火如荼地展开，其深刻地影响着人类生活和生产方式，历史经验表明，主动调整高等教育结构、发展新兴前沿学科专业，是推动国家和区域人力资本结构转变、实现从传统经济向新经济转变的核心要素。近期金融暴雷事件增加，金融危机影响了各行各业，为重振实体经济，我国高等工程教育将从顶层设计出发，推动工程教育的改革创新。

③我国高校要加快建设和发展新工科。新工科建设以新经济和新产业为背景，以全方位、全周期、创新型、综合化的教育"理念"，构建新兴工科与传统工科相结合的新体系，探究实施新工科教育人才培养的"新路径"，建立并完善中国特色工程教育的"新体系"。

④工科优势高校要对工程科技创新和产业创新发挥主体作用。总结成功经验，深化人才培养改革。主动优化学科专业布局，促进现有工科的交叉复合，拓展工科专业的内涵和建设，培养科技创新型和产业创新型人才，推动产业转型升级。

⑤综合性高校要对催生新技术和孕育新产业发挥引领作用。发挥学科综合优势，利用应用理科和工科的关联，推动学科交叉融合和跨界整合，产生新的技术，促进科学教育、人文教育、工程教育的有机融合，培养具有综合素质、工程技能卓越的高层次人才，在未来技术和产业发展中争得主动权。

⑥地方高校要对区域经济发展和产业转型升级发挥支撑作用。地方高校要主动对接地方经济社会发展需要，深入了解企业技术创新要求，在充分利用地方资

源的基础上，发挥自身优势，形成办学特色，深化产教融合、校企合作、协同育人，提升学生的就业创业能力，培养具有扎实的行业知识、工程实践能力卓越、满足行业发展需求的应用型和技术技能型人才。

⑦新工科建设需要政府部门的大力支持。推动工科教育体制改革，需要教育部、有关行业主管部门以及各级政府的重点支持和政策扶持，高校在相关领域专业结构进行优化，强化学生的实习实训，加强师资队伍建设，为新工科人才培养提供良好的政策环境。

⑧新工科建设需要社会力量的积极参与。打造共商、共建、共享的工程教育责任共同体，深入推进产学合作、产教融合、科教协同，通过校企联合制订培养目标和培养方案、共同建设课程与开发教程、共建实验室和实训实习基地、合作培养培训师资、合作开展研究等，鼓励行业企业参与到教育教学的各个环节中，促进人才培养与产业需求紧密结合。

⑨新工科建设需要借鉴国际经验、加强国际合作。汲取海外前沿理论与准则的精髓，精准界定新工科教育远景的发展轨迹与核心要点，建构一套培育新型工科人才的创新课程体制，强化跨文化交流及合作机制，旨在将"中国理念与优质标准"融入"国际公认基准"之中，从而加强我国在高等工程教育领域的国际话语权与影响力。

⑩增强新工科领域的发展要求深化探究与实际应用的整合。教育行政主管部门携手高等学府，共同发起名为"新工科探究与实践计划"的项目，聚焦于工程教育的新兴理念、学科专业结构的创新、人才培养模式的变革、教育及教学品质的提升及分类发展机制的建构等方面，进行全面而深入的研究与实践探索。

2017 年 4 月 8 日，教育部在天津大学举办了旨在推进新工科建设的高端研讨会，该活动被称为"天津大学行动计划"，活动中超过 60 所高校共谋新工科建设的未来图景。与会者们一致认为，迫切且长远的任务在于培育大批具有多样性和创新精神的卓越工程师和新工科人才，为促进我国产业升级以及在全球竞争中占据智识与人才优势提供坚实的基础。会议制定了阶段性目标：至 2020 年，需初步探索并确立新工科建设的实施路径，确保教育体系能主动迎合新技术、新兴产业及新经济形态的需求；至 2030 年，构建起具有中国特色并达到国际顶尖水平的工程教育生态系统，为国家的创新发展战略提供强有力的支持；至 2050 年，建立引领全球的中国工程教育模式，实现工程教育强国之梦，将中国打造成全球工程科技创新的中心和人才聚集高地，为实现中华民族伟大复兴的中国梦奠定基石。制订了如下的行动计划：

①探索建立工科发展新范式。运用马克思主义辩证和发展的方法，遵循全球高等教育与历史产业革新互动的原则，针对未来技术进步与产业发展的新趋势与新需求，在分析技术模式、科学模式及工程模式经验教训的基础上，坚持在继承中谋求创新的原则，促成由学科导向向产业需求导向的转变，打破专业壁垒，迈向跨学科交融整合，并将以往的适应性服务升级为强有力的支撑体系，从而开启对新工科模式的探索与建构之路。

②依据产业界的实际需求规划学科专业设置，构筑工科专业领域的新架构。应强化对工程科技人才市场需求的前瞻性调研工作，实行增量的优化配置与现存资源的合理调整策略，积极筹备新兴工科专业的创立与发展。至 2020 年，将直接对接新经济领域的新兴工科专业占比提升至 50% 或以上。此外，要重点拓展诸如大数据分析、云端运算、物联网应用、人工智能技术、虚拟实境技术、基因工程技术、核技术等领域，以及智能制造系统、集成电路设计、航空航天海洋科技、生物医药工程、新材料科学等新产业相关联的新兴工科专业与特色专业集群。同时，为传统学科专业进行革新升级，为地矿、钢铁、石油化工、机械设备、轻工业、纺织业等传统产业的转型升级和向价值链高端迈进提供知识与技术支持。

③依据技术发展趋势调整教学内容，革新工程人才培养的知识结构。明确界定产业与技术的最新进展对人才培养的具体要求，并将其融入课程内容与教学体系之中，推动教师将研究成果转化为教学内容，以问题为导向，积极探索综合性

课程和交叉学科研讨课程，促进学生的创新性、自主性和综合性发展。

④顺应学生兴趣调整教学策略，革新工程教育方法与工具。秉承以学生为主体的教育理念，构建侧重学习者体验的工程教育模型，加速信息技术与教学活动的无缝衔接。开发并推广在线开放课程资源，充分利用虚拟现实与仿真技术等创新手段，改革工程实践教学模式。健全新工科人才培养中"创意激发—创新实践—创业孵化"的教育生态系统，广泛建立创新创业实践基地，力求使超过半数的工科专业学生参与"大学生创新创业训练计划"，投身至少一项创新创业竞赛，同时设立创业孵化园区及专业化的创意工作室，以促进产学研深度融合，加速科技成果向实际应用转化的进程。

⑤依据学校主体性推动体制改革，探究新工科自我驱动与自我激励的发展机制。充分利用院校自主权限，激发基层创新活力，强化责任感与历史使命感，善用新工科建设中的试错空间与拓展机遇，加速高等学府的全面改革。构建适应工程教育特性的教职工评价与聘用体系及内部激励机制，促成高等教育工作者与业界精英之间沟通与互换的积极循环。工科导向型高校、综合性大学及地方性学院应依据自身特色，积极汇聚内外部共识，采取主动姿态，勇于探索、协同合作，共同在新工科领域进行深入探索与实践。

⑥整合校内外资源以创造有利条件，构建工程教育的开放性与融合性新生态体系。强化并优化校内协同育人的组织架构，设立跨学科交融的创新机构，确保跨院系、跨学科、跨专业新工科人才培养的组织基础稳固，打造集教育、培训及研发功能于一体的协同育人实践平台。鼓励各部门与机构贡献资源，学校则应主动寻求与社会各界的合作机会，强化相互间的联络与合作，深化产业与教育的融合及科研与教学的有机结合。

⑦依据国际先进水平设定基准，提升工程教育的国际竞争力。综合考虑先进国家在工程教育领域的政策导向与发展趋势，加深国际间工程教育的交流与合作力度，激励高校向国际化发展，紧密贴合共建"一带一路"倡议，为国家培育具

有国际视野的工科人才。推动实现工程教育专业认证体系与国际标准实质对等，促进中国标准的国际化，以期达到并保持在全球工程教育领域的并跑乃至领先地位。

2017 年 6 月 9 日，教育部在北京召开了新工科研究与实践专家组成立暨第一次工作会议，称为"北京指南"，会议审议提出新工科建设的指导意见：

①确立清晰的目标与要求，以加入《华盛顿协议》为契机，依托"卓越工程师教育与培训计划 2.0 版"的实施为关键措施，致力于培养兼具理论素养、实践技能与远大理想的工科教育人才。

②进一步强调理念的指导作用，既要树立创新导向的思维模式，也要采纳覆盖全过程的工程教育理念，强调遵循"学生中心、成果导向、持续改进"的国际工程教育专业认证基本原则。

③更加重视结构的优化调整。首先，需依据产业动态，对学科专业结构进行合理优化；其次，要前瞻性地布局新兴工科专业的建设，主动增设前沿且紧缺的学科专业领域。

④更加重视模式创新，并且健全多方协同参与的育人机制。构建跨层次、跨领域的校企合作联盟，以推动产业与教育的深度融合，促进高校组织结构的革新。创建行业与企业共同参与管理的产业化学院模式，搭建服务于人才培养，集教育培养、技能培训及科研活动于一身的区域性共享实践平台。推动工程教育中跨学科融合的人才培养模式的发展，成立新型跨学科整合组织，以促进知识的交叉应用。倡导以创新促进创业，通过创业活动带动就业增长，积极构建包含创业孵化中心、科技创新实习基地及创意工作室在内的多元化创新创业生态系统，增强工科学生的创新创业意识与能力。此外，探索实施个性化人才培养路径，结合工程教育的信息化转型，营造"互联网 + 工程教育"的环境，提升教学成效与效率。

⑤进一步强化质量保障措施，专注于构建适应新工科特性的人才培养质量标准体系，建立健全既体现中国特色又与国际标准质效对等的工程教育专业认证机制，持续优化并提升专业人才培养的质效。

⑥更加注重分类发展。不同层次高校的人才培养定位略有差异，各高校要通力合作，实现工科教育发展在国际上的领先地位。

⑦形成一批示范成果。各类高校审时度势、预测判断，主动适应新经济下的产业变革带来的变化，抓住机遇，重点突破关键技术，实现"弯道超车"。

以上是对"复旦共识""天大行动"和"北京指南"的内容和会议重点的阐述，这三个事件构成了新工科建设的"三部曲"，掀起了新工科高等教育培养人才体系的研究和实践的热潮，全国高等教育也进入了变革时期，新工科建设是我国在高等教育探索道路上的又一个里程碑事件，它标志着高等教育在育人理念、教学内容、教育组织形式、课程体系等方面的改变，对人才培养体系的影响也是持久而又深刻的。

四、新工科人才培养模式变革的困境

进入 21 世纪，第四次工业革命深刻改变全球经济社会的结构，加快了经济全球化的进程，并重塑了全球经济价值链，使中国与发达国家在新的竞争局面中处于同一起跑线。在这一时代背景下，智能制造的快速发展成为推动经济转型的关键驱动力，对工程科技人才的需求日益增长。为此，教育部、工业和信息化部及中国工程院在 2018 年 10 月联合发布了《关于加快建设发展新工科实施卓越工程师教育培养计划 2.0 的意见》，明确提出加快新工科专业的建设和发展，以适应和引领科技革命及产业变革的需求。该政策强调深化工程教育改革，通过系统的教育创新活动，培养具有国际视野、创新能力和强大实践技能的工程科技人才，以满足未来复杂工程问题的解决需求。这不仅会提升中国在国际竞争中的地位，还将优化国家经济发展战略，推动我国经济结构的战略性调整，确保中国在全球经济中保持竞争优势。

近年来，随着创新驱动发展战略、共建"一带一路"倡议、"中国制造 2025 规划"及"互联网＋"行动方案的相继颁布，我国工程教育的革新与升级已紧密跟随国家战略导向与实际需求展开。这些国家战略旨在构筑创新型国家体系，加速经济跃进与产业结构的转型升级，朝着制造强国的目标挺进。为了圆满达成这些宏伟的战略蓝图，新工科建设必须积极应对，通过规划与强化关联专业领域，培育符合战略性新兴产业实际需求的高技能工程人才群体，以应对我国新经济形态及新兴产业快速发展中的人才供需缺口与素质提升挑战。

在全球高等工程教育革新浪潮的背景下，中国高等院校正处于一个崭新的历史转折点上，我们应主动顺应国际发展趋势，通过创设与国家战略新兴产业发展相契合的新工科专业教育体系，以应对国内产业结构调整与转型升级的迫切需求。同时，利用新兴技术的力量推动新工科建设，对传统工程学科与理科学科进行革新与提升，以实现教育体系的现代化转型。此外，模仿国际改革模范如美国麻省理工学院的"新工程教育转型"计划（麻省理工学院还曾来华深入了解我国新工科的理念及建设情况），加强国际交流与合作，目前我国也在不断深化工程教育改革，推动工科教育前瞻性发展并与国际接轨。这一系列的措施旨在提升教育质量，创新培养模式，优化人才培养结构，确保我国高等教育的国际竞争力。

天津大学教授许艳丽和张钦就产业变革下新工科人才培养模式的实然困境进行了总结分析，提出我国新工科人才培养模式主要存在如下三个问题，在一定程度上阻碍了新工科建设的高质量发展。

首先，目前的人才培养目标单一化，难以满足工业发展的多样化需求。传统工科教育往往专注于传授基础理论和通用技能，忽略了具体产业需求的多样化和个性化教育。这种同质化的人才培养模式与行业对创新型、多能型人才的需求之间存在显著的错配。具体而言，许多高校的工科教育仍然按照传统模式运行，在工科教育理念上较为陈旧，未能有效开展跨学科的教学和研究，导致毕业生的知识结构单一，难以适应智能制造和高新技术产业的复杂需求。在工业界的人才需求与供给上表现出明显的不对称，尤其在高新科技领域和高层次管理层面，优秀的工程技术人才尤为稀缺。

　　此外，智能化生产不仅需要工程技术知识，更需要较强的创新能力、国际视野和实际操作能力。然而，目前的人才培养模式往往缺乏对这些复合能力的培育，使得学生在毕业后难以直接适应快速变化的工作环境。虽然一些顶尖大学的机械电子工程专业也提供优秀的技术教育，但在培养学生的国际化视野、创新思维及跨界合作能力方面仍显不足。

　　其次，人才培养内容的迟滞化难以匹配新工科人才的复合能力，随着工业发展的高度一体化和智能化，传统工程教育的局限性越发凸显，尤其是在课程内容更新、学科间的融合及与行业需求的对接上存在明显短板。传统工科教育往往受限于学科壁垒，未能有效整合各学科资源，导致教育内容与智能制造行业的实际需求脱节。这种教育模式下的学生，虽然在单一学科上可能有较深的积累，但面对跨学科、系统化的智造问题时，往往会能力不足。专业群的建设通常缺乏深度的跨学科整合，难以形成有效的教育生态，更谈不上提供学生对复杂工程系统的全面理解和实践。另外，教育内容僵化、更新速度缓慢，与快速变化的产业需求严重脱节。学生缺乏在"大工程观"理念下对专业间内在关联的探究，没有形成系统性、完整性的工程知识体系，对于工程教育知识，知其然而不知其所以然。

　　调查显示，用国际实质等效标准评价工科专业，我国课程体系方面完全达标的占比不超过60%。尽管金工实习等实践课程依旧是工科教育的核心组成部分，但其内容和方法多年未见更新，过时的设备仍在实验室供学生使用，无法反映智能制造中的最新发展。这不仅限制了学生对新技术、新工艺的接触和理解，也影响了他们对工程实践的全面把握。相关调查显示，45%和41%的电气信息类和工科毕业生认为课程内容陈旧。因此新工科人才培养亟须改革，打破学科壁垒、更新课程内容、突破困境，以适应智能制造的复合型、创新型人才需求。

　　最后，由于工程教育未能与行业发展实现动态对接，校企合作与国际交流的不足，造成了人才培养的途径局限性，进而影响了工程人才的应对能力和创新发展。第一，校企合作面临沟通不畅和合作乏力的问题。虽然企业与高校理应在人才培养上互补合作，但现实中却因为各自为政，存在明显的隔阂。高校专任教师可能缺乏足够的行业实践经验，而企业工程师则可能缺少系统的理论知识。这种分离状态限制了双方的优势互补，导致实践教学和理论教学无法有效结合，从而影响学生综合能力的培养。第二，在实际层面上，校企合作往往存在表面化、形式化的问题，真正的深入合作非常少见，中国工程教育质量报告显示，526家企业中参与项目制定、课程体系修订等工科人才培养核心环节的企业占比不超过30%。这导致对学生在非技术能力，如团队合作、适应变化和工程伦理等方面的能力培养不足。基于华东理工大学的相关调查显示，卓越班48.1%的学生大学期间的实习时间超过5个月，而普通班仅有17.8%的学生参与实习；毕业设计或毕业论文有企业导师参与其中的，卓越班和普通班的比例分别为66.2%和33.8%。这在一定程度上体现了我国新工科教育在校企合作方面的发展困境。

另外，国际化交流的不足也是一个重大问题。尽管国际视野和跨文化能力对新工科人才尤为重要，一项跟踪调查显示，工科顶尖人才往往都有国际化交流或参与国际项目的经历，但我国在这方面的努力还远远不够，国际合作和交流项目的数量和质量不足，限制了学生接触和学习国际先进技术和理念的机会。高等工程教育理论教学和实践环节国际化水平较低，同时报告显示我国工科毕业生中可以达到跨国公司用人标准的仅占10%。这种情况既不利于学生的全球竞争力的提升，也制约了智能制造领域的创新和突破。

工科教育面临的系列挑战，导致其吸引力在全球范围内逐渐下降。首先，随着金融、法律等高薪行业的快速发展，工程专业的学生数量逐渐减少，许多优秀学生转向这些看似更有利可图的领域。其次，工程教育的质量和实践性在很大程度上依赖于各国和地区的基础设施建设水平，不同地区能提供的实践教学资源差异显著，这进一步加剧了教育质量的不均衡。最后，工科学习的难度高、学习周期长、工作环境艰苦，使得工程专业的学习和从业门槛相对较高。这些因素共同作用，导致工程专业的社会认可度和吸引力降低进而影响到工程师职业的发展前景。因此，新工科人才培养面临着重大的结构调整和教育模式革新的需求，以适应日益变化的工业和技术需求。

学者祝成林、华玉珠基于文献综述视角阐述了新工科建设背景下我国工程人才培养的研究，这也印证了新工科的教育需求是应对产业升级和经济结构调整的需求，特别是在全球经济和技术快速发展的大背景下。2018年3月，教育部办公厅正式颁布了《关于确定首批"新工科"探索与实践项目的通知》，其中确认了全国共有612项课题被纳入国家级新工科研究范畴。这一官方文件的出台，象征着我国高等教育新工科建设进程已迈入实质阶段，但目前我国工程人才培养还存在着三个典型的问题。

①工程人才培养理念滞后，首先，多数高校在人才培养目标上侧重理论知识传授而忽视实践技能的培养，影响了工程人才的综合素质，导致毕业生难以适应实际工作需求。其次，人才培养过程封闭，缺乏对市场需求的敏感性，未能及时调整教学内容与学科布局，使教育内容与产业需求脱节。最后，传统的教育模式导致学科间缺乏有效的交叉融合，思维方式僵化，未能形成具有国际影响力的教育特色，不利于复合型、创新型工程人才的培养。这些问题的存在严重阻碍了新工科人才培养体系的优化和国际竞争力的提升。

②工程人才培养模式传统，教育模式的传统化和教学体系出现了明显的脱节。当前的教育实践中，教学内容重理论、轻实践，教学方式以教师为中心，缺乏互动及学生自主学习的激励，评价机制也过于侧重书面知识而忽视实际能力与综合素质的培养。此外，课程内容更新不及时，专业设置缺乏灵活性，未能有效反映工程市场的快速变化。学科与专业间壁垒明显，本科教育与研究生教育的割裂，以及校企合作的不充分，均影响了工程人才的全面发展和市场适应性，亟须对这些问题进行系统的改革和优化，以提高教育质量和培养模式的现代化水平。

③工程人才培养资源不足，主要表现在教师资源和硬件设施两个方面。大多数工科教师缺乏实际工程经历和项目参与经验，虽理论知识丰富，但指导学生进

行实践项目的能力不足。许多高校的实验设施陈旧，缺乏必要的场所和现代化设备支持，在很大程度上制约了教育质量和学生实践能力的培养。目前的工程教育课程侧重于课堂知识传授，缺乏与产业实践深入结合的内容，这限制了学生在工程实践和创新创造方面的能力提升。对症提升教师实践能力和完善教学硬件设施，是提高新工科人才培养质量的关键措施。

在明晰新工科建设之迫切性与我国当前工程教育凸出的问题上，我们首先要把握新工科建设对人才培养的目标定位，其次要抓住破局的关键。学者祝成林、华玉珠提出，新工科建设主要具有三大驱动力：经济社会发展、国家重大战略和需求、工程学科发展的前瞻性认知。梳理前人文献中对人才培养的目标定位得出，新工科背景下我国工程人才应具备能力和素质大致可归纳为以下三方面。

①实践能力，实践能力包括工程设计和制造能力，同时也涵盖了实验、计算数据和分析结果的技能。当前，尽管我国工科学生对理论知识的掌握较为扎实，但普遍缺乏实际工程项目的操作经验，限制了他们将理论知识应用到实际工程问题中解决的能力。因此，强化工程实践教育、提高学生的动手能力，是我国高等工程教育改革的重点，也是新工科人才培养中的核心内容。这不仅有助于学生更好地理解和应用专业知识，还能为其未来的职业生涯奠定坚实的基础。

②综合素质，现代工程问题的复杂性要求工程技术人才不仅要精通专业技术，还必须具备高水平的综合素质，以应对政治、经济、文化等多方面的挑战。这些综合素质包括跨界思维与整合能力、学科交叉融合能力、伦理和全球思维能力、领导与执行力、职业道德与社会责任感及丰富的人文素养。具体来说，工程人才需要突破专业局限，将工程实践与人文、科技等领域的知识融合，寻找创新点。高校应通过课程与教学方法的革新，整合经济、人文、社会科学等领域的教育与工程教育体系，以培养能够全面解决复杂工程问题的复合型工程技术人才。这种教育模式不仅拓宽了学生的知识视野，还促进了其多维度的解决问题能力和创新能力的发展。

③创新思维，新工科教育培养的人才应具有强大的创新精神和创新能力，能在快速变化的技术环境中持续自我更新和发展。新工科教育模式强调"立德树人"的理念，采取继承与创新、交叉与融合、协调与共享的途径，专注于塑造具有全球视野和终身学习能力的工程人才。具体到创新思维的培养，包括但不限于：主动学习能力，如快速吸收新知识并应用的能力；工程创新能力，如利用批判性思维解决复杂工程问题的能力。目前，我国工程教育需要强化这些能力的培养，以弥补工程人才在创新意识和创新能力方面的不足，确保培养的人才能够在全球竞争中保持优势，有效推动国家的经济社会发展和产业升级。

天津大学的刘坤在其研究中提出，新工科专业供给侧与需求侧具有两方面的结构性矛盾。首先，现有学科专业结构与经济社会发展需求之间的结构性矛盾突出，中国对普通高等学校本科专业实行目录管理，主要依据《普通高等学校本科专业设置管理规定（2012 年）》和与之配套的《普通高等学校本科专业目录（2012年）》。该目录分为学科门类、专业类、专业三级，包含 12 个学科门类、92 个专业类、506 个本科专业。2012—2019 年，教育部建立了动态调整机制，超前部署战略性新兴产业，发展相关学科专业，新增 197 个专业进入目录。

然而，鉴于行业经济的迅速发展，社会对人才的需求不仅总量在持续扩大，需求类型亦日趋多元化。但是，当前的人才培养结构与快速变迁的产业结构之间显现出了某种程度的"脱节"现象。产业界在人才需求认知上趋于零散，未能充分进行系统性、深入的人才需求分析，这一状况直接导致了高校在优化调整人才培养体系时缺乏有效依据，进而加剧了人才培养输出与社会实际需求之间的结构性不匹配问题。

其次，工科专业结构调整与优化在应对社会需求方面仍有不足之处。据统计，至 2018 年 12 月底，全国本科教育的专业分布情况显示，工学学科门类分31 个专业大类及 201 种本科专业，总计有超过 18,600 个专业点，占据了全国专业总数的 32.78%。其中，计算机类、电子信息类、机械类、材料类及土木类专业布点数均超过 1,000 个，而环境科学与工程类、化工与制药类、建筑类、自动化类、食品科学与工程类、电气类等专业的布点数量也颇为可观，均超过了 600 个。这一数据既反映了国家经济与社会发展需求的趋势，同时也暴露了高校在学科专业配置上的若干问题。部分高校在专业设置上存在一定的盲目性，未能充分考虑国家发展战略及地区经济转型升级的实际需要，仅仅追求规模的"广而全"，反而呈现出"分散"和"杂乱"的态势，缺乏特色鲜明且具有竞争优势的学科专业，集中度明显不足。另外，有 942 所高校设置了超过 6 个学科门类的专业，约占全国普通高校总数的 35.8%，而开设超过 50 个专业的高校则多达 507 所。因此，迫切需要以经济社会发展的实际需求为导向，构建一套科学合理的新型工科专业体系，进一步优化人才培养结构，有效缓解人才培养与社会实际需求之间的结构不匹配问题。

五、新工科人才培养模式的优化途径

新工科教育下培养的人才要具备上述能力还需高校、国家、企业等多个主体共同参与人才培养体系，并提供相应的支持，学者祝成林、华玉珠在新工科人才培养的策略上大致提出如下四条优化建设路径：

①遵循工程人才培养规律。打造优势学科和特色专业，高校要主动调整学科专业布局，对接区域经济产业结构，构建专业培养的新体系，该体系涵盖了学校结构、课程内容、教师教学、质量评估、教学资源、管理以及工程教育认证和创新实践等多个方面。高校需要密切关注行业动态和企业需求，适时调整教育计划，通过全面的系统工程保障教育目标的实现和人才培养质量的提高。育人体系要强化学生综合素质和实践能力的培养，教育内容应涵盖科学、人文和工程等方面，通过综合教学，培养学生的整合能力、实际操作能力以及全球视野，确保教育与产业实践的无缝对接，有效避免教学与市场需求之间的脱节，培养具有领导力的复合型、创新型工程人才。

②优化工程人才培养模式。在新工科建设背景下，高校需重新定位工程教育模式以满足新经济的发展需求，主要包括创设创新课程、改革教学方法以及采用个性化及定制化的教育策略。具体来说，教育模式应综合基础课程、专业课程与技能训练，强化学生的创造力与实际操作能力，同时关注学生的学习态度和学习方法，设置弹性的创新人才培养体系。高校还应加强与政府、企业和科研机构的合作，通过共建平台和共享资源，优化人才培养计划和课程体系，实现产教融合、科教结合的教育模式。此外，高校应利用最新教育技术，如虚拟现实和移动学习工具，利用好大规模在线教育平台，如慕课、智慧树等，推广数字课程和混合式学习，以支持学生随时随地的学习，全面提升工程人才的培养质量和效率。

③改善工程人才培养条件。为加强新工科人才培养，高校需采取双管齐下的策略：一方面，加速海内外优秀人才的引进并强化本土教师培训，增强教师队伍的实践背景和技术教学能力，构建具有实践经验的"双师型"师资队伍；另一方面，大力投资教学硬件设施，拓宽资金筹集渠道，建设完善的实验实训基地，与企业建立密切的产学研合作，为学生提供丰富的实践和创新机会，全面提升工程人才的实践能力和创新能力，满足新工科教育的高质量发展需求，确保培养出能够适应未来产业变革的高素质工程技术人才。

④重塑人才知识结构和人才培养质量观。刘坤指出，为实现产业链、教育链与创新链的紧密对接，人才培养模式需采取预见性的规划布局及灵活的动态调整策略，尤其强调前沿知识体系与跨学科知识结构的构建，以及课程设计的多样性与实践导向。例如，在以人工智能为标志的第四次工业革命浪潮中，"互联网+"思维模式与智能化思维已成为工程人才不可或缺的基本素质。因此，加强人工智能相关学科与专业的建设，配备高水平的师资队伍，设计"人工智能+X"的复合型课程体系，并推动深入、高效、持久的校企协同育人机制尤为重要。通过深度产教融合，以期消除人才培养与产业升级间的最后障碍。在工程教育标准的制定流程中，官方与非官方机构发挥了协同合作的作用。当前，国际通用的工程

教育标准大多源自欧美发达经济体，其中美国的 ABET 认证标准、德国的 ASIIN 认证标准尤为典型。相比之下，中国的工程教育认证标准体系则更为庞大复杂。比较分析这些国际标准，有助于我们明确未来工程人才所需能力框架。展望至 2030 年，衡量未来工程师培养质量的关键指标可概括为十个方面，如表 2-3 所示。

表2-3　面向2030的工程师核心质量标准

序号	核心质量标准
1	家国情怀
2	创新创业
3	跨学科交叉融合
4	批判性思维
5	全球视野
6	自主终身学习
7	沟通与协商
8	工程领导力
9	环境和可持续发展
10	数字化能力

　　以上是对我国新工科人才培养模式推进困境的深刻探讨，分别从工科教育理念、人才培养目标、人才培养内容和技能、校地企和国际化合作方面，分析了新工科发展的阻碍症结点，为以后的研究者研究新工科的建设提供了依据。

第三章　高等教育新工科人才培养的要素

第一节　跨学科融合培养与创新思维培养

一、跨学科融合培养

跨学科融合培养是由新产业形成及其持续发展的特点所决定的。"互联网 +"的深入开展，将多个产业进行了整合和改造，新兴产业和模式也都表现出鲜明的多个领域整合性、跨界性、创新性、发展迅速的特点，因此新工科人才培养体系必须引入跨学科融合培养。

跨学科融合培养不单单是加大学科之间的知识渗透，还要考虑到基础学科的学习，以基础学科为抓手，拓展学生的思维深度和广度。目前的跨学科人才主要是通过双学位教育和大类培养，尽管在科目上进行了扩容，但缺乏整合的过程，即学生只是多学了几门课。学者裴钰鑫、汪惠芬和李强共同研究了新工科背景下跨学科人才培养的实践探索，提出在教学模式上，高校已探索出"通识—学科—专业"的课程体系来促进学习者跨学科学习，但这样的融合是浅显而离散的，跨学科教育应当通过对课程知识点进行全面梳理、去重补漏，建立以解决实际问题为驱动的课程知识能力矩阵。具体来说，课程设计以行业或社会中实际存在的问题为出发点，强调教学内容需要对这些问题进行解决。这种方式能激发学生的学习热情，增强学习的针对性和实用性。在课程知识能力矩阵中，每一块知识点都与相应的技能或能力相对应。这样的对应关系可以确保每个教学单元不仅仅传授知识，而且培养与之有关的实际操作能力。矩阵形式的课程设计提供了一个清晰的结构，使教师和学生都能明确每部分学习内容的目的和目标。这种结构化的方法有助于系统性地覆盖所有必要的知识点和技能，确保教育的全面性和深入性。通过课程知识能力矩阵，教育者可以更有效地评估学生在各个方面的学习成果，同时也方便根据学生在实际问题解决中的表现来调整和优化课程内容。

学者裴钰鑫、汪惠芬和李强提出，跨学科课程体系应遵循"横向破壁、纵向贯通、逐层进阶"的原则，并将其划分为通识教育、学科基础、专业核心和跨学科融合四大模块。通识教育模块强调人文、社会和管理学科，培养学生的人文精神与科学思维；学科基础模块涵盖数学、物理等基础课程，用于打好科学研究的理论基础；专业核心模块深化学生对主修学科的掌握，提高系统性和专业性；跨学科融合模块通过整合不同学科课程，避免重复，促进知识的交叉融合，满足学生的个性化学习需求。这一体系旨在全面提升学生的综合能力，培养能够跨界解决复杂问题的复合型人才。横向结构中通过通识教育、学科基础与跨学科融合模块实现课程衔接与整合，强化文理与理工的交融，促进知识的全面融合。纵向结构中，大一、大二年级以通识与基础课程提升综合素质和数理基础，大三、大四年级通过专业核心与跨学科课程深入学科知识，探索解决复杂问题的方法，同时，大四年级的"荣誉课程"整合所学知识，有助于提高科研能力。整个学程融合项目引导式实践教学，拓展知识结构，培养学生的跨界技能、批判性与系统性思维。

他们据此提出了三种跨学科课程建设的模式：跨学科合作课程、跨学科系列课程、跨学科链条课程。如图3-1所示，跨学科合作课程是指由不同学科的教师共同设计和讲授，挖掘不同课程的内在逻辑，探讨知识点的共性及应用环境，以打破课程间的界限；跨学科系列课程是指围绕特定主题开设的一系列独立课程，每门课程均由不同领域的教师讲授，整套课程根据主题需要进行联合授课，以覆盖相关的多学科知识；跨学科链条课程是指在各学科独立授课的基础上，由多学科教师共同讲授的实践课程，通过对具体问题的解决，帮助学生构建多学科整合技能的平台。

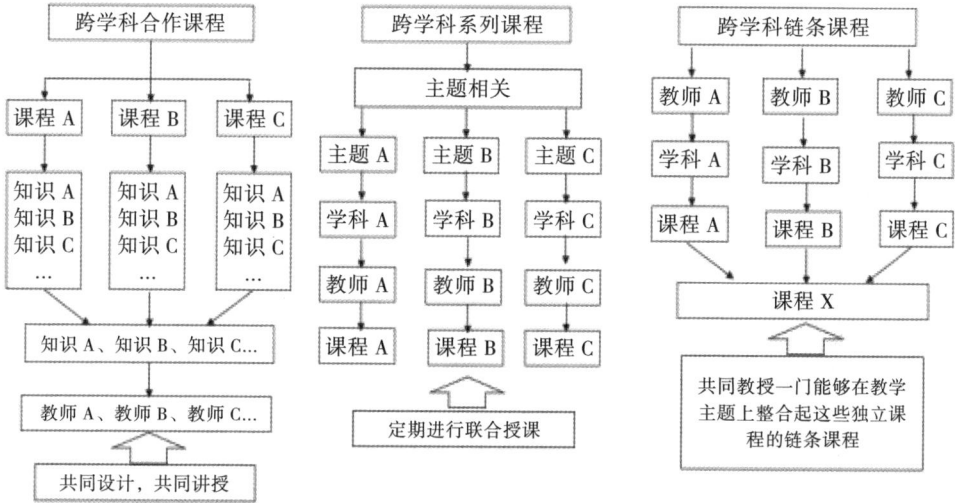

图3-1　跨学科课程建设模式

　　根据马克思主义实践理论，新工科中的实践是促进学科交叉的重要手段和载体，跨学科实践教学体系主要分为四大类：本学科实践项目、其他学科实践项目、跨学科综合实践项目和毕业设计。如图3-2所示，这种体系鼓励学生在3~5人小组中，先完成本学科项目，再参与其他学科的研究，促进学科间的知识交流与融合。跨学科综合实践项目，则专注于开发新的实践教学项目，解决前沿科学问题，需要学生跨学科合作，实现知识和思维的综合应用。毕业设计作为学生独立完成的项目，要求学生综合运用各学科知识，展现其科研能力，是对学生跨学科融合能力的全面检验。这一体系旨在通过实践活动强化学生的跨学科技能和创新能力，为解决复杂科研问题培养合格人才。

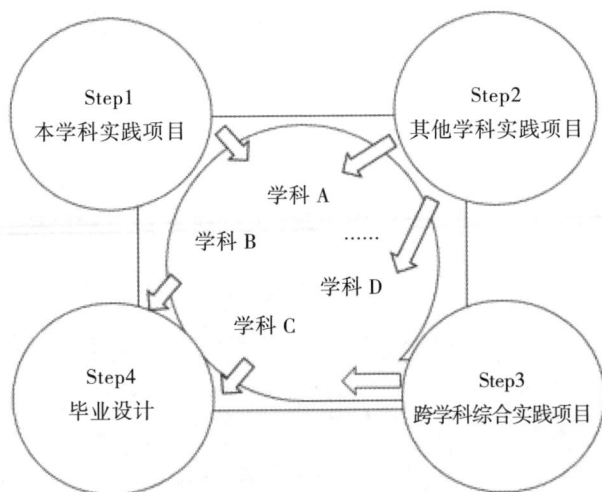

图3-2 跨学科实践教学体系框架（以学生主修学科A为例）

实践教学活动通常围绕多学科综合的实践项目展开，目标是解决跨学科的复杂实际问题。在这一过程中，学生不仅需要掌握本专业的基础知识和核心理论，还要运用其他学科的方法和技术进行问题的解决。通过这种"做中学"的模式，结合建构主义学习理论，个体具有主观能动性，能够将知识内容通过"同化"和"顺应"形成个体的知识框架。因此，学生能够将理论知识与实际操作有效结合，增强自主学习和探索能力，实现知识的跨学科融合和应用。

二、跨学科融合培养案例探究

在国内，部分高校也已开展了跨学科教育的人才培养路径的探究。以下列举六所具有代表性的工科院校，具体阐述这六所工科院校对新工科人才培养进行的探索和研究。

案例一：

华南理工大学自2019年开始实施"新工科F计划"，两年来，学校紧紧围绕未来技术，通过进一步深化理念、拓展平台、突破机制、创新教学等措施，积极探索"新工科"人才培养的新路径。该计划提出,"只有具备学习力、思想力和行动力的人,才能在未来的不确定性中找到前行的方向"。然而,这三者之间并非简单相加,而是相互关联、相互影响的,即创造力 = 学习力 × 思想力 × 行动力。为培养出具备卓越"三力"的工科领军人才,必须确立三个理念:首先是坚持"以学生成长为中心"的教育理念,强调最大限度地激发学生的学习主动性和创造性,培养他们自主学习和解决问题的能力,促进学生个性的全面发展和主体性的提升。其次是转变教学理念,转向"为未知而教,为未来而学",教师的角色应由单纯的知识传授者转变为引导者,教会学生如何学习、合作及应对未来挑战,从而让学生的学习目标不再仅限于应对考试,而是通过个性化和自主学习在多个方面实现全面发展。最后是践行"实践驱动"的学习理念,通过实践活动提升学生的问题意识、批判性思维和独立思考能力,同时增强他们的动手能力和团队协作能力,使学生在不断实践中实现能力、知识和素质螺旋式上升,最终实现个人能力的突破。

为推进新工科人才培养建设,促进学科交叉融合成为一项关键策略。随着产业发展向价值链高端的进展,对具备创新与创业能力的人才的需求日益增长。为此,华南理工大学正通过加强理科基础教育并推动资源的开放共享,来促进工科专业与其他学科如医学等的交叉发展。例如,医学影像学专业运用"工学 + 医学"的交叉学科模式,致力于培养既具备工程技术能力又熟悉医学知识的专业人才,这些人才既具有医工结合的独特优势,也拥有较强的科研发展潜力。该教育模式旨在培养能够满足未来社会和产业发展需求的复合型高端人才。

学校还致力于打造一系列微专业,以适应未来技术、未来产业和数字经济的需求。这些微专业,如人工智能和大数据技术,每个专业大约设置 5 门课程,旨在为学生提供专业技能的深化和拓展。为了鼓励学生辅修这些微专业,华南理工大学不仅增加了学生对未来技术领域的接触和理解,也为学生的职业发展和个人成长创设了更多的可能性。该教育模式强调了学科交叉融合的重要性,并且通过提供专业化且聚焦的课程来应对快速变化的技术和市场需求，从而有效培养学生的创新能力和适应能力。

案例二：

南京大学通过开设交叉实验班，如"计算机与金融工程"和"地球系统科学与环境"，实现了学科的深度融合，构建了整合性的跨学科人才培养体系。该体系坚持以"宽基础、求复合、重实践"为指导思想。

"计算机与金融工程"专业是南京大学本科教育"三三制"改革下探索金融交叉创新人才培养的新模式，截至2020年，该专业学生共有28%前往世界顶尖院校深造，39%学生保送北大、南大、复旦等大学的研究生，其他的则选择进入知名高科技公司。计算机与金融实验班通过制订体现金融科技（Fin-tech）特色的教学方案，组建专门的教学团队，同时由一流金融机构和软件企业提供实践实训平台，致力于培养有远见的高层次、复合型、国际化计算机与金融工程领域的专业人才。

初始两届的实验班主要从计算机科学与技术系和工程管理学院中挑选学生，采用"1+3"模式进行培养。首先，该模式通过一个大类培养阶段为学生奠定坚实的知识基础；其次，在专业融合阶段，学生通过实践活动不断加深对计算机和金融工程知识的理解与应用；最后，在交叉复合阶段，强化学生的实践和科研技能，实现专业知识的实际应用。2017年起，实验班开放招收全校新入学的学生，通过二次选拔程序，每年选拔30名学生进入此项目。

实验班不只整合了计算机和金融工程两个学科的基本理论，还在有限的学习期间，完成了如离散数学、操作系统、数据结构、计算机网络、并行处理技术、人工智能等计算机科学核心课程及运筹学、金融经济学、金融计量学等金融工程的关键课程，为培养具有广泛知识的复合型人才打下坚实的基础。同时，实验班还成立了专门团队，开发设计了一系列与金融科技相关的复合课程，如数据结构与金融算法、金融软件工程、金融大数据处理技术等，以进一步强化学生在这一新兴领域的专业技能。

此外，实验班积极响应金融科技行业的人才需求，确保有充足的企业实训机会，重视实际应用复合型人才的培养。学生需要在企业环境中完成 15 个学分的实训要求。此外，实验班还与诸如润和软件、华泰证券和南京银行等知名上市公司合作，共同设计相关课程。这些课程要求学生围绕实际业务问题进行学习，通过参与公司的实际项目开发来完成必要的学分获取。这种模式不仅加强了教育与行业的紧密联系，也促进了学生技能的实际应用。

该跨学科融合培养的实践也将扩大国际视野考虑在内，每年夏季都会安排学生前往牛津大学参加五门短期课程。南京大学利用"百位名师邀约计划"，邀请了包括牛津大学的金含清教授和加州大学洛杉矶分校的讲席教授 A.Subrahmanyam 在内的国际知名学者，来南京大学为实验班学生授课，以此丰富学生的国际教育经历和学术视野。

案例三：

南京理工大学就跨学科融合培养也开展了一系列实践探索。该校以"学科交叉、科教协同、产教融合、竞教结合"为建设思路搭建了智能制造工程的实践教学平台。该平台具有计划建设智能制造设计与实战综合实验平台、智能设计与控制综合实验系统、智能管理与服务综合实验系统及机械创新设计综合实验系统 4 个跨学科综合性实验系统，联合企业的实习基地、国家创办的各类竞赛，形成了"产教融合联盟"。

南京理工大学在智能制造系统设计与实战这一综合实践课程方面，为培养学生从设计到优化智能制造系统的能力的课程分为两个部分，第一部分"智能制造系统设计与实战（Ⅰ）"主要介绍智能制造系统的基础和结构，使学生在成熟的平台上进行实验和实践，课程在大一下学期进行，包括 8 个学时的理论与 40 个学时的实践教学；第二部分"智能制造系统设计与实战（Ⅱ）"则聚焦于系统的持续改进和优化，适合已有相关知识基础的学生，在大二下学期进行，同样包含理论与实践教学环节。这两门课程各占 1.5 个学分，确保学生能够得到系统性的实践操作经验，逐步掌握智能制造的核心技术与应用。

　　智能制造系统设计与实战课程通过建立一个以实际项目依托的智能产品生产实践平台，涵盖六个工位及完整的物流输送系统，以综合应用和实践多学科知识。如图 3-3 所示，该平台设计包括自动导引运输车（AGV）轨道和仓库，支持从用户信息采集、视觉检测、RFID 技术应用到产品包装和质检的全流程操作。课程重点培养学生在计算机科学、控制工程、机械工程、工业工程和管理科学等领域的综合应用能力，通过对智能制造系统的设计、建构和优化，强化学生的跨学科整合能力和工程实践技能，为他们未来在智能制造领域的职业生涯奠定坚实基础。

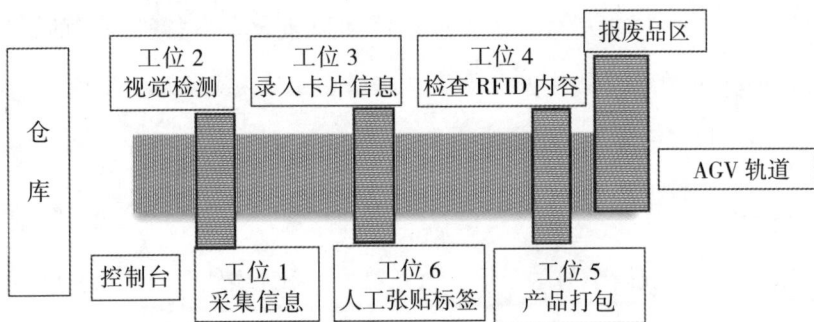

图3-3　智能产品生产实践平台

案例四：

　　天津大学作为国家试点的典型代表，采用"工程科学实验班"等模式，通过改革选拔流程、课程体系和教学方法，以学生为中心，培养学生从科学问题中发现并解决工程难题的能力。2013 年，国家教育体制改革领导小组批准设立了国家试点学院：天津大学精密仪器与光电子工程学院。

　　学校采用"3+1"培养方案，即学生在校学习 3 年后，可根据个人发展特点选择到国外学习或企业实践 1 年。这一方案突破了"唯分数论"的选才标准，更加注重兴趣和潜质。这个"试验田"为学生提供了更多发展的机会，天津大学为工程科学实验班推出了一系列定制课程，以替换传统的大学英语课程并加强学生的专业和跨文化沟通技能。该班级采用英文沟通与写作课程，并实施核心课程的全英文授课，以提升学生的语言能力和专业知识的国际化接轨。此外，实验班还引入了麻省理工学院的开放式课程经典力学，以及一系列工程科学相关的通识课程如科技文明史、逻辑与批判性思维训练、中文沟通与写作和世界文明与跨文化沟通等，这些课程由全校各院系的教师授课，为学生提供了广泛的知识背景和深度的专业理解。

天津大学将工程科学实验班的理论成果推广应用，通过多学科整合与产学研合作，培养具有创新精神和跨界能力的工程人才。其研制的"海燕"水下滑翔机、用于"天宫二号"的轨道脑—机交互技术测试系统、保障大坝安全运行的"智慧大坝"技术体系以及麻省理工学院研制的"蜂群"无人机协同作战等成果均体现了学科交叉与融合的特点。高校还应与企业和研究机构合作，建立完整的创新人才培养链。这种模式在国际上如斯坦福大学和剑桥大学的创新教育模式中得到了广泛应用。

案例五：

南京工业大学作为全国首批 14 所"2011 大学"之一，为探索重构中国优秀本科教育，培养卓越科技人才，实现"综合性、研究型、全球化"的战略目标，学校成立了"2011 学院"，并从 2013 年开始面向全校选拔优秀本科生。学院借鉴国内外一流大学的人才培养理念和方法，按照"教书启智，育人铸魂，专业成才，精神成人"的育人理念，着力将学校的综合优势、政府的政策优势、区域的产业优势转化为人才培养优势，探索在大众化条件下如何推进人才培养模式改革，特别是精英人才培养模式改革；探索新形势下地方高校如何与地方政府、产业相结合，创新办学模式，走出中国自己的"斯坦福—硅谷"发展模式；探索中国高校如何与国际知名高校合作办学，利用国际资源，实现学校跨越式发展，力争将"2011 学院"建设成为先进生物和化学制造领域高素质人才培养与聚集基地、高水平科研成果创新与孵化平台，成为国内一流、国际知名的高水平学院。"2011学院"将创新管理体制机制，扩大其在教学、科研、管理方面的自主权，实行教授治学；改革教师聘任、考核和评价制度，实行聘任制、年薪制，引导教师把主要精力用于教书育人；改革人才招录与选拔机制，完善自主招生制度；创新人才培养模式，尊重学生的主体地位。构建"通识＋专业"课程体系，实行小班制教学，采用讲授、讨论、实验、企业实践等多样化的教学方法，注重激发每位学生的学习兴趣与潜能；在部分课程中实施双语教学，采用英文原版教材，聘请外籍教师，实行全英文授课；与国外知名大学联合，强化学生国际化合作能力的培养；打通本科、硕士、博士课程体系，优秀学生实行本硕博连读制，允许学生自由选课，考试合格者学分可累积；打破学科专业界限，体现文理渗透、学科交叉的学习模式。学院实行全员书院制，突破传统单一的教育模式，彰显书院教育重思想、重品德、重人文、重情智的特色；不同专业学生混合住宿，有助于学生互相学习交流和全面发展；学院实行全程导师制，设立常任导师、学业导师、专业导师、学长导师、书院导师，为学生的成长成才提供全天候、个性化的指导和服务。

案例六：

美国欧林工学院进行了跨学科教育的探索，通过其创新的"欧林三角"课程体系，有效整合了严格的工程教育、自由艺术教育及创业教育，形成了科学、数学、工程、艺术及人文社会等多学科融合的教学模块。该体系分为初级到综合设计型不同级别的课程，提升学生的知识广度与跨学科思维能力，促进问题解决能力的提升。学院特别采用非院系制结构，聘请有多学科背景的教师，以课程为单位组建教师团队，打破传统教育模式的界限，增强教学的灵活性和实效性。美国麻省理工学院于 2017 年启动的"新工程教育转型"（NEET）计划，创新引入了"课程串"概念，自大二开始为学生提供跨学科学习路径。这些"课程串"围绕如机械、材料和系统科学等核心学科构建，通过实践和研究方法推动现代产业发展。NEET计划强调项目中心的学习方法，通过跨学院的协同来实施，要求学生参与跨院系的课程和项目，形成多学科融合的项目团队，其要求依据 NEET 思维方式，包括创造性思维、批判性思维和系统思维等认知方法，主动、有效地进行学习，从而完成学习目标，如表 3-1 所示。通过该方法不仅可以提升学生的专业技能，同时也可以全面提升学生的人际交往及领导能力，使学生在完成学位的同时，还可以深入体验和掌握跨学科综合应用的能力。

表3-1　NEET思维的协同组织方式

NEET 思维	依托学院
个人技能和态度（Personal skills and attitude）	语言学和哲学系以及 Bernard M.Gordon-MIT 工程学领导力计划
自我学习（Self-learning）	图书馆
批判性思维（Critical thinking）	科学技术与社会系
创造性思维（Creative thinking）	建筑系

结合以上理论和六所工科院校开展的实践案例可以看出，各个高校都注重建立跨学科的教育体系，整合工程、科学、数学、艺术和人文社会等多个学科，培养学生全面发展的能力。课程设置和教学方法上均注重实践，通过实验、项目、企业实训等形式，培养学生的动手能力、解决问题的能力以及团队合作精神。高校积极与企业和研究机构合作，搭建实践平台，校内均开设国际化课程，以拓展学生的国际视野，统筹教育大方向的同时关注学生的个体差异，提供个性化的教育服务，强调学生的主体地位，鼓励学生参与课程设计、项目实施和学校管理，培养学生的领导力、创新力和团队合作能力。

尽管以上案例都具有启发性，但需要注意学校的综合能力水平对人才培养的影响。单单依靠某一有效因素可能无法取得理想的效果，而需要综合考虑学校的资源、师资、管理机制等因素。此外，不同学校的定位、地域、学科优势等也会影响人才培养的路径和效果。因此，各个工科院校在借鉴这些实践经验时，需要结合自身情况，"量体裁衣"，找到适合本校发展的路径和策略。

在跨学科培养方式方面，各大高校采取的措施主要有扩大基础学科的教学、提高通识教育中人文和社科的比例、"智能化＋传统工科"、增进国际化交流。跨学科培养的方式在一定程度上避免了学科划分过细带来的人才培养相对僵化的问题。对此，笔者认为我们应当更深入地了解和探讨认识活动是怎样运行的，创新又是从何而来的问题。基于认识活动的过程，辅以教育手段的干预，从而优化育人体系的成效，推动新工科人才培养的创新性和复合性。

随着新一轮的产业变革，体力劳动逐渐被更先进的劳动工具所取代，人的生产力得到进一步解放，对脑力劳动的要求逐渐提高，这也对教育体系中的人才培养模式产生了颠覆性的影响。

根据马克思主义实践理论，实践是认识的来源，通过实践才能使主体和客体产生互动，主体利用认识工具来探索客观世界。在工科领域，工具不仅是物理设备和软件，还包括各种技术方法和理论模型，在工科教育中，重视工具的使用和理解是极为关键的。例如，机械工程的学生通过学习使用各种机械工具和 CAD 软件，不仅可以掌握如何设计和制造机械部件，而且通过这一过程可以深入理解力学原理和工程实践。电子工程的学生通过使用电路仿真软件和进行实际的电路组装，理解了电子原理并可以用于解决实际问题。

先进的工具是人类意志的延伸，人类利用工具能更深刻地理解和改变世界。通过工具的使用，人们能够对自然界进行有效的操作和改造，这种操作和改造的过程本身也会反过来影响和发展人的认知能力。每一次工具的革新，不仅是技术的提升，也是人类对自然规律理解的深化，以及社会生产力提升的体现。而人探索世界的过程是具有复杂性和综合性的。因此，笔者认为，跨学科融合培养应当注重学生对于事物能够连接所学的不同领域的知识和经验，通过认识并使用工具，逐渐加深理解建构客体的相关知识，达到主体和客体之间互动的平衡，这个过程就是创新的"摇篮"。

在认知理论中，人的认识常被分为直接认识和间接认识，目前国内高等教育院校主要采用大班制的分科教学，以直接讲解的方式将单一、片面的学科知识进行填鸭式、灌输式教学，学生没有通过主客体的互动来得到该知识经验，缺乏认识客体的完整体验，这与创新意识培养是相背离的。因此，跨学科融合培养在学生的认识过程中为主体主动构建认识对象即客体提供了有力的支撑。

三、创新思维培养现状及问题

彼得·斯克特曾提出，"一所创业型大学必须承担两个使命：第一，训练未来的企业家，培养其建立自己的事业并具有创业的精神；第二，搭建孵化器、科技园等平台，以企业化的方式帮助参与其中的学生成就事业"。这种教育策略具有普适性与选拔性的双重特点，能有效激发学生的创新意识并提高他们解决实际问题的能力，这与新工科"新"的内涵高度呼应。目前新工科人才的缺口一直存在，预计到2025年，新一代信息技术产业人才缺口将达到950万人，电力装备的人才缺口也将达到900多万人。面对工科与新工科的矛盾，如何实现"全员育人、全程育人、全方位育人"，对培养学生创新创业的双创教育体制改革是一个解决矛盾体的重要切入点。

反观我国的"双创"教育，对它的探索起源于改革开放时期，2002年教育部确立清华大学、中国人民大学等9所高校为创业教育试点高校，2014年多个部委出台了包括《中共中央、国务院关于深化教育改革全面推进素质教育的决定》《关于深化高等学校创新创业教育改革的实施意见》等近30份文件，从顶层设计出发，推动创新创业的发展。但是，目前高校的创新创业教育亟待解决以下问题以推进新工科建设：

①理念认知存在偏差和滞后，国家出台了一系列针对创新创业教育的措施，如"互联网+""挑战杯"比赛等，各大高校也都围绕赛事做了积极的准备，但部分高校教师将双创教育理解为对创业经验的传授、创业模式的讲解，阐述创业的概念课程，背离了创新创业教育为了培养创新意识和实践能力的潜在人才的本质。

②教学质量和育人成效参差不齐，高校内创新创业课程小组基本都由辅导员、专业教师和校外导师构成，师资结构单一，创新水平及培养目标不明朗，课程内容陈旧，课程设计缺乏连贯性思维、顶层设计和整体推进。

③大学生主动参与创新创业的意愿整体偏低。创新创业教育内容对学生缺乏吸引力，一方面是由于课程内容枯燥，教授方式单一；另一方面是因为学校创新创业文化氛围不强，对创业的容错率、关注度和宽容度不高，一定程度上抑制了学生参与创新创业活动的积极性。江苏省2019届毕业生对学校创新创业教育和创业指导等工作的满意度（满分10分）调查数据显示，以南京工业大学等多所创新创业工作基础扎实的高校为例，毕业生对学校创新创业工作的总体满意率达到76.33%，其中感到很满意的占38.61%，感到满意的占38.02%，感到一般、不满意、很不满意的达到23.36%。虽然创业扶持保障、创业培训、创业实践指导的满意度达到了9~9.2分，但在课程设置、教材教学、实践收效等方面只有8~8.4分。

④多方参与的协同育人力度有待提升，一方面，校地企产学研合作表面化，制约了协同育人机制的成效，学生只有在产业布局和生产一线参与项目化的实践锻炼才能真正刺激创新意识，提高解决问题的能力。另一方面，实践场景和平台明显不足，创新创业教育需要依托真实的社会环境，学生在积累丰富的社会认识和经历的基础上，方能产生能力和意识的提升。

学者李嘉良通过对东莞理工学院工科生的创新能力研究，发现主要存在以下四点问题：一是工程专业知识不足；二是创新思维仍需提高；三是克服困难意志不强；四是科研主动性不高。究其原因体现在以下四个方面。

第一，部分地方高校由于未能充分了解地方产业变化趋势，未对课程结构进行合理调整，导致专业相关课程内容陈旧，培养出的工科生难以适应产业发展需求。首先，这些高校仍然沿袭传统教学观念，过分注重单一课程的内部知识逻辑设计，缺乏对创新工程人才复合型问题的全面考虑。因此，学生只能获得传统工程教育下的单一专业知识，无法综合吸收其他学科领域知识，导致工程视野狭窄。其次，课程类型与比例不合理，过于偏重理论讲授，而对通识教育和专业核心课程的安排不足，导致学生缺乏跨学科工程实践锻炼和个性化发展。最后，课程内容设计更新缓慢，未能综合当今产业和科技发展，缺乏前沿工程知识的传授，使学生的知识体系无法与产业需求相匹配，难以满足社会发展的需求。

第二，真正的跨学科建设并非简单的多学科教育或通才教育，而是基于真实工程问题，跨越学科边界，整合各学科理论和方法，以解决复杂工程难题。跨学科教学内容和教师的启发引导有助于工科生提升创新思维。在新工科建设下，地方高校纷纷开展改革，但有些只是流于表面。首先，一些地方高校误将跨学科教育视为通才教育，仅简单拼凑相关课程，未进行科学合理的编排，导致学生学习的课程杂乱无章、缺乏联系。其次，地方高校的科层制组织结构和行政化运行模式降低了跨学科建设效率，应以学术为主导、项目为驱动，而科层制导致权力过于集中，削弱了基层学术人员的决策权，抑制了创造性。最后，教学资源整合程度低，教师跨学科能力不足。多数地方高校的教学资源独立运作，难以为跨学科建设提供良好的环境，且教师的跨学科实践知识和教学能力水平有限，难以支撑跨学科建设。

第三，学生来到大学后，与父母的联系减少，教师或导师成为他们学习和科研活动中的主要指导者。然而，一些教师对学生的德育工作不够重视，对他们在学习和科研中遇到的困难关心不足，导致学生缺乏创新品质的培养和创新能力的提升。这主要归因于三个方面：首先，一些地方高校缺乏完善的教师德育培训体系，导致教师难以准确掌握德育教育的规律和价值理念。其次，教师对自我德育能力提升的意识不足，将科研能力作为重要的评价指标，忽视了德育教育实践和能力提升。最后，缺乏德育激励评价机制，导致教师在德育培养方面的动力不足。因此，地方高校需要加强教师德育培训、提升教师德育意识、建立完善的激励评价机制，以推动教师在德育教育方面发挥积极作用。

第四，工科生的科研动机主要包括内部动机和外部动机。内部动机源于对所学学科的兴趣，而外部动机则包括科研经费、硬件支持以及科研团队气氛等。研究表明，科研团队建设对科研人员的科研动机有着显著的正向影响。然而，地方高校的科研平台建设均存在一些不足之处：首先，政府在科研教育方面的投入不足，导致地方高校缺乏足够的经费支持，无法完善科研平台的相关场地、人员和设备等配套设施。其次，校企合作程度不高，部分企业只关注短期经济效益，忽视了人才队伍建设和科研能力提升的重要性，从而减少了合作意愿。在学校方面，一些高校管理人员过于重视理论而忽视实践，导致他们不积极主动地与行业企业开展合作。最后，地方高校在工科生科研团队氛围建设方面也存在不足，包括科研团队目标不明确、沟通机制不合理以及配套设施建设不足等问题。这些不足之处影响了工科生的科研热情和主动性，降低了科研团队的创新能力和科研成果的产出。

四、创新思维培养的优化途径

习近平总书记指出，"科技是第一生产力、人才是第一资源、创新是第一动力。"2015 年 5 月，《关于深化高等学校创新创业教育改革的实施意见》出台，其中提到，"深化高等学校创新创业教育改革，是国家实施创新驱动发展战略、促进经济提质增效升级的迫切需要，是推进高等教育综合改革、促进高校毕业生更高质量创业就业的重要举措。"可见创新已经提升到战略的高度。结合新经济背景下，市场产品、服务的创新周期越来越短，技术迭代越来越快，产业优化越来越频繁，发展模式越来越多元的趋势，创新能力已成为对新工科培养的人才的第一能力要求。习近平总书记还指出，"我们对高等教育的需要比以往任何时候都更加迫切，对科学知识和卓越人才的渴求比以往任何时候都更加强烈。我们要牢固确立人才引领发展的战略地位，着力夯实创新发展人才基础。"麦可思研究院在 2019 年 6 月发布的《2019 年中国大学生就业报告》显示，中国大学生的自主创业率仅为 2.7%。报告指出，大学生的专业能力及个人素质与社会的需求存在明显的不匹配，这反映出他们普遍缺乏创新精神和创业能力。这一现象凸显了高等教育在培养适应市场需求的创新型人才方面的不足。

学者王振海、周俊男及吴庆兴针对新工科背景下应用型高校专业教育与创新创业教育的深度整合进行了探索。他们指出，新工科建构应将创新创业教育全面渗入人才培养的全过程，从达成观念、体制及模式层面的革新。此教育模式需紧密融入专业教育的各个阶段，确保与专业内容有机结合而非孤立存在。无论依据实践共同体理论、三螺旋理论还是教育生态系统理论，新工科专业教育与创新创业教育的协同融合展现出内在的合理性逻辑，这不仅体现了融合的必要性，亦验证了其实现的可能性。从本质上讲，二者均以创新为核心价值观，体现出知识经济时代的进步趋向。在教育目标的设定上，二者共同聚焦于培育兼具创新精神与跨学科能力的工科人才，直接呼应了社会对新型人才培养规格的迫切需求。在教育进程上，遵循从普适基础到专业深化、理论学习到实践运用、创新思维到创业行动的一致性人才培养路径。在参与主体的互动上，均强调优化高校、政府与企业间的合作关系，强化产学研一体化，构建合作、共享、共赢的平台生态系统，激活所有创新要素，为顺应干事创业的时代浪潮奠定稳固基石。

在新工科的环境框架内，应用型高等学府推动专业教育与创新创业教育的高度整合，是对高等教育体系创新的迫切需求，其内嵌了一种逻辑自洽的融合机制。首先，在工科教育的人才培养历程中，创新教导与创业培育形成了一种辩证统一的关系，是完成树人立德根本使命不可或缺的核心组成元素。其次，面向实践应用的高校建设，鉴于其致力于培养兼具应用能力、复合素质及创新能力的人才导向，势必要构建一个与其目标匹配的创新创业教育生态系统。最后，鉴于新工科建设所赋予的使命与要求，创新创业教育唯有与工科专业教育实现深层次的交织融合，方能达成培养"多元化""创新型卓越工程师人才"的既定目标。

当代教育领域中，创新培育与创业教导展现了一种辩证统一的人才培养逻辑。创新培育着重于造就拥有创新思维模式、能力结构、意识形态及精神风貌的综合型人才，其精髓在于借助新颖的理念、教学模式、实施策略及实践活动及开放包容的社会文化氛围，以培育个体的创新素养。而创业教导的目标定位则是提升学生的创业实践力、意识觉醒、精神特质及心智成熟度，重视教育的过程导向性、综合性及全方位覆盖性特征。此二者在中国特定的文化和社会背景下逐步交融，共同孕育出"创新创业教育"这一崭新理念。需要注意的是，创新创业教育并非将创新培育与创业教导机械结合，而是通过一种内在的辩证统一机制，在人才培养的过程中予以实现。具体而言，创新创业教育构成了创新创业实践的核心内容，激发人才培养的内在驱动力，提升创新水平；而创新创业实践则决定了创新创业教育的发展方向，明确了实践路径，加速了成果转化。

顺应国家的战略性需求，应用型高等院校的建设稳步推进，2015 年《关于指引若干地区普通本科院校向应用型转型的指导意见》颁布至 2019 年《国家职业教育革新实施方案》的出台，乃至随后各地纷纷制订的《应用型本科院校建设指导方案》，在一系列政策的引领下，应用型高校积极响应"创新驱动发展""中国制造 2025""互联网 +"及共建"一带一路"倡议等，逐渐成为高等教育领域的主力军，扮演着至关重要的角色。其核心使命为应对我国现代化进程中产业升级与人才供需结构调整等根本性矛盾，构建一个面向市场的人才培养体系。

然而，在向应用型转变的过程中，应用型高校仍需克服多重挑战，首要且核心的问题就是如何平衡应用导向与学术研究的关系。为破解这一难题，首先，需要深刻领悟高等院校的学术本质，明确学术性作为高校的根本属性，同时认知到不同类型高校在学术表现形式与研究范式上的多样性。其次，应用型高校的演进需依托内涵式创新发展路径，彻底革新教育培养模式，确保创新理念渗透至教育理念、教学实践、科学研究、管理体系及社会实践的每一环节。在此背景下，创新创业教育就自然而然形成并贯穿于人才培养周期。

明确新工科建设之目的在于响应国家重大的战略需求，助推新兴经济的繁荣发展，因此被誉为中国工程教育领域的一场"新变革"。该建设的核心价值观念围绕立德树人、灵活应变、塑造未来，秉持继承与创新、交叉与融合、协同与共享等原则，致力于培养一批具有多元化背景、创新精神及卓越能力的工程技术人才。

《北京指南》对新工科建设提出明确导向，强调构建创新型、综合化、全周期的工程教育新思维，侧重于教育结构的优化与模式的创新探索，旨在形成以创新激发创业、创业促进就业的良性循环，完善涵盖创意激发、创新实践到创业实践的全过程人才培养体系。由此，将创新创业教育深度融入新工科专业教育的每一个环节显得尤为迫切。该教育模式需紧密结合专业实际，避免沦为浅尝辄止的通识教育模式。

尽管众多应用型高校已着手于新工科专业教育与创新创业教育融合的宏观规划、多维度协同及跨领域整合等初步探索，并取得了一定的实践成果，但根据现有学术研究成果，在新工科理念的引领下，能够实现两者深度且全面融合的应用型高校实例尚不多见。具体而言，在课程体系建构、师资队伍建设、实践训练基地配置及整体生态系统构建等方面，依旧面临一系列的挑战与不足。鉴于此，持续优化相关理论框架、深化对融合机制的内在逻辑理解，显得尤为关键，这更是为了促进新工科专业教育与创新创业教育的深层次整合。

新工科发展背景下的教育建设强调对工程专业人才的知识结构与课程体系进行革新，确保课程内容紧跟时代前沿，具备综合性、创新导向、跨学科特点及应用实践性，适度提升学习的难度与挑战性，以此激励学生增强探索知识的主动意愿，强化工科学生在创新创业方面的综合素质。然而，现行的人才培养模式中，创新创业教育环节往往未能充分融入主流教学架构之内。同时，存在创新创业课程体系构建不够科学合理，课程内容肤浅，缺失体现学校自身特色的深度与广度，无法有效满足学生多样化的学习需求等问题，与新工科教育改革的目标与要求不匹配。

为应对这一挑战，新工科专业教育与创新创业教育的整合亟须增进工程认知的共识构建，打造出一个协同互补的课程体系。横向维度上，通识教育课程与基础知识课程应重新组织知识点与技能点，无缝嵌入创新创业的相关内容；专业课程设计则需紧密贴合产业链、产品增值流程及科技革新脉络，开发彰显特色的课程集群；选修课程则可借鉴由企业运营模拟演练、经典案例深入分析、校企联合实践培训等手段，激发学生的创新创业志趣，助力其工程师身份认同的形成。纵向层面上，围绕"创意启发—创新培育—创业实践"的人才培养主轴，将新工科的专业课程与创新创业课程无缝衔接，推行"基础巩固—创新赋能—理论实践互促—全人教育"的四阶段递进教学策略，促进学生从新手向行家的蜕变，最终完成为社会输送杰出工程人才的既定目标。总体而言，打造一体化课程体系应遵循"学以致用"的结果导向原则，依据社会与企业的实际需求逆向设计创新创业教育的课程内容。

当前，我国高等教育体系中尚未正式设置创业相关学科研究，从事创业学课程教学的专业师资力量匮乏，特别是缺少接受过系统教育且实践经验丰富的专业人士担任课程教师。在创新创业教育领域，教师团队构成多倾向于由实践经验与教学经验较为欠缺的青年教师担纲，而来自校外的兼职导师群体，虽拥有丰富的实践经验，却在专业理论的系统性掌握上有所不足。显然，师资队伍的这一薄弱环节已成为制约创新创业人才培养质量提升的关键因素。在此背景下，实践共同体理论为缓解并解决上述问题提供了一个新颖且富有启发性的视角。

教师实践共同体理论视参与实践为学习过程的核心要素，其通过消弭传统上教育者与受教育者之间的界限，构建了一个旨在促进教师认知能力提升与职业身份演进的学习生态环境。这种共同体为教师的专业发展创建了实践舞台和组织框架，不仅加速了新晋教师向社群核心成员角色的积极转化过程，同时也通过鼓励资深教师的主动投入和持续学习，实现了知识与技能的迭代提升。针对新工科教育与创新创业教育融合的特定需求，教师实践共同体应当以"创新与创业兼顾"为鲜明标识，确立"创新驱动创业，创业促进创新"的发展目标，并建立起一套"专职与兼职相辅相成"的组织运作机制。

共同愿景作为实践共同体内部最为鼓舞人心的驱动力，其将"创新创业"理念树立为集体的共同追求，能够有效团结群体成员为实现共同目标携手奋进。在组织机制层面，需进一步深化产业与教育的融合及高校与企业的协同合作，鼓励教师通过跨院系流动、赴企业实践锻炼等途径强化个人实践能力，同时建立健全校企合作的制度框架，吸纳行业专家作为兼职导师参与工科教育过程。此外，强化教师职业道德与行为规范建设，将思想政治教育与创新创业教育相融合，同样是培养教师实践共同体不可或缺的组成部分。

"天大行动"指出，应充分利用高等院校、科研机构及行业企业的资源优势，构建一个集教育传授、技能培训与创新研发功能于一体的共享式校企合作育人实践平台。然而，当前多数校企合作培养模式尚未充分调动企业的积极性，导致参与热情方面呈现出"校方热，企业冷"现象。与此同时，创新创业教育教学中还面临着理论比重过高而实践锻炼不足的问题，加之校内外创新创业实践平台的稀缺与彼此缺乏有效联通，形成了"孤立岛屿效应"。针对上述难题，教育部于2023年7月正式下发《关于加快推动现代职业教育体系建设改革重点任务实施的通知》，其中明确提出要构建"市域产教联合体""行业产教融合共同体"和建设"开放型区域产教融合实践中心"。

"市域产教联合体""行业产教融合共同体"为实践共同体理论与三螺旋理论在职业教育革新实践中的具体体现，是中国特色职业教育体系创新的实质性进展。在此过程中必须确立一套包含行业企业深度参与的管理架构，明确定位企业为合作的核心主体，并架设人才供需对接平台与共性技术支持平台，促进教育链、人才链与产业链、创新链的贯通发展。至于"开放型区域产教融合实践中心"的建设，则需政府扮演主要角色，承担资金扶持，激励高校与企业联手创建实践中心，以拓宽学生实践场景、增加实践机会。

构建校企协同合作、资源共享的实践平台，不仅要建立行业企业深度参与的管理制度，还要引入外部优质的教育资源参与实践平台建设。此外，还需建立健全创新创业教育成果的培育与孵化机制，推进各类创新创业孵化器与科技产业园区的建设，加强各平台间的互动性，充分发挥平台在项目孵化、成果转化中的催化作用，从而全面提升职业教育的创新与实践效能。

"生态机制"这一术语概括了生态系统各构成部分之间及其与系统整体之间相互作用的规律、途径与模式。具体至创新创业教育生态系统，其健康运行依赖于高校、政府及企业这些创新主体间的深层互动与紧密合作，才能保障人才、技术资源、资本、政策措施、服务供给及信息交流等创新创业关键要素在体系内部的顺畅流通，确保生态系统维持稳定且高效的动态平衡。然而，鉴于这些主体各自的利益表达与组织目标，协同育人这一生态机制在实际操作层面遭遇了多种运行难题与阻碍。

为有效应对这些挑战，构建校政企协同育人的生态机制，需立足于生态位的清晰界定、生态链的有效强化以及生态圈的积极培育。高等院校应深刻领悟相关政策文件的核心精神，主动践行政策导向，建立健全校企合作共建及资源共享机制，积极吸纳企业深度参与教育培养过程，同时致力于成为创新体系中的领军单位，推动由应用导向型向创新创业导向型高校的转型升级。政府作为生态系统中的主要推动者与架构者，应进一步加大政策扶植力度与资金投入，激励高校面向市场需求，服务于地方经济发展大局，并主动调整与优化自身职能定位。企业作为创新关键主体，需深刻认识到经济社会发展进程中对创新的需求及人才培养标准，充分利用其在资源、技术和信息方面的优势，为高校人才培育提供实质性的支持，并在这一多方合作框架内实现自身增值。

总而言之，在新工科背景下，应用型高校的专业教育与创新创业教育的深度结合，蕴含其内在的逻辑关联性，其作用至关重要。应用型高校通过更新教育理念、深化产学研合作的实际举措，对实现从"应用"到实践的转化、由"创新"引领"创业"的路径起到了决定性作用。新工科建设作为专业教育和创新创业教育深度融合的发力点，也回应了创新创业对工科教育的实际诉求。在此背景下，应用型高校应树立"大工程"理念，通过教育教学模式的创新改革，在课程体系构建、实践平台搭建、人才培养机制设计等多个层面进行重塑，提升工科应用型人才教育的质量与效能。创新创业教育作为专创教育深度融合的关键一环，既要形成独立完整的体系，也要与新工科专业教育无缝对接，实现有机整合。地方高校向"创业导向型"转变是顺应时代发展的必然趋势。唯有通过深度的融合实践，直面问题与挑战，才能全面践行立德树人的教育根本任务，培育出德才兼备的卓越工程师，满足国家的战略性需求。

以上内容为新工科为什么要具备创新人才，以及为什么创新创业教育能够促进人才的创新思维提供了独到的见解，也为我国创新创业教育的改革和建设提供了创造性的思路。

与此同时，众多学者都研究了"如何培养新工科人才的创新思维或创新能力"的问题。学者王国强、卢秀泉、金祥雷和王瑞提出，在新工科背景下培养人才创新思维能力，关键应当把握如下三种方法。

①夯实通识课程体系下的自然科学基础课程地基，因为自然科学基础理论研究水平决定了工程实践与应用水平的深度和广度。随着计算机技术的发展，应用数学及力学解决工程技术问题的水平得到了极大的提升，为工程实践和解决关键技术问题提供了新理论、新方法。只有具备扎实的数学和力学理论基础，才能有效支持新工科创新人才的培养。

②定制化工程通识课程的人文社科内容。该内容需要综合考虑自然环境、经济、社会、政治等多方面的因素。在通识课程体系中，必须确保一定比例的人文和社会科学知识内容。以人文哲学理论为指导，以工科专业实践和认知为基础，感悟共性规律，通过挖掘本质，培养创新思维，提升工程思维核心能力。

③注重通识课程中对跨学科思维的培养。经过新一轮产业革命的洗礼，产业链逐渐整合，对人才的要求不再局限于某一领域，学科之间的严格界限逐渐消解，跨界融合成为新产业新业态的标志性特征，通识教育从教学内容和方式两方面加强对学生跨学科思维的培养，呈现出完整、紧密的跨学科全局知识框架，显性化学科间的知识联系，提升学生从跨学科、多角度、多维度系统考虑、解决问题的思维习惯和能力。

他们还从顶层设计出发、结合产业需求、预判发展趋势的角度阐述了新工科人才培养的三条路径。

第一，在国家战略的层面，改革需要通过系统的创新和实践平台来激励学生参与和贡献于科技创新。例如，建立更多与高科技公司和创业公司的伙伴关系，可以提供实习机会和项目经验，使学生能够直接参与行业前沿技术的开发中。通过这些平台，学生不仅能够学习到最新的技术，还能通过实际应用来加深理解，同时培养他们的创业精神和团队协作能力。

第二，在产业需求的层面，教育机构需加强与行业的联通，确保课程设计和研究方向与市场需求和技术进步保持同步。加强与行业专家的合作，定期更新课程内容，引入更多实用技术和软件的教学，以及提供以解决实际工业问题为导向的设计项目，这些都是提升学生工程应用能力的关键措施。此外，引入创新思维课程，教育学生如何在面对复杂问题时进行系统的思考和创新设计，满足快速变化的技术环境的需求。

第三，在面向未来发展的层面，高校需要预见并适应快速变化的工业技术趋势和市场需求。这包括将可持续发展、人工智能伦理、全球工程挑战等内容融入课程中，训练学生在技术创新的同时学会考虑社会和环境因素。此外，通过增加跨学科项目，促进工程学生与其他领域如商学、医学、环境科学的学生的交流与合作，不仅可以拓宽学生的视野，也能够提升他们解决复杂、多维度问题的能力。

这些教育改革措施应当配合持续的评估和反馈机制，确保教育内容和方法能够及时响应技术发展和产业需求的变化。通过这样的教育模式，各大工科院校可以有效培养出既具备深厚专业技能，又能适应全球化挑战的工科人才，为国家的经济发展和技术进步作出重要贡献。

学者高海涛也就同样问题指出，创新型人才是高校培养高质量人才、满足市场需求的破局关键。为提升学生的创新意识并培养创新精神及创新能力，高校可以参考如下四点策略。

第一，集中资源设立创新教研中心。该中心的主要任务是探索和解决如何在高等教育阶段有效培养学生的创新意识、创新精神和创新能力，进而培养具有创新型思维和能力的新工科人才。创新教研中心注重研究成果的普及和应用，通过组织教学成果展演、促进跨学科及跨地域的学术交流等活动，推广教育创新成果。创新教研中心在利用其智库和专家资源，培养学生的探索精神和创新能力的同时也为创新素质教育的持续发展提供了坚实的基础。创新教研中心应遵循"资源共享、互惠互利、合作共赢、创新发展"的发展理念，以社会需求为导向，契合时代发展的诉求，致力于建立一个合作共赢的教育平台。通过跨界融合和渠道拓展，该中心为学生提供了一个连接多维资源的广阔和优质的综合服务平台，从而全方位提升了学生的创新能力和创新意识。

第二，系统开展创新创业项目，激发学习者创新创业潜能。创新创业项目与新工科创新型人才培养目标高度一致，均旨在培养具有卓越创新实践能力和持续竞争力的复合应用型人才，这符合我国当前教育改革的长期目标。实施"赛教融合"的"三环节九步骤"体系，包括"赛项成果分析、教学资源转化、教学实施"三个环节以及"赛项资源整理、知识点技能点分析、竞赛与教学关系分析、项目任务设计、形成教学资源、融入相应课程、理论实践一体化教学、团队实训、模拟竞赛"九个步骤，有效地将技能竞赛与日常教学相融合，使学习者能够提高专业技能和创新实践能力。

第三，创新校企合作"生态圈"，提升社会服务能力。校企合作以市场为导向，通过在校学习和在企业实践，引导学生逐渐了解和深入社会，清晰地认识到自己的社会责任和价值，及早地规划自己的职业路径和人生目标，从而更好地服务市场经济和社会需求。这种模式不仅提升了学习者的专业技能，而且促进了创新思维的培养，使学习者能够在不断变化的市场环境中持续自我更新和进步。

第四，建立毕业生跟踪反馈机制，全方位评价育人效果。当前，我国高等教育的人才培养机制未完全符合市场需求，主要表现为培养机制落后和学生社会服务意识不强，这使得人才输出面临着诸多挑战。为了提升人才培养质量，关键在于建立毕业生跟踪反馈机制，全面统计与跟踪毕业生的就业数据，分析就业的真实性与有效性，从而及时调整教育策略。高校应当完善就业质量年度报告发布制度，并构建与用人单位及行业组织的实时互动反馈系统，依据市场需求调整专业设置和培养规模。同时，高校需要执行专业预警和退出机制，对连续就业率不达标的专业进行调整或停招，全方位评估教师的育人效果，确保教育质量。如此不但可以优化人才培养方案，还能切实推动学生创新思维的培养，为社会培养具有创新能力和高度社会责任感的专业人才，进而完善高校的发展和提升整体教育质量。这种综合评价与反馈机制将形成一个有效的质量保障闭环，为高校与社会需求的对接打下坚实的基础。

学者李嘉亮就地方高校工科生创新能力的提升策略提了如下五点：

第一，调整课程体系，扩充学生知识范围。课程体系在学校中具有至关重要的地位，决定了学校教学内容以及学生学习的方向。一个合理的课程体系应该能够充分扩展学生的知识面，帮助他们在已有的知识基础上进行整合和创新，从而构建新的知识体系。特别是在新工科背景下，地方高校需要调整工科专业的课程体系，以适应和满足地方产业行业的发展需求。这样不仅可以拓宽工科生的知识范围，还可以提升他们的创新能力，从而更好地满足地方社会经济发展的需求。

第二，通识、核心与选修课程相结合。在新工科背景下，地方高校的工科专业课程体系需要不断更新和完善，除了必不可少的专业核心领域课程外，还应该增设通识基础课程和专业选修课程。首先，通识课程应该涵盖人文社科和计算机编程等内容，提升工科生的人文素养、创新意识和编程思维等能力。此外，通识课程还应该以现代行业技术为视角设置专业基础课程，以拓宽工科生的专业视野，培养其现代工程意识和学科融合思维。其次，专业核心领域课程应该注重传授工科生所需的理论、技术和方法，采用多样化的模块课程模式，突破学科专业边界，满足工科生个性化发展需求。模块化课程具有较大的灵活性，可以根据产业行业的发展进行调整更新。最后，专业选修课程为工科生提供了选择特定研究方向的机会，通过校内外导师的共同指导，深入探索具体研究方向的工程内容，拓宽工科生的工程视野，夯实了其工程知识基础。

第三，基于项目为中心设计专业课程。首先，地方高校应该设计基于项目为中心的专业课程，并以让工科生提前体验实际工程项目中的问题为核心。这些项目应该来源于地方产业行业的实际案例，涵盖综合性的工程问题，让工科生在真实情境下参与解决工程问题，从而更好地掌握和应用多学科知识，培养其解决复杂工程问题的能力，为其成为复合型创新工程人才奠定基础。其次，地方高校可以通过优化院系组织结构，打破学院之间的壁垒，构建新工科人才培养共同体，实现资源共享，为基于项目的专业课程提供良好的物质条件。最后，地方高校应该完善多元化的师资聘任机制，聘请相关企业和行业专家担任兼职教师或导师，共同参与项目课程的建设中。同时，地方高校还可以制定联合聘请制，跨院系教学，使校内外专家和教师合作，提高工科生的工程理论和实践水平，壮大新工科建设的师资力量，提升整体师资水平。

第四，推动新工科学科融合实质建设。地方高校在实施跨学科融合建设时需要做出一系列努力。高校要准确理解跨学科融合的内涵，不仅仅是简单地将几门学科课程拼凑在一起，而是根据具体的工程问题，突破学科边界，有意识地整合不同学科的理论、知识和方法。首先，通过定期深入了解地方产业行业情况，挖掘具有实际意义的工程项目，并组织不同工科领域的教师探讨学科融合点。其次，需要搭建跨学科组织，改变过去的科层制组织结构和过度行政化的管理模式，采取扁平化的组织结构，组织聘请拥有学科融合经验的管理人员或高素质人才作为领导，营造成员相互平等、尊重各种观点的工作氛围，并鼓励成员积极参与到跨学科建设的决策中。最后，要确保跨学科组织获得足够的经费支持，地方高校应该优先支持跨学科组织的建设，并且跨学科组织自身也应该开拓多元化的科研经费筹集路径，以保障其可持续发展。

第五，提升教师跨学科知识储备教学能力。教师的教和学生的学是教学过程中两个最重要的方面。教师应该运用多种方式将跨学科融合的课程内容传授给学生，这将直接影响学生创新思维的培养。在新工科背景下，教师自身具备跨学科的知识结构是从事工程教学的首要必备条件。为提升教师跨学科知识储备和教学能力，地方高校可以采取如下措施：建立工程交流平台，让教师及时了解工程领域的最新发展动态，拓展工程视角，邀请企业、行业协会和知名学者等共同参与，通过线上网络或线下座谈会、研讨会等形式进行交流讨论；推动教师参与工程实践，通过与企业或研究院的合作安排教师进行实践，掌握前沿工程知识，并在理论与实践结合中反思工程教学；开展教师工程教学培训，完善培训体系，提供有利于教师教学能力提升的培训内容，帮助教师优化教学方式，改变传统的教学理念，同时针对不同教师的需求和技能提升要求，可分为不同类型的培训，实现有针对性地提升工科教师的教学能力；完善教师发展资源配置，协调配合行政、教辅部门调整相关制度，整合有利资源，帮助提升工科教师的整体素养，激发其教学热情，持续提升教师跨学科知识和教学能力。

五、创新思维培养的案例探究

学者王莉玮、薛涵与、叶远松等人提出了学科竞赛和"双创"项目协同驱动下的新工科人才培养模式探索，指出通过完善的学习体系，学科竞赛和创新创业项目成为培养学生实践能力的重要依托。以学科竞赛为契机，建立新的教学模式，实现教学体系与竞赛支持的良性互动，促进实验成果的转化。这种循环激励着学生去参加高水平竞赛，培养其实践能力、创新意识以及学以致用和协同创新的能力。他们提出了以课程体系为核心、融合课程思政的人才培养模式，具体情况见以下案例。

案例一：

通过全国大学生高分子材料实验实践大赛、全国大学生化工设计竞赛等学科竞赛以及校长基金、大学生创新创业项目等创新创业项目，贯穿全过程培养"重实践、强技能"的应用技术型人才，闽江学院高分子材料与工程专业开启了这一模式的实践应用。

学院通过对各种学科竞赛的分析，结合专业特色和人才培养方案，选择了全国大学生高分子材料实验实践大赛（"双实"大赛）和全国大学生化工设计竞赛（化工设计大赛）作为主要学科竞赛项目，以培养学生的实践能力和创新意识。全国大学生高分子材料实验实践大赛是由教育部高等学校材料类专业教学指导委员会指导、全国大学生高分子材料实验实践大赛竞赛委员会主办的全国性比赛，主要考查学生的自主设计和解决实际问题的能力。该比赛以学生为中心，以成果为导向，通过考查学生在高分子经典化学实验方面的掌握和应用能力，促进实验教学方法和教学内容的改革创新。另外，全国大学生化工设计竞赛由中国化工学会等机构联合主办，旨在培养学生的工程设计与实践能力，提升其创新思维和团队协作精神，如图3-4所示。这两项竞赛与人才培养目标和课程安排相契合，因此成为学科竞赛训练的主线。

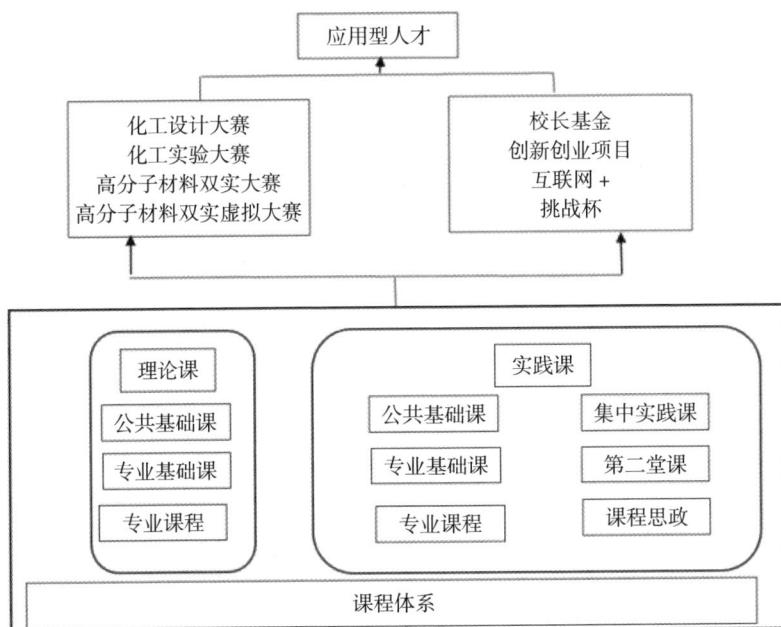

图3-4　"重实践、强技能"的应用型人才培养模式

学院通过细致安排学科竞赛和创新项目的时间段，尽可能与课程体系无缝对接。在专业导论课程中，教师会向学生介绍大学四年中可参加的竞赛，同时在教

学过程中渗透相关知识，引导学生认识到可能参加的学科竞赛和创新项目。在化工原理和化工原理实验课程中，教师会引入竞赛案例，鼓励学生参与相关竞赛并提供集中培训。随着高分子专业课程的开设，学生将参加高分子材料实验实践虚拟大赛和大学生高分子材料实验实践大赛。这些比赛考查学生的实践能力、知识综合应用能力和自主创新意识，为他们提供了丰富的学习和实践机会。为了补充学生的知识体系，专业教师还开设一些选修课程，如"高分子材料学科竞赛模拟"等，指导学生进行相关培训和模拟训练，激发学生的兴趣和学习动力，提升其综合能力。

学校通过导师制度鼓励学生从大学二年级开始加入导师的课题组，参与科研活动。学生有机会申请大学生创新创业训练项目，并以此为基础参加各类创新创业竞赛。这种长效机制的建立促进了学生的科研能力培养，提升了他们的综合素质。将学科竞赛和创新创业项目常规化和制度化融入人才培养方案，也有助于完善人才培养方案。

为了促进学生积极参与竞赛并提高成绩，学校与三创学院共同努力，提供多方面的保障措施。三创学院将实践创新教育融入教学过程，并将创新创业教育实践作为必修学分，鼓励学生参与科研与服务项目。学生参与竞赛或创新项目获奖、发表成果还可以在综合测评中加分，从而激励他们参与。专业教研室保障教学质量，安排优秀师资队伍，也让学生受益。教授和副教授讲授基础课程，而年轻教师则指导学生参与创新项目。这些项目与企业合作，帮助学生了解企业需求，提升就业竞争力。教师采用"专业课教学—竞赛培训"模式，通过线上线下教学和培训帮助学生提高竞赛成绩。学校和学院支持教师衔接国赛模式，增加校级赛事，如承办"大龙杯"全国大学生高分子材料实验实践大赛。这些举措可以有效激励学生积极参与竞赛和创新项目，提高其学习主动性和创新能力，从而提升就业竞争力。

高分子材料与工程专业的课程教学不仅强调科学思维和科学伦理，还注重培养学生的创新精神、家国情怀和环保意识。例如,在高分子材料基础(双语)课程中,教师以"厉害了,我的国"为主线,将思政内容贯穿其中,涵盖古今中外,旨在为学生进行专业教育的同时培养其家国情怀。通过分组任务、课程论文等方式与生产应用、学科竞赛和科研训练相结合,实现课内外的融合,提升学生的实践创新能力。教师深刻理解了立德树人的重要性,在教学中巧妙引入思政元素,潜移默化地培养学生的创新意识,因此学生对参加学科竞赛和"双创"项目表现出很高的积极性。

结合以上实践案例,对于新工科人才培养中创新思维的培养,具有如下可借鉴的策略:将学科竞赛与创新项目相融合,结合导师制度与科研活动,注重实践能力与技能培养;常态化和制度化创新创业教育,衔接教学内容与竞赛项目,跨学科教育与综合能力培养,以及思政教育与专业教学相结合。但同时高校也要把握好目标和手段的关系,坚持国家颁布的有关创新培养的标准,合理运用策略,促进工科人才的创新。

清华大学教育研究院教授林健根据新工科的内涵提出新工科建设的主要目标为"主动布局、设置和建设服务国家战略、满足产业需求、面向未来发展的工程学科与专业,培养造就一批具有创新创业能力、跨界整合能力、高素质的各类交叉复合型卓越工程科技人才"。其中创新思维和创新能力是新工科内涵的重点之一,已上升到主要推进工科建设动力的位置。他还提到"卓越计划"的开展取得的成效为新工科创新教学方法的建设提供了宝贵的参考价值。在"卓越计划"中实施的研究性学习方法,如基于问题的探究式学习、基于案例的讨论式学习和基于项目的参与式学习,显著推动了学生的学习成效。这些方法有效地提升了学生的知识掌握能力、应用创新能力、工程能力和社会能力,全面提高了他们的综合素质。随着"互联网+"和信息技术的发展,结合丰富的在线教育资源,新工科专业人才培养应充分利用这些技术手段。混合式教学和3D网络环境、增强现实、虚拟仿真以及人工智能等高新技术,可以极大地提升教学互动性和沉浸感,从而提高教学效率和效果，有效支持学生创新思维和工程技能的发展。

新工科人才培养中，创新创业教育发挥着核心作用。其通过具体的项目实施、团队协作和问题解决过程，实现了思想政治教育内容的现代化和实用化，有效提升了学生的接受度和参与度。这不仅仅是技能训练，还是通过具体行动将服务社会、实现个人价值的理念内化于学生心中，促进其形成果敢坚毅的品格。同时，这一教育模式为高校提供了新的评估和反馈手段，通过明确的教育节点和可视化的效果评估，强化了教育效果的监控和教育水平提升，真正实现了教育的目标导向和实践导向，为培养能够适应世界格局变化的新时代工程人才打下坚实基础。因此新工科背景下高校创新创业教育要经历四个维度的变化。

①从管理变成治理，强化高校办学功能，营造校园文化氛围。革新理念、回归育人初衷，营造积极的校园文化氛围，优化创新创业课程的内容，渗透新一轮产业革命和新兴产业的最新变化，鼓励学生深入了解社会面貌，针对社会发展中的热点和痛点问题开展丰富的创新创业实践赛事和项目，在实践中理解创新创业。

②从教课变成学习，提升教师教学能力，增强实践导向。首先，教师要主动认识新工科的内涵和培养要求，在专业学科中充实最新的学科发展和成果；其次，重视人文精神和社会责任感的价值传递，以解决科技发展问题、环境问题等人类发展问题为己任；最后，主动让学生参与研究领域的产业落地实践环节，鼓励不同专业的学生交叉组队参加赛事或项目。

③从"要我"变成"我要"，激发学生学习意愿，自主培养能力意识，加强学生树立主人翁的意识。专业学习是新工科对"专"的基本要求，学生在夯实前沿的认识和知识的前提下，才能拥有创新创业的基本技能，积极参与校园文化生活，参与创新创业实践，以赛促学、以学促练，才能满足新工科对于"能"的更高要求，真正成为创新型、复合型人才。

④从单一变成协同，鼓励社会促学、多方联动培养新工科复合型人才。一方面，高校发挥好杠杆作用，加强产学研联动平台的建设，科研院所、企业和高校多方参与到人才培养中，拓展学习和实践的场景；另一方面，企业也要在实际用

人中积极反馈对人才能力的评价，为高校新工科人才培养提供及时和必要的反馈，优化人才培养和评价的考核体系，做到"一盘棋"的协同实践育人。

结合以上创新思维、创新能力培养当中的问题，在当前经济高质量转型与就业市场的下行趋势背景下，政府通过提供税收优惠、经济支持等激励措施，鼓励具有创新潜力和技术优势的青年积极创业，这为大学生创立自己的事业提供了良好的外部环境。现代高等教育系统中的创新创业教育应当被赋予更高的重要性，不仅仅是作为一门学科教授理论知识，更应强调实践能力的培养和真实项目的操作经验。

从宏观层面来看，国家可以通过以下六个策略来推进工科创新思维的培养：第一，制定具体的教育政策来明确工科创新思维培养的重要性，为其提供指导和框架。这包括在国家教育规划中将创新思维作为必备能力的一部分，并为其提供相应的政策和财政支持。例如，通过制定激励措施鼓励高校和企业共同参与创新人才的培养。第二，增加对高等教育和研究机构的投资，特别是在科学研究和工程技术领域，为学生提供更多实验、研究和创新的机会。包括资助创新实验室、研究中心及与工业界合作的平台。第三，教育部门推动课程改革，将创新思维的培养纳入工科教育的核心。包括开发跨学科课程，鼓励学生从多个角度思考问题，并解决实际工程问题。此外，改革评价体系，不仅评价学生的知识掌握程度，还要评价其创新能力和解决问题能力。第四，实施教师发展计划，提升教师的创新教学能力。通过组织工作坊、研讨会和进修课程，帮助教师掌握最新的教育技术和教学方法，以便更好地指导学生的创新思维发展。第五，支持和鼓励参与国际合作项目，使学生和教师能够与全球的合作伙伴进行交流，从而获得不同文化和市场的视角，提升其全球竞争力和创新能力。第六，通过建立校企合作模式，将企业的实际需求和最前沿的技术问题引入教学和研究中，使学生在学习过程中直接参与创新实践，从而提升其解决实际问题的能力和创新思维。

从微观层面来看，创新创业教育需要系统地融合社会发展理论、创新技术教育、团队合作培训等多元教育内容，通过校企合作、国际交流平台等多维度的教育模式，激发学生的创业热情和创新能力。通过这种教育模式，学生能够学习如何将创新理念转化为实际可行的业务模型，并在多变的社会环境中不断适应和成长，成为能够主动抓住机遇、面对挑战的创新创业人才。这种教育的核心是将理论与实践紧密结合，使学生在真实的商业环境中进行学习和创新，最终实现自我发展，并为社会作出贡献。

高校应加强人才培养体系的协同育人效应，邀请创新创业实践前沿的企业家、校友、政府人员进校园、进课堂，传递动态和信息，教师也可参与到创新创业企业和组织中，充实自己的感性认识和知识储备，以便给学生带来更实际、更前沿的教学内容，指导有想法和意识的学生完成创业。同时，积极发挥各类双创社团和学生组织的主体作用，实践证明，各创业型大学里的"创业协会""创业菁英讲堂"促进了学生创新意识的萌发、创业行为的增加。指导老师还需要就社会变革的大背景、国内外行业发展趋势对学生予以专业、及时、有效的引导，触发学生的主观能动性，在团体中引发蝴蝶效应。

第二节　工程实践能力与团队协作能力培养

一、工程实践能力的构成要素

在当前科技迅猛发展和经济全球化的背景下，工程技术领域面临着前所未有的挑战和机遇。这种环境要求工程人才不仅要掌握坚实的理论知识，更要具备强大的实践能力，以便在复杂多变的工作情境中迅速做出创新和应对。新工科教育理念的推广和实施，更加强调以产业需求为导向，促进学生的全面发展。新工科人才的培养不再局限于传统教学模式中的知识灌输，而是通过增加学生的实际操作、项目开发、现场问题解决等实践活动，来提高他们的工程技术能力和创新实践水平。这种以实践为核心的培养模式，能够有效地将学生从一个理论学习者转变为一个能够独立思考和实际操作的工程解决方案提供者，满足工程技术领域对高素质复合型人才的迫切需求。

传统工科专业与新工科专业人才培养模式之间的显著差异在于对工程技术实践能力培养的重视程度与要求。对此，学者张雪特别强调，高校应当增设一系列实验性课程，诸如观察性实验、设计性实验、验证性实验及探究性实验，以此奠定技术实践的坚实根基。工程技术实践能力的培养核心涵盖了以下四个关键维度。

第一，具有实操能力。在新工科背景下，实操能力不仅涵盖基本的操作技能，也包括对工程实践活动的全面理解。学生应能掌握从操作流程到实践方法、从设备使用到操作指导各个方面的技能，确保能将工科理论知识有效地应用于实践中。

第二，具有使用工具性知识的实践能力。在复杂的工程实践系统中，能够将计算机知识、外语能力、法律法规等转化为具体的操作技能极为关键。此外，应用实践方法、操作流程和操作指导等将必要的工程设备和资源转化为实操技能，也是工程实践中不可或缺的一环。

第三，具有集成实践理论的能力。在新工科建设的背景下，集成实践理论的能力尤为重要。这一能力涉及将分散的实践知识和技能整合为一个互联互补的系统，提高知识和技能的应用效率，打破传统的知识障碍，构建全新的实践知识体系，有助于形成系统化、综合性的实践能力。

第四，具有技术实践活动的创新思维。在快速发展的产业环境中，技术实践活动的创新思维显得尤为重要。新工科专业人才应具备对工程实践活动目的、过程、方法进行深入探究和思考的能力，能主动思考和评估实践活动中的流程和风险，充分发挥其逻辑和创新思维，以满足新工科建设背景下的产业和社会发展需求。

由于新工科人才的作用发挥主要体现在能力转化应用的成效方面，故在人才培养过程中应深化校企合作。例如，南京工业大学的自动化专业在制定专业方向和人才培养目标时，充分考虑了人工智能、大数据等行业的需求和企业对自动化人才的具体要求。通过与企业的紧密合作，学校能够实时调整教学计划和培养目标，确保教育内容与市场需求紧密对接。此外，企业的直接参与还可以为学校提供人才培养效果的即时反馈，有助于学校及时优化和升级专业课程。企业不仅能够帮助学生巩固技术实践的基础，还能通过具体的职业需求指导学校培养符合市场需要的高技能人才。因此，高校在制订新工科人才培养计划时，应积极引入企业资源，通过校企合作模式，让企业参与到人才培养规格的评定与反馈过程中，共同推动新工科教育模式的创新和发展，最终实现教育与产业需求的有效对接。

综上，新工科教育理念下的工程实践能力培养是一个多维度、多层次的教育过程，需要高校、企业和政府三方协同合作，通过创新的教学方法和实践活动，确保工科学生能够在理论与实践中获得均衡发展，最终成为具备高度创新能力和实操能力的复合型工程人才。

英国心理学家斯皮尔曼的理论指出，个体的能力构成可划分为一般智力与特殊技能两个维度。此观点经由美国心理学家瑟斯顿的进一步细化得以拓展。在此基础上，胡波教授结合了傅维利教授的研究成果，将实践能力体系归纳为三大类：首先是基本实践能力，包括环境感知力、言语沟通技巧及身体动作协调能力；其次是专业实践能力，包括操作技能、专业感知力及专业沟通技巧；最后是情境实践能力，涉及分析判断力、决策制定能力及评估监控能力，具体分类结构如图3-5所示。

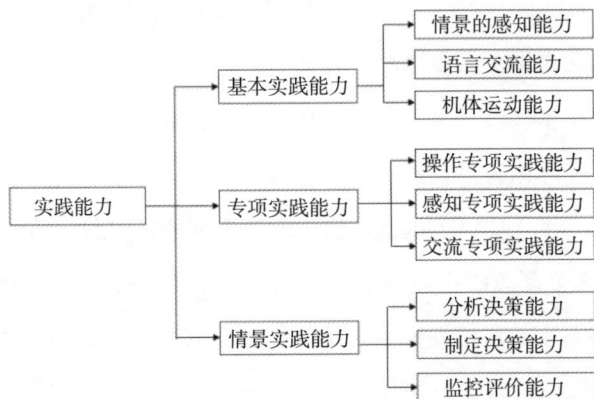

图3-5 实践能力内部结构

近年来，全球范围内兴起了工程教育认证的热潮，各国认证机构为获得政府认可及跨国教育质量评估组织的认证资格，纷纷对工程师执业能力的需求进行了全面且系统化的审视,国内外认证机构对工程实践能力构成的研究汇总如表 3-2 所示。

表3-2　国内外认证机构对工程实践能力构成的研究汇总

国家	认证机构	构成要素	
		主维度	次维度
法国	法国工程师职衔委员会	基础能力、沟通能力、应用能力	数理化基本知识、外语水平、交流能力、数学建模能力
美国	美国工程与技术鉴定委员会	基础能力、沟通能力、学习能力、责任感	数学、科学、工程学、书面与口头交流能力、终身学习、认知伦理责任、识别工程问题、设计解决方案、计算与表达、分析与解释
英国	英国工程技术学会	学习、创新能力、工程实践能力、技术与领导能力、人际交流能力、社会责任感	重视理论、重视新技术、项目开发、调研、设计、实施、评价能力、策划项目、管理项目能力、英语水平、社交技能、职业道德、可持续发展、终身学习
澳大利亚	澳大利亚工程师协会	基本技能、工程应用能力、专业素养	工科科学基础知识、可持续发展、工程组织、设计、应用、管理、社会责任、交流、创新、团队协作、数学、科学
中国	全国工程专业认证专家委员会	基础知识、专业技能、学习创新能力、社会责任感	数学、科学、经济管理、工程基本理论与专业有关的生产、设计、研究、法律法规、管理、表达、人际交往、适应发展、竞争与合作、人文社会科学素养、工程职业道德

二、工程实践能力的影响因素

起华荣在相关研究中，深入分析了工科人才工程实践能力培育中实习环节的影响因素，明确指出，当前实习体系面临的首要障碍在于高校、企业及社会三者之间资源分配的不协调、不均衡，这对学生工程实践能力的正面培养构成了消极影响。赵晋国则从宏观角度剖析了四大关键影响因素，即政府作用、企业参与、学校教育及个体能力，尤其强调个体层面的人际交往能力对工程实践能力形成与提升的直接影响。张杰等学者在考察工程实践能力时，着重指出了三个核心制约因素：单一化的教学模式、繁复多样的教材内容及不健全的实践教学与评估机制，这些均是工程实践能力提升成效的关键所在。杨鑫的观点则侧重于学校定位对工程实践能力培养的影响，指出模糊的培养目标设定、偏离实际工程实践的教育理念及实践训练时间的不足，均为严重影响学生工程实践能力发展的因素。张雪则从不同维度对工程实践能力的影响因素进行了梳理，将其归纳为政府决策、高校教育、企业参与及个体能力四个方面，形成了一个全面的分析框架。

综上所述，关于工程实践能力影响因素，主要集中在宏观层面，由政府、企业、学校共建育人体系来影响个人的实践能力发展，同时也受个体主观能动性的影响。

三、工程实践能力培养的困境

工程实践能力的核心在于有效应对工程挑战，乔纳森教授着重指出了在问题解决过程中构建思维模型的重要性。这一过程涵盖了对问题的认知表达，常被称为问题空间构建或问题图式化，其中问题空间由象征性表示的组件（即状态变量）和操作指令集构成。解决问题的要诀在于透彻理解问题构成元素及其相互作用，以及驾驭问题解决的策略。因此，构建问题思维模型成为关键步骤。解题者必须以探索可行的解决方案构建问题模型，尽管这并不总能保证问题的圆满解决或技巧的自如迁移。此外，解题者在探索解决方案时，需在问题空间中构建并验证假设，以揭示解答方案。乔治·西蒙斯的关联主义学习理论则批判了传统工程教育的某些局限，尤其是过分偏重知识的系统性与完整性，而忽视了问题的节点价值。他主张，学习和知识构建基多种节点之上，实质上是一个联结不同专业节点或信息源的过程。因此，传统工程教育模式下的学生可能缺失对问题的敏感度和解析技巧，难以洞悉工程问题内部的复杂关联，从而限制了工程实践能力的发展。

此外，学者杨鹏提出了我国新工科专业人才工程实践能力培养存在的三个主要问题：第一，许多高校的工科师资队伍在实践经验上存在不足，这影响了学生实践能力和创新意识的有效培养。很多工科教师由于缺乏真实工程项目的参与经验，教学中往往无法充分解释实践技能的重要性，从而限制了学生综合实践能力的发展。在新工科的课程改革不断推进的背景下，高校应认识到培养学生理论与实践相结合的能力的重要性，并努力在教师队伍建设上加大力度。特别是应对新时代教育技术和理念的挑战，高校需要积极引导教师参与工程实践，以提升其教学能力并更好地适应工科行业的需求变化，从而更有效地培养具有高度综合能力的工科专业人才。

第二，高校在培养工科专业人才的过程中，由于长期沿用传统的教学理念和模式，往往未能充分重视新工科教育所强调的实践能力培养。这种教育模式起源于苏联时期，偏重理论知识而忽视实际操作能力，已难以满足当今社会对工程人才能力的全面要求。面对社会和工业发展的新需求，高校应主动吸收国际上先进的人才培养经验，从而改革传统的教育模式，强化学生的核心素养和综合素质。包括重视理论与实践的结合、更新人才培养方案，以确保教育内容与工科行业的实际需求相一致，更好地培养具备多元技能的工程人才。

第三，工科专业校企协作体系需完善。高校与企业的校企合作是提升工科专业人才实践能力的关键方式。通过建立校企合作实践基地，高校不仅能为学生提供先进的实践设施和丰富的实习机会，还能及时捕捉市场对工科人才的需求变化，从而有效调整人才培养计划。尽管校企合作能在资金和资源上为高校带来支持，促进学生工程实践能力的提升，但在实际执行过程中仍面临着诸多挑战。

当前，许多高校在执行校企合作时遭遇了企业对其技术和知识的保留态度，这限制了学生获取先进工程技术的机会。同时，合作中常见高校较为积极，而企业参与不足的情况，导致学生实际接触的主要是基本的企业运作流程而非深入的实践项目。此外，双师型教师队伍建设不足，以及校企之间缺乏有效的沟通机制，也导致未能最大化校企合作的潜在教育效益，不能充分满足学生的实际学习需求。

四、工程实践能力培养的路径

近年来，我国在工程实践能力提升策略方面主要集中于卓越工程师研究和

CDIO 方面。卓越工程师教育培养计划，涵盖了 208 所参与院校，试点专业包括本科层次 1257 个和研究生层次 514 个，其培养规模如表 3-3 所示。

表3-3　"卓越工程师教育培养计划"学生情况

学生层次	2008 级	2009 级	2010 级	2011 级	2012 级	2013 级	2014 级	学生人数合计
本科	7213	12348	23239	33789	37811	49343	42432	206175
硕士	350	1132	2555	5304	7144	8062	8207	32754
博士	115	119	214	315	353	511	183	1810
总计	7678	13599	26008	39408	45308	57916	50822	240739

资源来源：教育部《卓越系列人才培养计划实施情况评估报告》。

树立"面向工业界、面向世界、面向未来"的原则，参与"卓越工程师教育培养计划"的企业多达 1 万余家，其中高新技术企业 4379 家，大型企业 5359 家，如表 3-4 所示，该计划的实施显著增强了国家的综合竞争力和核心竞争力。

表3-4　"卓越工程师教育培养计划"企业教师参与及签约企业情况

高校隶属	承担教学任务的企业教师人数及开设课程门数、学时数					签约实施卓越计划的企业数（家）		
	承担教学任务的企业教师数（人）	企业教师参与开设的课程数（门）	企业教师承担的理论（实践）课程总学时数	企业教师承担的毕业设计和实习周数	派往企业进修的学校教师数（人）	总数	大型企业	高新技术企业
教育部直属高校	7506	2466	111897	13254	2878	4359	2411	1926
中央其他部门所属高校	955	291	12830	4217	304	288	169	132
各省市所属高校	9459	3647	141248	29901	3862	5768	2779	2321
合计	17920	6404	265975	47372	7044	10415	5359	4379

根据《国家中长期教育改革和发展规划纲要》中期评估报告的结论，该纲要的执行已取得了显著成果，尤其是在人才培养模式创新领域实现了重要突破，有力促进了与培育卓越人才相匹配的师资队伍构建，进而提升了毕业生的整体素质，

赢得了业界的广泛赞誉。借鉴卓越工程师教育的成功案例及国外工程师培养的成熟经验，国内学者提出了一套符合本土国情的三阶段培养模式。在评估体系构建方面，研究者主要围绕产业界需求及卓越工程师培养标准，设计了八种校企协同模式、区分了三类工程教育目标，并确立了包含通用指标、院校特色指标及行业特定指标的多维度评价体系。

关于卓越工程师培养的保障措施，20世纪90年代美国高校倡导的"工程教育回归工程实践"理念，一直是理论研究的焦点。在此基础上，研究逐渐向实践迈进，深入探讨了工程教育师资队伍建设，比如提出了工程型教师职位序列的构想。同时，政府政策制定时亦越发重视校企合作，特别是在增强教学实践环节的实效性与工科教师的工业实践经验积累方面，提出了一系列创新思路与实施策略。这些丰硕的研究成果，为卓越工程师教育提供了坚实的理论支撑和完善的实践指南。

作为国际教育改革的一项显著成就，CDIO教学模式已被广泛采纳并融入国内高等教育的改革实践之中。众多国内研究者基于CDIO理论框架，深化各自的研究领域，针对实际情况提出了多样化的改进建议与策略。部分学者指出，CDIO教学模式成功桥接了教育中理论与实践的鸿沟，强调了模式内含的七个核心教学大纲标准，这些标准作为理论指导工具，促进了产学研深度融合及教育的国际化进程。此外，多个国内工科高校依据自身特点，结合CDIO教学理念，展开了实证性研究探索。例如，汕头大学创造性地推出了EIP-CDIO教学模式，该模式特别强调创新意识培养与实践教学过程的深度融合，凸显了培养目标与教育哲学的一致性。该模式尤为重视团队合作精神与综合协调能力的培养，旨在培育能够推动社会和谐与进步的创新人才。

学者张雪在高校、企业、社会培训和个人层面提出了新工科专业人才工程实践能力培养的实施对策。

在高校层面上，设计新工科专业人才培养目标时，需综合考虑国家政策、市场需求、学校定位等因素，结合行业优势和学科特色，制定具体、可操作的目标。对于不同类型的高校，如地方重点高校和高水平研究型大学，目标的设定会有所差异，但都应聚焦于培养符合产业需求、具备前沿科技知识和创新能力的高素质新工科专业人才，以推动地方经济发展和行业创新。同时，针对不同专业领域的需求，细化目标要求，确保培养出具备实际操作能力和专业知识的应用型人才，从而更好地适应未来产业发展的需求。

课程体系的优化是培养新工科专业人才工程实践能力的关键。优化课程体系需要将行业需求和企业需求融入其中，以产业需求为出发点重新设计课程，帮助学生建立全面的专业知识体系。高校应与企业合作，确保课程体系能够反映产业需求和未来发展趋势，使学生在理论与实践结合的环境中培养工程实践能力和创新创业能力。调整课程结构是优化课程体系的关键，包括调整通识课程和专业课程的比例、设计必修课和选修课等。通过这些举措，确保课程体系紧密对接产业界的实际需求，并与新工科人才培养的具体要求高度吻合。在优化新工科专业人才工程实践能力的课程体系时，首要步骤就是优化课程架构，使之与各高校的教育层次及教学质量相匹配。通常情况下，本科教育体系由通识教育与专业教育两大板块构成，其中通识教育涵盖基础通识课程与学科专业基础课程，而专业教育则细分为专业核心课程及专业拓展课程两大类别。上述课程体系均涵盖必修科目与选修科目，共同构成了新工科专业人才工程实践能力培养的课程结构，具体布局如图3-6所示。

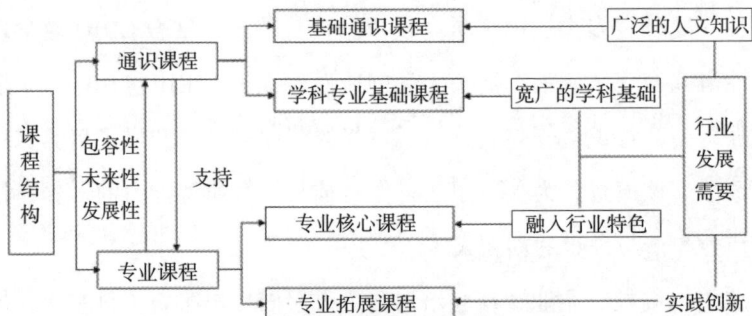

图3-6 新工科专业人才工程实践能力的课程结构设计

在新工科教育的发展趋势下，通识教育与专业教育的有机结合成为新工科人才培养模式中的关键要素。通识教育作为前期基础教育阶段，为后续的专业教育奠定了坚实的基础。通识课程内容广泛而全面，包括但不限于人文素质教育、社会科学知识的普及、团队协作精神的培养、文化素养提升以及企业管理的基本原理等内容，以提高学生对行业文化的认知和工程实践的责任意识。而学科专业基础课程则致力于为学生提供学科和专业基础知识，以帮助他们更好地理解新工科的理念和方向，为其未来发展提供个性化平台。在专业教育方面，专业课程对新工科领域人才的培养具有根本影响。专业课程强调前瞻性、开放性和专业性，促进学生长远能力的全面发展。专业核心课程提供行业前沿知识，为学生奠定扎实的专业基础；专业拓展课程则旨在提升学生的工程实践能力和创新创业能力，为其拓展更广泛的就业方向提供支持。通过交叉融合的课程设计，学生能够将理论与实践相结合，为解决实际工程问题提供更为全面的能力。

高校还须致力于提升教学环节的质量监管力度，以确保所有关键教学阶段达到标准化水平，从而实现新工科专业人才在工程实践能力上的既定培养目标。这一标准化构建务必以人才培育目标为引领，确保各项核心教学环节的质量标准与人才培养的总体目标保持高度一致。教学活动过程，主要分为理论教学与实践教学两大模块。理论教学板块，质量控制的关键节点集中于教师资质的审核、课程预设准备及课堂讲授内容的质控。实践教学方面，重点监控内容则涵盖校内实验室操作、校外实习实践、毕业论文（设计）制作及毕业答辩等环节。通过严格把控上述各教学环节的质量，将有力推动新工科专业人才工程实践能力的全面提升。

新工科专业人才工程实践能力教育环节的评估旨在促进人才培养流程的正向发展，打破传统评价的局限性。针对新工科专业实践能力的评估，更加重视过程的连续性、即时反馈及可持续性，评估范围从单一的知识层面拓展到多维度的高水平测评，并结合理论考试与实践操作考核，这样既测试了知识的掌握程度，又评估了工程实践技能和综合素质，实现了对教学关键环节的全方位质量评价。评价策略多元化，融合定性与定量分析，结合过程与结果导向，全面监控教学关键环节的动态，以便及时发现问题并采取改进措施、优化教学实践，以确保实现新工科专业人才在工程实践能力上的既定培养目标。

　　此外，教育质量的保障也是不可忽视的重要方面。为确保新工科人才培养的高标准，高校应组建教学监管委员会，负责关键教学阶段的质量监督与管理。该委员会应包括教务管理部门、学院讲师、校领导及职业发展指导中心的成员，共同构建"校外—校内—课堂"三维教学信息反馈网络。通过收集新工科专业人才工程实践核心教学环节的实时信息，强化人才培养流程的品质管理，及时识别并应对问题，提出改进措施。此过程中的有益反馈信息被持续输送到各教学环节，构建起循环递进的反馈机制，以增强新工科专业人才的工程实践能力。

　　创建一支高素质的教师队伍也是培养新工科人才的关键。为此，高校必须通过教师培养项目和校企合作等渠道，提升教师团队的工程实践能力。教师队伍理应融合先进工程理论与丰富的实践智慧，故而，高校应定期安排教师进入企业学习、深造和进修，强化工程理论及技艺的精进。此外，高校应遵循"新工科"战略导向，引进行业内的高新技术与创新人才，以增强新工科专业的建设力与层次。师资队伍的建设核心在于增强工程实践经验、学术与科研能力，吸纳企业工程技术人才，促进理论与实践的深度融合，确保新工科人才培养的高标准与持续进步。

　　高校需要与企业紧密合作，以满足企业需求和产业发展需要，重点强化工科人才的工程实践能力。通过实训、实习、项目实践和社会实践等方式，全面培养工科类人才的工程实践能力，并确保这一能力贯穿新工科专业人才培养全过程。深入的合作可助力学校搭建高层次的工程实践平台，为新工科专业人才营造优越的实践条件。工程实践能力的培养应全面融入整个教育周期。新工科专业人才的工程实践能力培养分为基础积累、运用和创新三个阶段。校企深度合作可根据不同阶段提供不同的场景教学，结合企业需求选择有效的教学方式。这种合作促进了理论与实践的结合，增强了工程实践能力的完整性。同时，应增进教师与企业间的互动，以增强教师在工程实践教学层面的能力。依据企业实际需求，选择适宜的教学策略，有效推动新工科专业人才工程实践能力的提升。

　　一般而言，基础工程实践能力的培养与通识教育是相辅相成的，通过融入情境化的教学内容引导学生在解决问题的过程中积累必备的知识与技能。教师在课程中采取探究式教学策略，激励学生主动探索、交流并解决工程难题，借此培育工科人才自主解决问题的能力。同时，校企合作建立的工程实践实验室和仿真模拟平台，运用先进的信息技术再现工程实践场景，为学生提供了全面的基础技能训练。学生通过实地探访企业、参与实习等活动，参与真实的工程实践，进一步确保了基础工程实践能力的全面化与系统化培养。

工程实践能力的运用是在专业核心课程学习的进程中逐步培养的。学生通过实训、项目实践等环节进行体现。校企合作项目成为培养工科类人才工程实践能力的关键，通过团队合作、探索式教学等方式，帮助学生完成工程实践项目，检验他们的学习成果和工程实践能力。

创新实践能力的培育主要通过专业延伸课程来实现。在这些课程内，工程实践的规划与实验活动紧密融合社会实践及毕业设计项目，旨在强化新工科专业人才的创新意识及团队协作技能。毕业设计是关键的一环，学生在此环节受到校企双方导师的联合指导，课题源自企业实践，聚焦现实与前瞻性问题。学校导师则专注于论文写作方法及研究内容的全面指导，确保学生的创新实践能力得到系统提升。

校企共建工程实践活动的教学平台是有效策略，它分为校内和校外两种。校内工程实践平台通过对传统实验室的升级改造，提高平台的质量和利用率，满足新工科专业人才的需求。校方应充分了解行业特色和发展方向，引入企业先进的技术和设备，使平台具有行业优势和特色。校外工程实践平台则需要学校、企业和政府多方协作建设，以提升新工科专业人才的工程实践能力。通过资金注入和实践功能的拓展，原有的实训基地可以改造成多功能的共享教学平台。企业还可以利用校外平台对人才信息进行评价和反馈，以调整和优化人才培养方式，推动校企合作的教学平台的建设和完善。

在企业层面，加强合作意识并获得企业支持是推动校企合作、提升新工科专业人才工程实践能力的重要举措。建立一个有效的校企合作管理机制可以提高工程实践能力的培养效率。企业需要高校为其输送具有工程实践优势的新工科专业人才，而高校则能为企业提供实践资源和机会。为了促进校企合作的顺利开展，需要从以下四个方面完善校企合作培养机制：首先，建立校企合作的组织体系，由企业和学校共同构建，制订合作计划和实施方案，成立管理团队负责协调管理。其次，建立校企信息共享网络平台，方便双方及时沟通，共享最新信息和需求，推动科研项目的合作。再次，建立校企合作管理制度，规范校外实训基地管理、毕业要求、考核监督等，确保各项制度的落实。最后，提供校企合作环境保障，政府应提供资金支持和政策推动，促进产教深度融合，确保校企合作顺利进行。

企业建立评价与反馈机制对于新工科专业人才的培养至关重要。企业需要建立用人单位评价与反馈机制，通过对新工科专业人才的工程实践能力进行评价与反馈，以加强与高校的联系，促进校企合作。可以通过以下五个步骤实现。

一是选择合适的用人单位。学校领导、学院领导、就业指导中心、教务处等应根据新工科专业人才工程实践能力的重点工作安排，选择与学校特色相匹配的用人单位。

二是定期交流与调研。与用人单位进行定期访谈、问卷调查或走访，了解他们对新工科专业人才的专业知识要求、实践能力要求、人才发展规划等。

三是共同制订目标与计划。与企业共同制定新工科专业人才工程实践能力目标，并对实践能力的过程进行持续改进，以提高就业质量。

四是收集评价与反馈。收集用人单位对毕业生的评价与反馈，全面了解新工科专业人才工程实践能力的质量，并针对评价结果不断进行优化和调整。

五是持续改进与提高质量。学校应定期组织对毕业生和用人单位的调研，及时收集相关信息，了解就业困难状况和用人单位需求，并根据反馈结果不断优化新工科专业人才工程实践能力机制，提高质量。

企业要充分发挥企业导师在新工科专业人才培养中的指导作用，从企业需求的角度出发，真正了解新工科专业人才的利益诉求。企业导师应具备以下特征：一是积极性与能动性。企业导师需要具备调动新工科专业人才积极性的能力，激发他们参与工程实践活动的热情，并能够主动解决实践中遇到的问题。二是注重能力提升。在指导新工科专业人才解决工程实践问题的过程中，企业导师应注重提升他们的工程实践能力，帮助他们更好地适应企业的实际生产需求。三是不同角色定位。根据企业内部的不同职级和资历，企业导师的角色和能力也会有所不同。管理人员能够提供更广泛的资源支持，但也容易因工作繁忙而疏于指导；而技术人员则更专注于解决实践中的技术问题。除了企业导师的角色选择外，还应制定相应的选拔标准，以确保他们能够有效地指导新工科专业人才。

在社会培训层面上，我国社会培训机构在新工科专业人才工程实践能力培养方面的发展相对较晚，但近年来呈现出了潜在和良好的发展势头。各高校和个人应将社会培训机构作为桥梁，加强与政府、行业之间有关新工科专业人才工程实践能力培养的沟通和交流。社会培训机构在指导方面作用常被忽视，因此需要不断加强自身建设、优化人员结构，引进更多优秀的教授、专家及专业人才，提高专业性。同时，引导社会培训机构以第三方视角对高校的新工科专业人才工程实践能力培养质量进行评估和监督，如调查新工科专业人才对实践教育平台的满意程度，企业及企业导师对新工科专业人才工程实践能力的满意程度。

为完善社会培训机构的激励反馈机制，除了社会培训机构自身的评价外，还要引入社会评价机构和行业组织的评价，为新工科专业人才工程实践能力培养的各个流程提供了有效保障。这种机制不仅能帮助高校了解企业对新工科专业人才的需求，还能促进新工科专业人才与企业之间的精准匹配，并推动"高校、企业、社会、新工科专业人才"四大链条的融合。通过社会培训机构、社会评价机构和行业组织的评价和反馈，高校可以调整和完善新工科专业人才工程实践能力培养方案，提升培养效果。同时，各主体也应充分重视行业组织和社会培训机构的反馈，及时采取改进措施，以促进整个协同培养活动的持续运行。

在个体层面上，增强新工科专业人才的内在动力，需要激发他们对于工程实践能力的积极信念。尽管许多新工科专业人才可能认为自己并非天生具备工程实践能力，但通过学校和社会教育，他们可以通过各种形式的实践活动来实现创造性产出。重要的是让他们了解，工程实践能力并非固定不变的，每个人在特定情境下都可以展现出不同方面的工程实践能力。拥有内在动力的新工科专业人才更有可能在工程实践中展现出自信和积极的态度，从而有效地运用他们的工程实践能力。这种自信和积极的态度也会增强他们的学习动力和解决问题的信心，形成良性循环。

增强新工科专业人才的实践意识是为了帮助他们更有效地解决工程实践中的问题，并提出创新的解决方案，从而提升其工程实践能力。加强他们对工程实践问题的深入分析和挖掘能力，需要培养他们发现、提炼和剖析工程实践问题的能力。因此，增强新工科专业人才的问题分析技能和工程实践意识至关重要。他们需要拓宽自己的工程实践视野，摆脱"重理论、轻实践"的观念束缚，这样才能更好地解决复杂的工程实践问题，并提出创新的解决方案。

提高新工科专业人才的终身学习能力和动态适应能力也至关重要。在信息过剩的时代，他们需要意识到知识的迭代更新以及社会发展的迅速变化，仅仅依靠在校期间获取的知识是远远不够的。因此，他们需要拥有主动学习和不断更新知识的意识和愿望，及时获取最新的信息并通过有效的学习方式和方法来过滤和选择，将新知识应用到工程实践中。面对新经济带来的新技术、新产业、新业态和新模式的挑战，新工科专业人才需要不断更新自己的业务知识，并将其转化为工作中的实际优势。只有这样，他们才能够适应快速变化的外部环境，更好地履行自己的职责，甚至在本领域中成为领军人物。

学者杨鹏提出了三点新工科专业人才工程能力培养的策略。

第一，确立全面的人才培养规划和目的，高校需要建立全面的人才培养规划和明确的培养目标。这要求高校综合考虑教学实际、行业需求变化、企业对人才的具体需求以及学生的实际能力状况，制订与高校特色和新工科教育理念相符的专业人才培养计划。此外，高校还应派遣教务人员深入企业了解实际人才需求，确保教学内容与市场需求紧密对接，避免教学与实际需求脱节。在校企合作中，高校应强化对学生实践能力和创新意识的培养，按照培养纲领逐步提升学生的职业能力和素养，从而更好地适应新工科教育的要求和挑战。

第二，提升工科专业教师队伍的水平。高校应采取多种措施以确保教师队伍能够有效支持学生的学习和发展。首先，高校需要促进教师进行学术研究和专业进修，以丰富他们的工程理论知识并及时更新与实际工程技术有关的教学内容。其次，教师应被鼓励与工业界进行深入合作，参与实际工程项目，以便从中学习和掌握最新的工程技术和项目管理经验。最后，高校还应促进教师与国外工程院校的交流与合作，特别是为年轻教师提供国外研修的机会，从而拓宽他们的视野并引入国际先进的教学方法和技术。这些措施不仅有助于提高教师的实践教学能力，也能确保教育内容的现代性和实用性，从而更好地培养学生的工程实践和创新能力。

第三，建立健全校企协作育人体系，高校应向学生详细介绍合作企业的企业文化及实训课程的核心内容，确保学生对校企合作有全面而正确的理解。通过这种方式，学生可以带着明确的目标深入企业进行实习，这不仅增强了他们对智能化、先进化工程实践技术的兴趣，也提高了其在实际工作中的主动性和职业规划能力。同时，高校应与企业共同制订符合新工科教育理念的人才培养计划，推动双方在人才培养上的互利合作。这包括利用校企合作提高学生的就业率，为学生提供丰富的就业和创业选择，同时企业为实习生提供专属的发展通道，为优秀实习生提供提前转正的机会。

此外，创建企业与高校的双师型教师队伍也是校企协作的关键环节。企业的导师应与高校教师进行有效沟通，了解学生的能力和需求，合理分配实习任务，逐步提升学生的工程实践能力。同时，高校教师也需关注学生的心理状况，帮助他们调整心态，积极参与到校企合作中。通过这些措施，可以有效提升工科专业人才的实践能力和综合素质，更好地适应工业发展的需求。

五、团队协作能力的内涵

在新工科背景下，团队协作能力是指团队成员在跨学科、跨领域的合作环境中，能够有效地协调、合作、沟通和共享资源，共同解决复杂问题，推动创新和科技进步的能力。团队协作能力包括团队成员之间的协调和合作，涉及团队内外部环境的应对。新工科人才应当具备的团队协作能力有如下几点：

一是跨学科交流和合作能力。理解不同学科的基本概念和原理，包括工程学、科学、技术、人文社会科学等。尊重和包容不同学科的观点和方法，了解不同学科的特点和优势，愿意倾听和接受其他学科的观点，促进跨学科合作的顺利进行。参与跨学科团队项目，共同解决复杂问题。通过实践，可以更好地理解跨学科合作的重要性和方法，提升人才的跨学科交流和合作能力。不断学习和更新跨学科知识，积极参加跨学科研讨会、学术会议等活动，与其他学科的专业人士交流和合作。

二是沟通和协调能力。清晰有效的沟通能力，即能够清晰、准确地表达自己的想法和观点，并能够理解他人的意见和反馈，应当使用简洁明了的语言，避免歧义和误解，确保沟通的高效进行；及时响应和反馈的能力，即保持沟通的及时性和连续性，确保团队合作的顺利进行，有效协调团队资源，包括人力资源、物资资源和时间资源等，并能够合理分配和利用资源，确保团队目标的顺利实现。解决问题和化解冲突的能力，即分析和解决问题的能力，以及处理冲突的技巧和策略，确保团队合作的稳定和持续，创建良好的团队氛围，包括团队合作的积极性、凝聚力和归属感等，注重团队文化建设，激发团队成员的工作热情和创造力，推动团队合作的持续发展。

三是问题解决和决策能力。具备问题分析与诊断能力，即理解问题的本质和相关因素，能够从多个角度审视问题，并识别出关键问题和挑战，为解决问题提供保障。创造性解决问题的能力，面对各种挑战和难题，具备创造性思维和问题解决能力，能够灵活应对复杂环境和不断变化的情况，寻找最佳解决方案。风险评估和决策能力，全面评估各种可能的风险和影响，准确判断各种情况下的风险和后果，并做出合理的决策。持续学习和改进能力，能够不断积累经验、吸取教训，不断完善和优化问题解决和决策能力。

四是灵活适应和创新能力。快速学习和适应能力，即快速学习和适应新的技术、工具和方法，及时应用和掌握最新的科技成果和行业趋势，具备开放的心态和好奇心，能够积极主动地获取新知识和技能。创新思维和创造力，在解决问题和推动项目发展过程中，发挥创新思维，提出新颖的观点和解决方案，从不同的角度思考问题，勇于挑战传统观念，不断探索和尝试新的方法和途径。协同创新能力，与团队成员紧密合作，共同探讨问题、分享经验，并共同创新。

五是团队意识和合作精神。团队目标导向，即个体能够意识到团队的整体目标和使命，并愿意为实现团队目标而努力，将团队利益置于个体利益之上。相互信任和支持，能够理解、尊重他人的观点和意见，积极倾听和接受并支持他人的建议和反馈。共进的大局观，从他人身上学习新知识和经验，不断提升自己的专业技能和团队合作能力，同时不吝向他人分享自己的知识和经验，促进整体的共同进步和发展。

六、团队协作能力的重要性

培养新工科人才团队协作能力的重要性和必要性不言而喻。首先，团队协作能力对于解决当今社会面临的复杂问题至关重要。在现代社会，许多挑战如气候变化、能源短缺、环境污染等，都需要跨学科、跨领域的合作来应对。只有具备团队协作能力的新工科人才，才能在多样化的团队中合作，共同解决这些复杂问题。其次，团队协作能力是促进创新和推动科技进步的重要因素。在团队合作的环境中，不同背景和专业的人员可以共同交流、分享想法和经验，从而产生新的思维火花，推动创新的发生和实现。通过团队合作，新工科人才可以激发彼此的创造力，共同开拓科技领域的新局面。最后，团队协作能力对于提升工作效率和质量至关重要。团队成员之间可以相互协作、互相补充，充分发挥各自的优势，从而更快地完成任务，并且在过程中相互监督、互相促进，提高工作质量。在竞争激烈的现代社会，具备团队协作能力的新工科人才更受企业和组织的青睐，也能够更好地适应工作环境和挑战。

七、团队协作能力培养的途径

培养新工科人才的团队协作能力是把握系统观念、践行社会主义价值观的必然要求，以下是培养该能力的三条途径。

第一，新工科人才的团队协作能力可以通过项目式学习和实践来培养。在工科教育中，学生通常参与各种项目，如工程设计、科研项目等，教师可以在课堂布置相关的小组作业，以此给学生提供合作的机会，学生之间形成团队并协作完成。通过参与这些项目，可以培养学生与他人合作、协调资源、分工合作等团队协作技能。

第二，新工科人才的团队协作能力可以通过跨学科合作和交流来培养。在现代工程项目中，往往需要涉及多个学科领域的知识和技能，因此，跨学科合作已成为解决复杂问题的重要方式。通过与其他专业领域的学生或教授展开跨学科合作和交流，新工科人才才能更深入地理解其他领域知识和技能，同时学会与其他学科专业人员进行有效的沟通和合作。该跨学科合作的经历将使新工科人才具备更广阔的视野和更强的团队协作能力，有利于他们在未来工作中更好地应对复杂的跨学科工程项目。

第三，新工科人才的团队协作能力还可以通过团队建设和培训来培养。高校和企业可以组织各种形式的团队建设活动和培训课程，例如团队合作训练、领导力发展课程等，帮助学生认识团队协作的重要性，并掌握团队协作的技巧。这些活动和课程将提供一个实践的平台，让学生在模拟的团队环境中体验团队协作的过程，从而更好地了解团队合作的方法。通过参与这些团队建设活动和培训课程，学生将有机会与他人合作、协调资源，并提升自己的团队协作能力。此外，这些活动有助于培养学生的领导能力、提升沟通技巧和解决问题的能力，进而更好地适应未来工作中的团队协作环境。

第三节　社会责任感与可持续发展意识培养

一、社会责任感培养

新工科人才培养正面对着以新技术、新产业、新业态和新模式为特征的新经济背景，同时经历着国家一系列重大战略的实施、产业的转型升级和新旧动能的转换以及未来全球竞争力的提升要求。高校要肩负起为社会培养人才的责任，人才要肩负起在社会发展和经济建设中的重担，双方都要具备社会责任感，才能推动新工科的迅速发展，同时新工科的建设要基于已有的"卓越工程师教育培养计划"取得的成果，并根据新经济、新产业形态的发展做出调整。

（一）坚持顶层设计，树立正确的理念

清华大学教育研究院教授林健对新工科基础卓越计划的建设提出了建议：在教育教学理念方面，新工科建设首先要树立"服务国家战略"理念，主动服务国家提出的重大战略，以实现中华民族伟大复兴的中国梦为目标，以"五位一体"总体布局和"四个全面"战略布局为引领，秉持"创新、协调、绿色、开放、共享"的新发展理念，坚持创新驱动发展，培养各层次和类型的卓越工程人才。其次要树立"对接产业行业"的理念，传统工科人才培养模式已经无法满足新经济下产业的持续迭代升级和创新发展的要求，因此新工科的建设必须主动积极地对接和满足产业和行业需求，主动培养当前和未来产业、行业急需的工程人才。再次还要树立"引领未来发展"的理念，这是新工科的内涵对新工科教育建设提出的本质要求：一方面要对产业行业的发展状况和未来的发展方向做出战略性预测，及

时调整相关学科专业结构和建设方向；另一方面，新工科建设应通过多学科交叉融合、应用理科向工科延伸，孕育新的工科专业，培养未来工程科技人才，引领和促进新产业的形成。最后要树立"以学生为中心"的理念，高校要明确其所培养的人才具有可塑性和发展性，基于这个特点，秉持社会责任感，高校要围绕学生的特性、兴趣和潜力来开展教育教学工作。

（二）增强思政教育底色，培养理想信念

高校育人工作要立足坚守面向理想信念和价值塑造的育人底色的"出发点"。通过"四史"的弘扬，让学生充分了解党的光荣传统和优良作风，自觉树立新时代的理想信念、正确的价值观，这决定着"校园人"向"社会人"的有效转变，涉及课程教学和实践应用，是一个一以贯之的长期过程。聚焦"大思政课"的"课程"属性，坚持用好思政课课堂教学这一主要渠道，巩固"课程—教材—内容—方法—评价"五位一体的架构，围绕实践育人的主线，以学生喜闻乐见的形式，丰富课程思政体系，注重实践教学方法的可行性开发，让学生在实践中、在社会真实情境中萌发社会责任感，主动树立科研报国的理想信念，强化在新工科学习中的动机和动力，树立终身学习的理念，并形成可持续效应。

强化思政课灵活性的特点，不仅要渗透在课堂中，还要渗透在现实生活中，整合多方资源，挖掘全国和区域范围内的历史场馆和红色阵地，带领学生走进田间地头、走进生产一线，以交互体验、实景参与、讨论交流等方式，激发学生的爱国精神和奋斗激情，扩大育人效应。既要在思政上进行理论阐述，也要在专业课上利用前人故事进行熏陶，更要利用好社会提供的资源平台进行思政理论的内化。另外，优化"第二课堂"课程体系建设，聘请一批有原则、有热情、有经验的"社会大学思政老师"利用自己的真实故事、相关经历来感染学生并引起学生的精神共鸣，引导学生提升社会责任感，形成各类课程与思想政治理论课同向同行、增值扩面的局面，在学生大学四年的学习生涯中，细化实践课程的多元评价，以便合理、公平地评估思政实践育人模式下学生社会责任感的提升、可持续性发

展意识的实效。

二、可持续发展意识培养

（一）环境保护意识

在当今社会，环境保护已成为全球关注的焦点之一，人类社会面临着诸多挑战，包括生态环境、人口增长、老龄化社会、疾病流行、自然灾害、资源能源短缺、金融及社会安全等。美国工程院在可持续性、健康、安全和幸福生活四大主题下提出了 14 项工程大挑战。随着社会的不断发展，人类将面临更多新的挑战。因此，新工科人才应当在具备技术创新和工程实践的能力的同时深刻理解环保意识的重要性。首先，培养学生对环境问题的认识和关注。通过课程设置、实践项目和讲座等形式，引导学生深入了解环境可持续发展理念，树立环保意识，激发学生的环保责任感和行动力。倡导跨学科合作，促进新工科人才与环保、生态学等领域的交流与合作。通过参与社会环保项目、组织环保活动等方式，增加学生对环保事业的参与和实践经验，培养学生的社会责任感和环保行动能力。其次，将环境保护意识融入解决实际工程问题能力的培养中。通过创新技术和工程实践，设计、推广使用环保材料，如可降解材料、再生资源利用材料等，以减少环境污染和资源消耗。再次，在生产和制造过程中，注重材料利用的最大化，降低废弃物产生，并推动循环经济模式的实践。通过优化生产流程和技术方案，提高资源利用效率，降低能源消耗和环境负担。最后，积极开展环保技术和工艺的研发，以应对环境污染的挑战和提升产业环境友好性。例如，开发低碳、高效的生产工艺，减少排放和污染，促进环保产业的发展，实现经济增长与环境保护的协调发展。

工科院校在培养人才的环境可持续发展意识时，可以实行如下的具体策略：

第一，在工科教育中融入环境保护和可持续发展相关课程，强调环境伦理和社会责任，帮助学生全面认识和关注环境问题，激发学生的环保意识，使其成为具备环境可持续发展意识的新工科人才。在课程设置方面，应引入环境科学、环境工程、可持续发展理论等内容，涵盖环境问题的本质、影响因素、解决方法等方面。通过案例分析、实地考察等教学手段，让学生深入了解环境问题的复杂性和紧迫性，加强对环境保护的认识和重视。在教学方法方面，采用问题导向和项目驱动的模式，引导学生以工程技术的视角，探讨解决环境问题的科技手段和工程实践。通过课堂讨论和团队合作项目等活动，培养学生的团队合作精神和问题解决能力，同时加深学生对环境保护的理解和认同。这样的教学方式能够有效地培养学生的综合能力，使他们更好地适应未来社会的发展需求。与此同时，要注重实践教学和社会实践的融合，组织学生参与环保实践项目，如环境监测、污染治理、资源回收等，让学生亲身体验环保实践和社会影响，从而提高学生的环保意识和实践能力。另外，加强教师队伍建设，培养具有环境保护理念和教学经验的教师，提高教师关于环境保护和可持续发展的专业水平和教学能力，以便更好地引导学生。

第二，提供给学生参与环保项目和实习的机会。这种实践性的学习体验可以让学生直接接触环境问题的现实情况，从而深入了解并认识到环境挑战的紧迫性和复杂性，进而培养学生解决这些挑战的实践能力。高校可以与环保组织、政府部门或相关企业合作，为学生提供参与各类环保项目的机会。这些项目可以涵盖环境监测、污染治理、生态保护等多个领域，让学生亲身参与其中，从实践中了解环保工作的具体内容、方法和挑战。通过实习，学生可以在真实的工作环境中应用所学知识，解决实际环境问题，培养解决问题的能力和创新思维。此外，高校还可以组织学生参加环保志愿活动，如环保公益活动、社区清洁行动等，让学生亲身参与到环保实践中，增强环保意识和责任感。针对环保项目和实习的安排，高校应建立完善的指导和监督机制，确保学生能够在实践中得到有效的指导和支持，并及时反馈和总结经验，促进学生的环境可持续意识的培养。

第三，鼓励工程学科与环境科学、生态学等学科开展交叉学习和合作，促进跨学科思维和合作能力的培养。跨学科合作既可以促进学生全面了解环境问题的复杂性和多样性，也能培养其跨学科思维和合作能力，为解决复杂的环境挑战提供更加有效的解决方案。首先，高校可以设立跨学科的环境课程或项目，邀请环境科学、生态学等相关学科的教师参与教学，让工科学生与其他学科的学生共同学习和探讨环境问题。通过共同学习，工科学生可以从不同角度了解环境问题的本质和影响，培养跨学科思维并拓展视野。其次，高校可以组织跨学科的团队项目，让工科学生与环境科学、生态学等学科的学生合作开展环境调查、监测、评估等实践项目。通过实际合作，学生可以亲身体验跨学科合作的重要性和价值，学会倾听和尊重不同学科的观点，培养团队合作和沟通能力。再次，高校还可以举办跨学科的研讨会、讲座或工作坊，邀请环境科学、生态学等领域的专家和学者分享最新研究成果和经验，为工科学生提供跨学科交流和学习的平台。通过与专家的互动交流，工科学生可以深入了解环境科学领域的前沿知识和发展趋势，启发创新思维，拓展专业视野。针对跨学科合作项目和活动的组织，高校应建立有效的协调机制和沟通渠道，确保各学科之间能够充分合作，共同完成项目目标。最后，高校还应鼓励并奖励参与跨学科合作的学生，激发学生的学习热情和创新潜力。

第四，积极与行业先进企业或行业组织合作，开展环保技术研发、环境监测与治理等项目，为学生提供亲身实践的操作平台，培养其解决实际环境问题的能力。首先，高校可以与企业建立长期合作关系，共同策划并开展环境保护项目。这些项目可以涵盖环境监测、污染治理、资源循环利用等方面，为学生提供参与项目设计、实施和评估的机会。通过与企业合作，学生可以深入了解环保技术的实际应用，掌握解决环境问题的方法和技能。同时，高校还可以借助企业资源和平台，为学生提供实验室、设备和技术支持，促进学生在环保技术领域的专业成长。其次，高校积极组织学生参与环境监测和治理项目，如水体净化、土壤修复等，让学生亲身体验环境保护工作的现场操作和挑战，为改善环境质量贡献力量。通过参与实地调研和监测活动，学生可以了解环境问题的实际情况，培养解决问题的能力和责任感。针对与企业合作项目的开展，高校应建立有效的合作机制和沟通渠道，确保项目的顺利实施和成果的落地。同时，高校还应加强对学生的指导和监督，确保学生能够全面参与项目并取得实践成果。

第五，高校可以邀请技术专家学者进行讲座和培训，向学生介绍最新的可持续发展理念、技术和政策。通过专家学者的分享和解读，学生可以深入了解环保领域的前沿动态和发展趋势，激发学生对环保事业的兴趣和热情。同时，高校还可以组织专题讨论和案例分析，引导学生深入思考环境问题的根源和解决方案，培养其系统性思维和创新能力。通过专家学者的指导和学生的参与，共同探讨和制订环保领域的重大挑战和解决方案，为培养具有环保意识和责任感的工科人才奠定坚实的基础。

（二）高校与企业协同育人的可持续发展

工科院校与企业合作进行协同育人可以实现对新工科人才培养横向交叉、纵向衔接的可持续发展。首先，这种合作能够使学生接触实际工作场景，增强学生的实践能力和应用技能。通过参与企业项目、实习实践等活动，学生可以将在课堂上学到的理论知识与实际工程应用相结合，提升解决实际问题的能力。其次，与企业合作促进教学内容与行业需求的对接，确保教育培养的针对性和实用性。企业提供的实际案例和需求可以帮助学校更好地调整课程设置、教学方法，确保学生毕业后具备符合市场需求的技能和素质。再次，与企业合作还能够促进科研成果的转化和应用，推动技术创新和产业发展。工科院校通过与企业合作开展科研项目，可以将理论研究成果转化到实际应用中，推动科技创新成果向市场转化，助力产业升级和经济可持续发展。从次，通过与企业合作，工科院校还能够拓展资源、提升办学水平。企业资源的引入可以为高校提供更多的实践机会、实验设施和资金支持，提升教学科研水平，促进高校整体发展。最后，高校与企业建立纵向的双向联系，高校根据国家新工科人才培养标准和企业的需求，推进第一课堂和第二课堂的融合建设，理论教学与实践锻炼双管齐下，提供新工科人才培养的途径，实现新工科研究型、应用型的人才培养。学生毕业进入企业，企业通过职前、职中、职后培训，提高新工科人才与岗位的匹配度，实现纵向上高校和企业联合育人的可持续发展，增强育人实效。

（三）个体树立终身学习的可持续发展意识

在当今快速变化的社会和经济环境中，终身学习已成为保持竞争力、适应变革的关键。终身学习能够帮助个体不断适应新的技术和知识。随着新质生产力的进步和产业变革周期性速度的加快，新的工作技能和知识不断涌现，而终身学习使个体能够适应这些变化，保持对新技术和新知识的了解和掌握。研究表明，终身学习有助于个体提高职业素养和发展潜力。通过不断学习，个体可以提升自己的专业技能、领导能力和沟通能力，从而在职场上更具竞争力，获得更多的职业机会和发展空间。此外，终身学习还能够增强个体的自信心和适应能力。个体可以通过在第一课堂的理论与技能学习、第二课堂的实践和综合素质提升，同时利用好数字教育平台，培养自己的应变能力和创新思维，以更好地应对各种挑战和变化。终身学习有助于个体实现个人价值和自我成长。个体通过持续性的同化和顺应过程，建构内在的知识体系，提升自己的知识水平、技能水平和综合素养，拓展自己的视野和思维，实现自我成长和个人价值。

值得一提的是，在建构主义学习理论中，个体的积极性和主动性决定了高校育人成效的发挥程度。由于建构主义学习理论非常强调个体通过与环境的互动和经验的积累来建构知识和理解，因此，个体可以通过以下三个策略实现可持续的终身学习。

第一，建立积极的学习环境，个体可以通过主动选择学习环境和参与学习活动来不断促进自我发展。这包括积极参加各种新工科相关的教育培训课程、专业研讨会、前沿讲座等，以及积极利用社交媒体软件、在线学习平台和专业社群等线上资源。通过这些活动，个体能够不断更新知识、掌握最新技能，并与同行进行交流和互动。此外，个体还应通过与他人合作、讨论和分享经验来建立学习网络，共同构建新工科领域的知识和理解。通过持续性的学习和自我建构，新工科人才能够不断适应行业发展的需求，保持竞争优势，实现个人和职业的持续成长。

第二，注重经验和反思。根据建构主义理论，新工科人才的持续学习和知识建构是一个不断发展的过程。个体可以通过积极参与各种实践活动和项目，不断积累经验，并在实践中不断建构知识和理解。但更重要的是，个体应当及时对自己参与的实践工程项目或活动进行反思和总结，深入思考自己的学习过程和成果。通过反思，能够发现学习过程中存在的问题和不足，及时调整个体的学习策略和方法。该反思性的学习过程有助于个体更好地理解和应用所学知识，推动个人的持续学习和发展。

第三，探索和解决问题。建构主义理论认为，学习是一种积极的探索过程，个体通过解决问题和应对挑战来建构知识和理解。因此，个体可以积极参与各种实际问题的解决过程，如在实践课程中，面对具体的工程实践操作问题，可以通过查阅相关的理论和相似的实践案例，思考解决问题的关键点，抑或与相关课程的教师、企业人员进行沟通，结合支持者给出的建议，不断尝试解决当下面临的问题。通过解决问题，个体不仅可以获取新的知识和技能，还可以加深对问题背后的原理和规律的理解，从而促进个人的持续学习和发展。

三、社会责任感和可持续意识培养案例探究

1999 年，国务院提出"全面推进素质教育"，2002 年，团中央、教育部、全国学联联合颁布了《关于实施"大学生素质拓展计划"的意见》后，第二课堂育人的研究和实效逐渐得到重视，2013 年，国内综合高校陆续将素质教育理念付诸第二课堂，但实施范围局限于本校内，第二课堂的布局还不成熟，缺乏系统的学分管理和实践管理体系。2018 年 7 月，团中央、教育部印发《关于在高校实施共青团"第二课堂成绩单"制度的意见》，明确提出实施第二课堂成绩单制度的指导思想，第二课堂正式成为高校人才培养体系中不可或缺的一部分。基于多元智能理论和成果导向理论，在开展第一、二课堂融通的第二课堂学分制的实践上，以浙江大学、天津大学和南京工业大学为例，对第二课堂育人体系的实践进行分析。

案例一：

浙江大学早在 2004 年就响应团中央、教育部的号召，开始探索大学生素质拓展计划，并于 2008 年制定了《浙江大学本科生第二课堂学分管理办法》，要求本科生在完成必修和选修课程的基础上，额外修读至少 4 个学分的第二课堂活动才可以达到毕业要求。这些活动包括学科竞赛、科研训练等，其表现将计入"实践能力与素质拓展课"的成绩，该课程共 4 学分，成绩分为优秀至不合格四个等级。2017 年，学校进一步细化实践育人体系，出台了《浙江大学本科生第二、三、四课堂学分管理办法（试行）》，设定第二课堂 4 学分，第三课堂和第四课堂各 2 学分，以学生在校内外、境内外的实践活动参与程度为划分标准。相关管理和学分认证工作由校团委和本科生院教务处协同相关学院负责，通过素质拓展认证中心网站及本科生信息服务平台进行项目申报、审核及学分管理，确保学生的实践活动能有效转化为学分，促进其素质的全面发展。

案例二：

天津大学 2015 年实施了《天津大学本科生课外实践教育课程化、学分制管理办法（试行）》，要求每位本科生完成 8 个学分的第二课堂教育，其中包括 4 个必修学分的人文学术讲座和社团组织经历。课外实践教育采用学分制，16 学时计为 1 学分，涵盖了思想道德、政治素养、团队管理、创新创业等多个领域，目前开设了 208 门课程，每门课程都有详尽的大纲和考核方法。这些课程虽然不纳入学业成绩计算，但作为综合素质测评的一部分，并可能影响学生的奖励及研究生推免资格。天津大学成立了学生课外实践教育课程化、学分制建设与评定委员会，负责总体规划、学分认定与预警及审定毕业资格中课外实践教育部分的相关事宜，确保教育质量和制度的严格执行。

案例三：

南京工业大学作为全国高校共青团"第二课堂成绩单"试点单位，2014 年起开始积极推动第二课堂与第一课堂的学分认定融合。高校通过《关于本科生培养计划中第二课堂学分认定及成绩评定的实施细则》规定，将社会实践纳入学生毕业的必修项目，并详细规定了实践学时与成绩折算方法。校团委牵头整理了超过 190 个第二课堂项目，并建立了"风尚南工""知行并进""创新攀登""艺行美道"四大实践育人体系。此外，这些项目被分为思政社科、公益服务等六大活动项目类别。精品课程采用申报审核制，以提升课程质量和内涵。截至 2018 年，通过《南京工业大学第二课堂工作项目管理办法（试行）》，已确立了精品课程的严格管理标准和评估流程，有效提升了第二课堂教育的科学化和系统化水平。

基于以上三所高校对第二课堂甚至第三、四课堂的实践探索，第二课堂在学分制模式上有了创新，设置和评价上有了参考依据，一是理念的更新，从素质教育的育人观念出发，第二课堂和第一课堂在目标上是高度一致的，而第二课堂在内容、途径、手段上与第一课堂呈互补之势，值得一提的是，育人体系并未止步于第一、二课堂，高校应当利用好教育教学资源，将各类平台统筹进育人体系中，合理、灵活规定第二课堂的类别和评定标准。二是学分制的更新，为避免学生感到学习任务烦琐，大部分高校将第一课堂的学分和第二课堂的学时（或称为绩点等其他记录单位）做了折算，提高了学生的积极自主性，应该将第二课堂的培养方案和目标分层分类，将实践成果进行大数据分析，设计了适合本校的计算方式。三是加大课堂建设力度。第二课堂具有高度的灵活性，为了便于考核评价，应在课程类别上加以区分，如常规课程、精品课程等，提前确定并实施选课制，站在整体育人的角度"一盘棋"统筹考虑。

高校培养新工科人才的社会责任和可持续发展意识可以通过整合第一课堂与第二课堂的教育资源，创建一个更为全面的教育生态系统来实现。这种整合不仅涉及课堂内的传统学术教育，也包括课堂外的实践活动和项目，以及与社会、企业的广泛连接。

①构建多维度教育平台。高校可以搭建各种创新中心、孵化园、科技园和项目中心，这些平台为学生提供进行科研、创新和创业活动的空间和资源。通过这

些平台，学生能将理论知识应用到实际问题解决中，加强对可持续发展和社会责任的理解，并主动承担。

②融合思政教育与实践教育。将思想政治教育与专业学习相结合，使学生在专业学习的同时，感受书本中前人为国家作的贡献与成果，以及为此付出的艰辛和心血，以此帮助学生增强社会责任感。此外，思考如何将工程产品结合社会人文需求，设计和规划涉及环保、社会公益的工程项目，引导学生自主思考如何通过工程实践促进社会的可持续发展。

③强化跨学科教学。鼓励不同学科之间的合作，如工程学与环境科学、社会学等的结合，培养学生从多角度理解和解决问题的能力。该项跨学科学习有助于学生全面了解技术发展如何与环境保护和社会需求相协调。

④开展社会实践。鼓励学生参与校外企事业单位的实践项目，主要包括参与社区服务，如为当地社区提供义务教育辅导、组织文化活动等；参与环境保护项目，如垃圾分类宣传、植树造林等；参与公共政策评估，如就业政策、城市规划政策等。通过这些实际行动，学生能够深入理解社会责任的重要性，并积极参与社会实践，为解决社会问题和促进社会发展贡献自己的力量。

⑤完善教育评价体系。建立一套包含学术成绩、实践能力、社会责任感等多方面的评价体系，以全面评估学生的综合素质和能力。学术成绩仍然是评价体系的重要组成部分。除了传统的考试成绩，主要应考虑到学生在课堂讨论、论文研究、项目报告等方面的表现，以全面评价他们的学业水平和学术能力。此外，实践能力在评价体系中应占有重要地位。包括学生在实验室实践、工程项目实践、实习实践等方面的表现；也可以通过学生参与的项目数量、质量、创新性等指标来评估其实践能力的发展程度。社会责任感也应纳入评价体系，新工科人才需要具备对社会、环境和职业道德的责任感。评价体系可以考察学生参与公益活动、社会实践、环境保护等方面的表现，以评估其社会责任感和公民意识的培养情况。可以通过定量评价和定性评价相结合，以及学生自评、教师评价和同行评价相结合

的方式进行评价。同时，还可以引入行业专家的评价和校企合作项目的评价，确保评价体系能够充分反映学生在学术、实践和社会责任方面的综合素质和能力发展情况。

通过这些措施，高校可以有效地培养学生的社会责任感和可持续发展意识，为未来社会的持续进步培养关键人才。

四、本节小结

结合以上内容可知，社会责任感和可持续发展意识是素质教育的重要组成部分，笔者认为，素质教育与工程学科教育并非是排斥关系，而是相互促进、共生共长的关系。单独设立素质教育，泛泛而谈是不可取的。各大工科院校在探究社会责任感和可持续意识时都采用了利用大环境、小背景的方式，给定一个具体的环境，如第二课堂中的各项活动，让学生在真实的社会情境当中突破群体束缚，解放个体的能动性完成活动或任务，在这个过程当中本身会获得的成就感的强化，加强对社会建设的感性认识和理性认识，挖掘到自己的价值，激发对社会的高度责任感，以期为社会建设贡献个体的一份力量，从而产生深入学习工科相关领域知识的动力。

走出课堂，依托第二课堂的实践活动和综合素质提升活动，学生可以进行专业相关的社会实践活动，积极将理论应用于实践，加强理论与实践的配合程度。如在相关实践活动中，工科人才会初步体验和把握耗材利用与环境保护之间的博弈关系，感受社会建设是来自每一个人的力量，这也进一步推进了工科人才可持续意识的发展，在"做中学"的素质教育中促进了工程学科教育的进一步发展，也推动了工科人才社会责任感和可持续发展意识的培养。

第四章 高等教育新工科人才培养的问题与挑战

第一节 教师队伍建设与教育教学改革

一、教师队伍建设途径

新工科背景下，教师队伍建设是人才培养的重要保障。清华大学教授林健提出了新工科在人员建设方面的策略：第一步，组建专家和团队研究国家及产业的未来需求和发展方向，把握机遇；第二步，高校厘清站位，对比分析"新工科"先行实践的高校，结合本校的优势和特色，匹配各个院系优势的师资、设备投入以保障新工科的建设；第三步，统筹相关院系和部门之间的沟通，明确新工科的建设框架、带头负责人、新工科人才培养大纲、学科专业发展计划等。在高校层面，还应开发新工科建设的学科研究工具，以便为后续人才培养体系的持续优化和调整起到至关重要的作用。在教育教学改革上，高校要发挥自身的优势，将新工科的整个学科作为大类，搭建新工科专业大类招生和培养的平台，进行大类培养，其优势在于可以大幅提升学生的通识教育素养，对相关专业的知识体系、学科发展之间的联系有较为清晰的认识，结合学生自身的学习偏好和优势，帮助他们找到适合自己的专业方向，实现通识教育与专业教育作用的互补。

新工科建设需打造一支教师队伍，这些教师不仅在知识和能力上能够胜任学科专业建设，还需具备丰富的经历和高素质以培养卓越工程科技人才。区别于"卓越计划"，新工科教师队伍建设的核心在于适应学科交融的特性，强调多学科交叉融合能力。

从宏观层面上出发，高校应明确新工科专业对教师的具体要求，创新教师队伍的构建路径，以及实施有效的评价和激励机制，确保教师能在新工科领域发挥核心作用，有效适应新工科专业的发展需求。在区别于"卓越计划"对教师队伍培养标准的要求的基础上，新工科教师队伍的培养标准需超越"卓越计划"的基本要求，强调多学科交叉和产业实践的融合。新工科教师除要具备广泛的知识体系，涵盖相关所有学科并关注新兴技术与前沿学科外，还必须拥有丰富的工程实践经验，熟悉最新工程技术及产业动态。此外，新工科教师应具备解决复杂工程问题的多学科能力，能在教学中融合互联网和信息技术工具，提高教学效果。综合素质方面，新工科教师应展现高度的职业道德和敬业精神，成为学生道德和专业成长的模范。这些要求不仅提升了教师的专业能力，也确保了他们能有效培养出适应未来产业需求的工程技术人才。

从中观层面出发，新工科教师队伍的水平在一定程度上决定了新工科发展的水平。高校可以通过综合运用引进专职教师与聘请兼职教师的策略，确保教师队伍的多样性和互补性。教师选拔需重视学科背景的交叉性、知识结构的互补性、合理的年龄分布和多元的学员结构及丰富的工作经验，特别是在新技术和新产业领域的实践经历。此外，对于青年教师，应关注其发展潜力和可塑性，确保他们能适应新工科的动态发展需求。

每位教师的招聘和培养都需明确其在学科建设、专业发展、人才培养和学术研究中的具体角色和任务，制订详细的职业发展计划，包括在职培训、企业顶岗实习和院所挂职等，以强化其职业能力。教师的能力提升应具有针对性，既能满足其职责需求，也能补充其能力短板。优先安排教师在与新工科有关的领先企业和顶尖科研机构中顶岗或挂职,利用这些平台的先进资源和环境培养教师,以提升新工科专业整体的教学和研究水平。

从微观层面出发,新工科专业的发展依赖于有效的教师评价和激励机制,这些机制应特别设计以符合工程学科的特点和需求。教师评价标准需建立在明确的聘期目标和任务基础上,这些目标和任务应与学科专业建设的整体目标紧密对应,确保教师的工作质量和成果直接贡献于专业的发展。评价过程应包括持续的期中反馈,以及时识别并解决问题,优化教师的教学和研究绩效。

同时,教师激励策略应旨在增强教师的积极性和创新能力,重点提升他们的跨学科能力、解决复杂工程问题的能力及应对未来挑战的能力产业实践经验。激励措施应超越短期任务完成,着眼于教师职业发展的长远需求,包括在产业界的实践、学术升级以及个人能力的全面提升,从而更好地服务于新工科专业建设和相关的工程科技人才培养。这种综合的评价与激励框架不仅促进了教师的个人成长,也确保了新工科教育质量和创新性的持续提高。

有一份调查研究了新工科师资力量框架,满分制 5 分,结果显示,教师的基本素养方面表现:家国情怀得分为 4.40,创新思维能力得分为 4.72,终身学习能力得分为 4.63,团队协作沟通能力得分为 4.70。知识结构方面表现:学科专业知识能力得分为 4.74,教育理论知识能力得分为 4.42。教学能力方面表现:课堂教学与实践教学能力得分为 4.68,教学评价能力得分为 4.26,知识体系构建能力得分为 4.67,工程认识能力得分为 4.57,教学热情得分为 4.69。

由此可见,在新工科背景下,教师的"教"与学生的"学"还存在着一段空白距离,教师需要通过教学方法、教育媒介的改革来引起学生学习的兴趣,新工科教师要注重提高学习者的学习积极性、参与度和能力培养,通过研究性学习、专题研讨式学习、小组合作学习、挑战性学习等方式提高学习者的参与度,通过搭建优质共享在线网络平台、混合式教学方法来提高教学实效。同时高校也要积极建设和开展课堂以外的活动,鼓励学习者参加社团活动、科技竞赛、创新产业实践、专业社会实践等进行理论联系实际，主动培养自身的实践能力、应用能力和专业素养。

例如，南京理工大学响应新工科教育建设的号召，以智能制造工程为对象，优化了课程设计，以跨学科融合教育为主线，改革实践教育体系，实现了教育教学的改革。在教师队伍建设方面，他们提出通过建立跨学科教师团队和实施"跨院系联合聘任制度"优化师资结构，突破了传统单一院系的教师管理模式。该制度能促进教师资源的共享与优化配置，强化教学的学科交叉性，在招聘新教师时应特别考虑学科背景的多元性。例如开设的"智能传感与智能检测技术"课程便聘请了来自测试计量技术、自动化检测、计算机视觉等不同领域的专家共同授课，有效地适应了专业的跨学科教学需求，为培养具有综合能力的新工科人才提供了坚实的师资支持。

二、教育教学改革的问题

部分地方高校由于缺乏对地方产业变化趋势的调查和了解，教育教学内容陈旧、教学方法单一，培养出来的工科生难以满足产业发展的需求。第一，部分地方高校仍然沿用传统的教学观念，过分强调学科教育模式，注重单一课程内部知识逻辑的设计，忽视了在新工科背景下培养创新工程人才所需的多维知识结构。工科生只能在传统工程教育中获得狭隘的专业知识，无法充分吸收其他学科领域的知识和经验。第二，课程类型和比例不合理，依然以理论讲授为主导，尽管一些地方高校增加了人文社科课程，但通识教育的深度和广度仍然不足以提升工科生的工程素养。专业核心课程和选修课程比例偏低，导致工科生缺乏跨学科工程实践的机会，无法对工程知识形成内在的知识框架，缺乏实践体验，个性化发展需求得不到满足。第三，课程内容设计更新缓慢，仍然照搬旧时的教学大纲和教材，未能结合当前产业和科技的发展趋势，缺乏前沿工程知识的传授，导致学生的知识体系与产业需求不匹配，难以适应社会发展的需求。

现代工程的复杂性要求高等工程教育向跨学科教学转变。传统的单一学科教学模式使得工科生对复杂工程问题缺乏整体性理解和跨学科融合思维能力。然而，部分地方高校尚未理解跨学科交叉融合的真正内涵，仅是简单地将几门已有的学科课程组合在一起。实际上的学科边界并没有真正消除。此外，在传统的校、院、系科层组织管理架构下，高校各部门间分工明确，工作行政化、制度化，内部横向部门组织缺乏沟通合作，导致跨学科建设仅停留在表面。

另外，工科院校在跨学科教育教学的建设上存在表面化的现象。真正的跨学科建设不仅仅是简单地融合多个学科，更不是传统的通识教育，而是立足于真实的工程问题，突破学科边界，将各学科的理论和方法整合起来，解决复杂的工程挑战。在新工科建设的背景下，地方高校在跨学科教育教学中存在以下三个问题。首先，一些地方高校误将跨学科教育视为通识教育，对其内涵和本质理解有偏差，导致相关课程过于零散，缺乏系统性，学生掌握的知识流于表面。其次，地方高校的科层制组织结构和行政化运行模式降低了跨学科建设的效率，未以学术为主导、项目为驱动，而是单一的行政指令，从而削弱了基层科研人员的创造性。最后，教学资源整合程度低，教师跨学科能力不足，各学院之间的资源独立性较强，难以为跨学科复合型创新工程人才提供良好的教学环境，同时教师的跨学科实践经验和教学能力也存在不足。

三、教育教学改革的案例探究

在新工科背景下，调整和引导课程体系建设适应和满足地方产业行业的发展需求是必要的。课程教学应拓展工科生的知识范围，提升工科人才的创新能力。

案例一：

兰州信息科技学院在推动基础力学课程体系革新中，教学团队积极应对日益复杂的工程技术难题，通过跨越学科与课程的界限，强化课程间的联系，整合并更新课程内容，构建了一套紧密相连、特色显著且能灵活适应变化的课程体系。他们将新材料、新技术、新工艺及力学创新实验等前沿知识融入课程，对力学课程进行了分层设置，有力支撑了后续课程的连贯性。同时，力学课程中嵌入了思想政治教育的内核，形成了"思想政治元素＋职业道德修养＋专业技能＋力学知识"的综合型课程体系。该设计不仅保障了力学课程的系统完整性，也满足了应用型人才培养的全局需求，不仅适应了国家与地方经济社会发展的迫切需求，培养了具有高尚职业道德与实践创新力的应用型人才，也促进了教学体系的改良，引领力学课程教学向更科学、更实用及创新的方向前进。

传统的力学课程教学体系多沿袭固定的授课模式，遵循由特殊至普遍的认知路径，以材料力学为例，依序讲解"基础变形（拉伸长与压缩）、剪切、弯曲、复合变形（包括拉弯复合、弯扭复合、斜弯曲等）"，并且严格遵照"外加载条件→内应力分析→强度和刚度评估"的流程展开。此教学体系重视知识的系统性与完整性，侧重于逻辑性分析，但因课程内容中概念重复、公式推导方法相似度较高，相同物理量在不同受力状态下表现出差异性，不利于学生完成学习目标及工程实践技能的培养。为应对此挑战，可采取模块内部知识点的比对、分析、归纳、精简，从中提炼出"外力→内应力→变形"的核心线索。此方法可减少模块间的冗余内容，凸显模块间的差异，帮助学生更精准达成学习目标，提升课程学习效果。在教学实施上，选取关键公式中的一个进行详细推导，其余采用"对比法"，通过参数转换、定性阐述或鼓励学生课外自我推导，以提升演绎与综合分析能力。例如，轴向拉压与剪切力在横截面的应力公式中均可由静态平衡推得；而圆截面扭转与平弯件横截面应力最大值的计算则需结合几何、物理关系及静态平衡；轴向拉压、扭转、弯曲变形公式均关联内力与变形，皆遵循胡克定律，此法可提高教学的针对性与效率。因此，课程通过对比来发掘共性、区分差异，并在此基础上提炼升华。此过程不仅局限于理论知识的比对，还延展至解题策略的选择与评估，通过最优方法比较，显著增强学生解决复杂工程问题的技能。

在构建课程教学模块时，高校应秉持"少而精"的原则，对所涵盖的内容进行优化和重组，确保脉络清晰、内容丰富。以材料力学为例，可以建立以构件内外力分析、应力与强度计算、变形与刚度计算、超静定问题求解、压杆稳定等为主线的扁平化课程教学体系。在解析基本变形和组合变形等具体问题时，可以沿着该主线对课程模块进行拓展，从实现课程教学内容向立体化的发展。

案例二：

学者唐灯平、曹金华、薛亮、郑伊轮与张宏斌针对新工科环境下的网络技术课程，研究出了"基于项目驱动的伙伴式学习"（BOPPPS）教学模式。该BOPPPS模式源于加拿大教师技能提升工作坊（ISW），其设计参照了加拿大不列颠哥伦比亚省的教师资质标准。其核心教育理念在于，将学生的学习成果作为衡量教学成效的决定性指标，通过促进师生及生生间的积极互动，推动学生从知识的被动接收者转变为知识的主动探索者，这与新工科教育以学生为本位的理念不谋而合，故被众多高校教师广泛采纳应用。

简要介绍一下BOPPPS教学模式，该模式包含六大教学结构，分别为：开场导入（Bridge-in）、学习成果目标（Objective/Outcome）、前置评估（Pre-assessment）、互动学习（Participatory Learning）、后续评估（Post-assessment）及总结（Summary）。新工科背景下的BOPPPS教学模式的具体操作如下。

第一，开场导入（Bridge-in）环节：作为课程的序幕，引出当日课程主题，旨在吸引学生的关注并激发学习兴趣。利用问卷调研、抛出问题、分享相关案例或播放短视频等形式，既能吸引学生的注意，又可探知学生的基础，有利于后续教学有的放矢地开展。

第二，学习成果目标（Objective）：该教学模式将达成目标作为评估的核心标准，故在设定教学目标时需多维度综合考量。此维度涉及学生的学习起点水平、课程在培养方案中的位置及课程在学生职业生涯中的角色。学生的学习起点可水平借助调查问卷、小测验等方式获取数据；课程的职业定位则需通过市场调研、追踪毕业生就业需求等途径摸清查证。合理的成果设定能激发学生的积极性和内在驱动力，同时，明确的教学目标有助于教师依据学生特质优化教学流程，从而持续优化教学策略。

第三，前置评估（Pre-assessment）：这是在明确学习目标后实行的一种学生评估策略，探悉学生能力、相关知识掌握程度及兴趣点，通过问卷、小测验或快问等形式展开。前置评估让教师精准把握学生基线，据此调适知识点的深度和广度，考虑教学灵活性，以贴合学生需求。

第四，互动学习（Participative Engagement）：采用诸如互动课堂和翻转课堂等活跃策略，以学习成果为目标导向，通过师生及同学间的互动增进教学进程。此种参与性的学习方式极大地唤醒了学生的内在动力，促使其由被动转为主动。学习者居教学中心，利用多样灵活的方法加强交流，促进师生、生生互动，激励学生参与教学。

第五，后续评估（Post-assessment）：作为衡量教学目标达成的关键步骤，同时也是验证学生学习成果的重要手段。通过后续评估，教师可依据学生表现，有的放矢地总结反思并调整教学策略，为教学改善提供实证。对于学生，它可以激发学习动力，促使其更专注勤奋；对于教师，它作为评估基准，可以帮助深入了解学生，优化教学，提升教学质量。

第六，总结（Summary）：作为课堂收尾的关键步骤，其有助于学生迅速回顾当堂要点，巩固知识点。教师可于总结中提出遗留问题，为后续教学铺路，承上启下。总结可由教师或学生主导，后者通过参与可增强理解、锻炼思维及表达能力。

网络互联技术课程是理论与实践并重的学科，多在计算机科学、网络信息工程等专业高年级学生中开设，随着这些专业的"新工科"转型，网络互联技术课程面临着新教学的要求与挑战。作为应用导向的计算机本科核心课程，其实践性强、特色鲜明，但传统教学模式受限于方法、实验配置及评价体系，实践教学效果常不尽如人意。BOPPPS 模式则以学生为本，强调师生互动，以目标实现度为考核的唯一标尺，贴合了新工科的教育理念。

网络互联技术课程的教学目标围绕思想品德、知识与技能三大维度展开。在思想品德层面，旨在激发爱国情感，提倡文明上网，培养学生辨别网络信息真伪、是非善恶等原则性问题的能力。在知识领域，学生需掌握网络设备的基础配置、各类技术及构建大型校园网络项目。在技能方面，聚焦于提升问题分析能力、实际操作技能的培养。

为符合新工科背景下的要求，对网络互连技术课程体系进行了重构，如表 4-1 所示。采用基于工作过程系统化的项目式思想，以大型校园网组建项目为主线贯穿整个课程。这一重构后的课程体系能够更好地满足新工科课程的特点和要求。

表4-1　新工科背景下的课程体系——大型校园网络建设过程

工作过程 项目编号	工作过程项目名称	项目说明
项目一	校园网拓扑结构介绍	介绍校园网建设的 3 层架构：接入层、汇聚层、核心层。结合实际校园网络拓扑图进行介绍。这个过程是进行实际网络工程前的准备工作
项目二	校园网接入层交换机 VLAN 划分	为了防止广播风暴以及加强校园网的安全性，要对接入层交换机划分 VLAN
项目三	利用 3 层交换机实现校园网不同 VLAN 间的通信	划分了 VLAN 的校园网不同 VLAN 间不能互相通信，这有悖于网络互联的基本思想，因此要利用 3 层交换机将不同 VLAN 互连起来
项目四	校园网安全设置	为了加强校园网的安全性，要对校园网进行安全设置，包括访问控制列表（ACL）及防火墙设置
项目五	校园网无线接入	为了将校园网覆盖整个校园，要利用无线网络作为对有线网络的补充
项目六	校园网接入互联网	将校园网接入 Internet
项目七	不同校区网络的互连	将不同校区的网络互接
项目八	项目验收	对校园网建设项目进行验收

借助 BOPPPS 教学模式，针对"项目二"中校园网络接入层级交换机的 VLAN 配置任务，教学流程规划如下：首先，起始阶段，分析广播风暴的成因、潜在负面影响，并审议应对策略；其次，细致阐述端口基础的 VLAN 配置技巧及跨交换机 VLAN 配置的实践路径；再次，深入讨论交换机接口的 access、trunk、 hybrid 运作模式及其差异，同时涵盖对 VTP（VLAN Trunking Protocol）配置流程的解析；最后，则是对网络健壮性增强技术——包括但不限于交换机生成树协议 (STP) 与端口聚合技术的详尽介绍，连同它们的具体配置步骤，如表 4-2 所示。此教学方式以学生为中心，依托师生互动及学生间的协同学习，旨在引领学生深入理解并熟练掌握关键知识点，确保教学目标的有效实现。

表4-2　基于BOPPPS教学模式过程设计

BOPPPS 教学模式	具体教学内容	时间安排/Min
B: 开场导入	通过讲解震荡波、冲击波的故事，紧紧抓住学生的注意力，同时提出以下问题：①20 世纪 90 年代的校园网在使用过程中会出现哪些问题？传统的校园网组建有什么弊端？②为了避免这个弊端，现在在校园网组件中使用什么技术？③什么是广播域、冲突域？常见的网络设备对广播域、冲突域的分割情况。④为什么会出现广播风暴？如何避免广播风暴的发生？⑤常用的 VLAN 划分方法有哪几种？	5
O：学习成果目标	为了解决校园网出现的这些问题（如广播风暴），引入虚拟局域网 VLAN 技术，掌握 VLAN 技术的工作原理及配置方法。	1
P：前置评估	①什么是虚拟局域网（VLAN）技术？②虚拟局域网（VLAN）的作用是什么？	10
P：互动学习	通过师生互动、生生互动的方式，在线仿真，边学边练达到教学目标	20
P：后续评估	以小组为单位：动手实现校园网 VLAN 配置过程。	5
S：结论	①VLAN 的划分能够解决广播风暴问题，但同时又带来什么新的问题？②要解决不同 VLAN 间的通信应采取什么措施？	4

　　运用 BOPPPS 教学方法于网络互连技术课程教学实践中，展现了显著的教

育成效提升。第一，学生主动参与度显著增长，他们更愿意参与到小组研讨及问题求解活动中，与师长及同伴的沟通协作变得越发频密。该教学方法显著增强了学生对学科知识的领悟与把握力度，这得益于其核心在于培育学生深入理解与实际应用能力的并重。第二，教学个性化与差异化特质亦得以彰显，任课教师能依据学生的个别需求及能力差异，量身定制学习任务，使每位学生在其适宜的学习情境中达到最优学习成果。第三，该模式有力推动了学生批判性思维与问题解决技能的培育，经由参与式学习及互动环节，学生不仅要评估多种视角与解决方案，还在这一过程中提升了自身的综合素质。第四，借助小组构建与组长负责机制，确保每位学生都能全身心投入学习进程，使得整个学习动态更为条理化与高效。

四、教育教学改革的优化途径

在教育教学改革中，学者李嘉良提出，地方高校的工科专业课程体系要加强通识、核心与选修课的结合。具体策略如下：第一，通识课程应涵盖人文社科和计算机编程等内容，旨在提升工科生的人文素养、创新意识和编程思维，同时拓宽其专业视野和现代工程意识。第二，专业核心领域课程着重传授工科生所需的理论、技术与方法，采用多样化模块课程培养学生的各项能力，具有灵活性和创新性。第三，专业选修课程则为学生提供挑选研究方向的机会，通过校内外导师的指导深入探索特定研究领域，解决实际工程问题，拓宽工科生的工程视野并夯实其专业知识基础。

地方高校应当设计以项目为中心的专业课程，以让工科生提前体验工程实践中的真实项目问题为目标。

首先，这样的专业课程应当源自地方产业行业的实际案例，涵盖综合性的工程问题，使学生能够在真实情境下参与解决工程问题，从而在实践中更好地掌握并应用多学科知识，培养解决复杂工程问题的能力，为成为复合型创新工程人才做准备。

其次，地方高校需要打破学院间的壁垒，通过以项目为导向的高校层面的优化组织结构，建立新工科人才培养共同体。这将有助于有效整合各院系的资源，实现科研设施、教学场所、师资力量的共享，消除院系之间的隔阂，为以项目为中心的专业课程提供良好的物质条件。

最后，地方高校需要完善多元化的师资聘任机制。以项目课程设计为基础，招聘相关企业、行业协会等的专家担任兼职教师或导师，共同参与新工科专业课程的建设，注重培养工科生的工程实践能力。同时，高校各学院可以联合聘请校外专家和校内教师，根据工程项目的需要进行跨院系教学，以协调学生的工程知识理论和实践水平的发展，并壮大地方高校新工科建设的师资力量，提升整体教师专业水平。

围绕新工科背景下进行跨学科的教育教学时，首先，地方高校需要准确厘清其内涵本质。真正的跨学科融合不局限于提取固定的学科知识内核，而是根据具体的工程问题，突破学科边界，有意识地对不同学科的理论、知识和方法进行有机整合。为此，地方高校可以定期安排人员深入了解地方产业行业的变化，挖掘能够解决实际问题和具有前瞻性、可持续性的工程项目，并组织不同工科领域的教师探讨工程项目中所涉及的学科融合点。这样的跨学科讨论和研究可以反复琢磨教学设计，随后在课堂和科研中以启发引导的方式让学生不断在问题中思考，从而激发其创新思维。

其次，地方高校需要搭建跨学科组织并改变组织架构和管理模式。为此，可以改变过去"金字塔"型科层制组织结构和过度行政化、制度化的管理模式，采取"扁平化"的组织结构搭建地方高校学科融合组织。这样的组织结构可以邀请拥有学科融合丰富的管理经验或高素质人才带领，营造出组织内部成员之间相互平等、尊重各种想法观点的工作氛围。同时，邀请成员亲身参与到跨学科建设的决策中，集思广益，有助于发挥成员的主观能动性，从而激发推进新工科学科融合的创造性。

最后，地方高校需要确保对跨学科组织的经费支持。跨学科组织的日常运行、管理改革需要资金支持。因此，地方高校在经费分配上应优先支持跨学科组织的建设。另外，跨学科组织自身也应开拓多元化科研经费筹集路径，例如通过帮助提升当地企业科研技术水平或开展政府技术人才培训等服务筹集资金，以保障跨学科组织的可持续发展，推动新工科学科融合的实质性建设。

教师在教育教学改革中是重要的一环，因此提升教师跨学科知识储备和教学能力刻不容缓。教学中不可或缺的两个要素是教师的"教"和学生的"学"。教师如何将跨学科融合的课程内容传授给学生，直接影响着学生创新思维的培养。因此，教师自身具备跨学科的知识结构是新工科背景下教师从事工程教学的首要必备条件。

学者李嘉良认为，地方高校应该为从事工程教学的教师提供跨学科的交流平台以及教学和实践培训环境。第一，搭建工程交流平台，让教师能够及时了解所在工程领域最新发展动态，开拓工程视角。地方高校可以主导建立工程交流平台，邀请企业、行业协会、知名学者等共同参与，定期举办线上或线下交流活动，推动工程领域的讨论与研究，并建立信息平台，及时向教师推送前沿工程领域的信息。

第二，地方高校应推动教师参与工程实践。与企业或研究院建立合作关系，安排工科教师定期进行科研和工程实践，掌握前沿工程知识，思考新工科的发展方向，并通过理论与实践的结合不断反思工程教学的方式方法。

第三，地方高校应开展教师工程教学培训。建构主义学习理论认为，教师应是学生学习的促进者和指导者，应提供有利于学生建构知识的情景，激发学生的创新思维。因此，地方高校应完善工科教师培训体系，为工科教师提供相关教学能力培训，帮助其不断优化教学方式，改变"填鸭式"教学理念。针对不同类型的教师需求和所需提升的技能，可以开展不同类型的培训，提升工科教师的教学能力。

第四，地方高校的行政管理部门应协调配合，根据相关政策文件调整相关制度，积极做好教师发展的保障工作，整合有利资源，帮助提升工科教师的整体素养，激发其教学热情，持续提升教师跨学科知识水平和教学能力。

五、本节小结

本节提出了教师队伍建设与教育改革当中的问题，并就现状提出了相关的优化路径，笔者认为教师队伍跨学科建设仍是一个比较突出的问题，涉及教师利益相关结构占比。加上学科交叉融合体系的重塑需要较长的探索过程，这就需要各个学科的教师通力协作和坚持研究。受传统分科教育思想的影响，教师会受本学科内框架的固着思维影响，这不利于学科间的交叉融合，因此，高校要从高度站位上，重新审视校、院、系的关系，逐渐从并行转变为交叉，可以通过"实验班""交叉小组"的方式，鼓励不同学科的教师与学生打成一片，深入交流，不同学科和领域的教师可轮流"进班"参与到其他教师"教"和学生"学"的过程中去，主动思考分科知识之间的"黏点"，从而在横向上优化教师队伍建设，鼓励学生选修不同领域的课程，了解新工科建设的必要性和迫切性。设立激励机制，鼓励师生就知识间的联系进行讨论，激发出对跨学科知识的需求，改革陈旧的教育教学体系，根据知识间的相互联系重新构建理论体系与实践育人体系，促进跨学科融合课程的建设。

第二节　课程体系优化与评价体系重塑

一、课程体系存在的问题

在国内的课程体系中，存在着多个突出的问题，其中最突出的三个问题为：第一，缺乏灵活性和个性化。高校在课程体系设计上通常较为刻板，缺乏灵活性和个性化。传统的课程设置偏向于"一刀切"的模式，学生在学习过程中往往缺乏选择的权利，无法根据自身兴趣、能力和职业发展方向进行个性化的课程选择。

这导致了学生在学习过程中可能会失去对学习的兴趣，同时也无法充分发挥其潜能。缺乏个性化的课程设置也使得学生在毕业后往往难以适应复杂多变的社会环境和工作需求，影响其就业竞争力和职业发展。

第二，应试教育倾向过重。高校课程体系存在明显的应试教育倾向，注重的是学生的考试成绩。这导致高校和教师在教学过程中过于注重应试技巧的培养，而忽视了学生的综合素养。课程内容和教学方法往往偏向于死记硬背和机械化的学习，而忽视了学生的创造力、批判性思维和实践能力的培养。这种倾向不仅影响了学生的全面发展，也削弱了教育的内在价值和社会效益。

第三，与产业需求脱节。高校课程体系与实际产业需求存在较大的脱节。部分课程设置滞后于时代发展和产业变革，无法及时反映出市场和行业的最新需求。高校和教育机构在课程设置和更新上缺乏灵活性和前瞻性，无法有效地适应社会经济发展的变化和产业结构的调整。这导致学生在毕业后可能面临就业难的问题，无法满足市场和行业对人才的需求，也影响了中国经济的可持续发展和创新能力的提升。

二、课程体系的优化路径

学者李雪提出，要调整课程结构，就要根据不同高校的教学层次和教学水平，基于本校情况选择适合自身新工科专业人才发展的课程结构。一般本科教育分为通识课程和专业课程两大部分。通识课程包括基础通识课程和学科专业基础课程，而专业课程则包括专业核心课程和专业拓展课程，由必修课和选修课组成。

在新工科建设下，新工科专业人才培养需要通识教育和专业教育的有机融合。通识教育构成了培养新工科专业人才的基础，为专业教育提供了必要的支持和铺垫。在通识课程中，基础通识课程涵盖了广泛的领域，包括人文教育、社科知识、团队协作、文化、企业管理等内容。通过学习基础通识课程，新工科专业学生可以获得基础行业知识和丰富的文化素养，提升对行业文化的认同感。同时，人文社科等知识也帮助新工科专业学生对工程实践活动有更深入的理解，而了解工程伦理学、工程心理学等内容，可以培养责任意识和道德情操。在学科专业基础课程中，新工科建设的高校应致力于为学生提供学科基础和专业基础知识。通过选择通用的学科基础课程，确保基础课程在合理范围内的占比适当，为学生提供更多了解学科和专业基础知识的机会。这样的课程设置将帮助学生深刻理解新工科建设的理念和含义，为他们提供一个个性化发展的平台。

三、评价体系重塑

中国目前实行的"五位一体"高等教育评估制度，主要包括学校自我评估、院校评估、专业认证与评估、国际评估以及教学基本状态常态监测。这一综合评估体系融合了政府、学校、专门机构以及社会多方的评价，旨在全面了解和提升高等教育的质量和水平。刘坤提出，新工科教育教学质量保障体系是一种多元复合的新体系。

一是建立全链教学评价反馈机制。确立综合评价体系，覆盖新工科人才培养目标、毕业要求、课程设置、教学内容和项目实践等方面，建立全方位、全周期、全角度的教学评价反馈机制，不断完善质量保障系统，促进持续改进，激励教师发挥个人专长，为全面培养学生服务，确保所有必修课程达到高水平的"金课"标准。

二是建立全要素学生学习评价机制。建立全方位的学生学习档案和成长记录系统，涵盖学生的学习情况、个人特点、擅长领域和能力发展等多方面内容。通过数据和实际情况全面描述学生的特点和能力，为毕业生提供详尽的学习档案和能力清单，使每位学生都能清晰了解自己的潜力和适应性，为未来就业和职业发展提供科学可靠的参考依据。

三是建立全方位社会评价机制。积极引入第三方能力评估机构，建立校友职业发展跟踪评估体系和用人单位的反馈机制。将校友的职业发展情况作为评估学校人才培养质量的重要指标，并结合国际认可的专业认证标准，对学校的人才培养工作进行全面评价。这样的跟踪评估机制可以持续改进人才培养体系和模式，确保学校人才培养水平与国际标准相符合。

学者胡清华、王国兰、王鑫提出，以成果导向为理念，坚持以学生为本的思想，形成标准化的教学质量目标、信息化的教学质量过程管理、全程一体化的教学质量监控、综合化教学资源配置，如图 4-1 所示，建设校企联动的教学质量保障改进体系能在一定程度上解决学生就业难、企业用人难的问题，同时优化高校培养人才的课程体系、管理体系、实训要求、评价标准，实现与企业深度合作的人才培养方案。

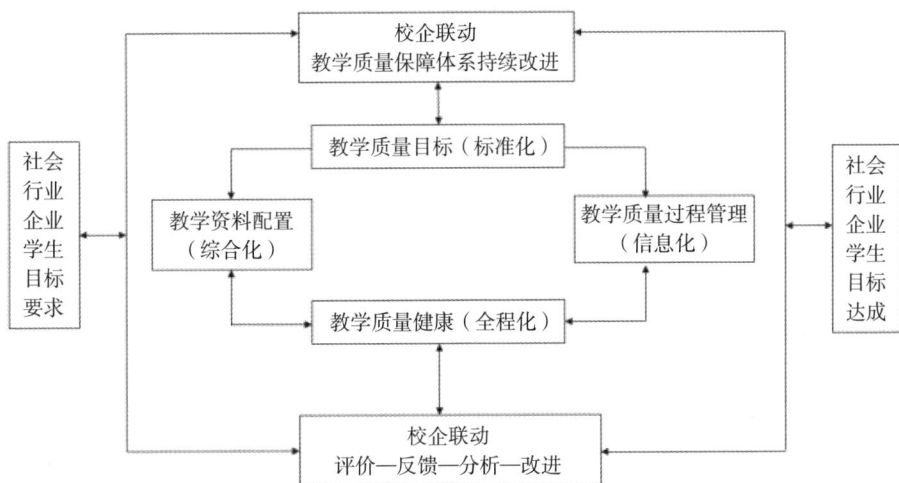

图4-1　复合型人才培养教学质量保障持续改进体系

为提高教学质量和保证人才培养体系的持续改进，高校需要根据产业需求和企业需求及时调整课程体系和评价体系，可以通过如下七种方式。

①强化教学质量意识。围绕专业建设、课程建设、主要教学环节等构建标准体系，以工程教育认证为依据，以 OBE 理念为指导，确立并不断强化"严谨治学、严格教学要求"的"双严"教育方针，持续强化教学质量意识。

②构建评价标准体系。从培养目标、课程体系、实践体系、师资队伍、培养

过程和学生发展等方面设置多个观测点，形成符合教学评估的一级指标、二级指标及观测点组成的量化指标体系，制定过程化、精准化、多元化的综合性标准评价流程，从而对教学质量目标进行标准化的评价。

③建立持续改进机制。校企联合建立专家库，形成对培养目标、课程目标、实践目标、毕业要求"评价—反馈—分析—持续改进"的质量评价闭环模式，如图4-2所示，对培养目标的合理性和达成度进行定期评价，对课程设置和课程目标进行定期检查，对实践体系和实践目标进行定期评价，对毕业要求达成度追踪调研，形成"建设中期2年一评、学位授予4年一评、专业建设6年一评"的闭环模式。

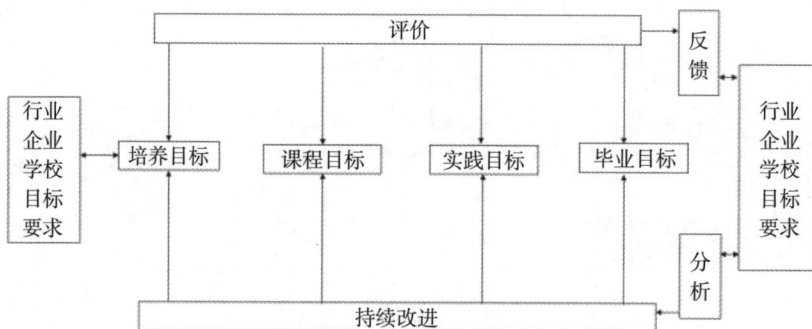

图4-2 复合型人才培养质量持续改进闭环

④强化信息质量监控。建设教学数据信息管理系统，利用信息技术分解细化学习过程，分析和扩大教学实效，教师和学生共同参与评估，定期举行讨论，删除重复性、同质性课程，引入关注学生、增强育人效果的教学方式和方法，以便于课程质量的改进，促进课程体系优化和评价体系的多元化。

⑤保障教学质量管理。邀请企业家加入教学质量管理中，共同参与对教育教学全过程的检查、监督、评价与指导。采用走访校园、随机访问学生、入室旁听、抽查毕业设计和教学资料等方式，提供评价和反馈意见，以评促教，实现课程体系、评价体系的持续优化。

⑥跟踪毕业学生反馈。建立长期跟踪毕业生去向和工作实效的体系，了解毕

业生的职业发展状况，通过他们的反馈，总结在课程体系、实践体系、创新创业体系中的优化空间，同时做好毕业生在职业发展过程帮扶工作，通过延伸人才培养体系的影响力，以沟通的方式，将毕业生在专业实践中的案例情况反馈到课堂教育中，加强问题导向的课程建设，形成双向、持续、有效的互动体系。

⑦社会行业企业评价。邀请企业行业进行座谈，了解行业最新动态和趋势，高校做好收集企业对毕业生道德素质、专业精神、知识结构、沟通技巧等的要求、满意度和评价情况，根据反馈进行数据分析，将结果作为改进课程体系和评价体系的参考意见。

清华大学教授林健提出的评价体系的重塑涉及两个关键方面，即借助工程教育认证制度和参照工程教育认证制度，分别对新工科专业和传统工程专业进行评价和认证。下面将对这两点意见进行拓展和细化。

第一，增加、修订或替换认证标准。林健教授建议借助工程教育认证制度，对新工科专业的认证标准进行增加、修订或替换。这意味着需要对现有的认证通用标准和专业补充标准进行全面的审视和调整，以确保其与新工科的特点和要求相匹配。在这一过程中，可以结合国家政策、行业发展趋势、企业需求等因素，对认证标准进行修订和更新。例如，可以增加对跨学科融合能力、工程实践能力、创新创业能力等方面的评价要求，以体现新工科专业人才培养的全面性和前沿性。

第二，建立专门针对新工科专业的认证体系。参照工程教育认证制度，对传统工程专业进行认证，将行业标准作为工程教育认证通用标准中的毕业要求。同时，他还建议针对新工科专业建立专门的认证体系。这意味着需要根据新工科的特点和要求，制定适用于该类专业的认证标准和评价体系。这些标准和体系应当考虑到新工科专业的跨学科性、实践导向性、创新性等特点，确保评价体系能够全面、客观地反映新工科专业人才的培养水平和能力。

四、本节小结

本节论述了课程体系当中存在的问题，并就问题提出了优化路径。除了对标国际工程具备的能力水平要求外，笔者认为，课程体系还应当从细节处入手，遵循学习认知规律来设计教学大纲，统筹教学进度和设计培养目标。利用塔尔曼定律（Tolman's Law of Effect）进行设计，课程教学大纲由易到难，成功的学习结果将增强学生的学习行为，帮助学生建立对学习和探索知识的兴趣。福尔克尔宁定律（Forkelning's Law）带来的启示是在学期初的阶段，教学进度应相对放慢，以适应学生的学习效果由慢到快的认知规律。根据目标学习导向，教师应清楚地告知学生应当掌握哪些内容，要求的掌握程度，并将此融入评价体系当中。而在设立评价体系时，注重显性成果与隐形成果的结合，如将学业成绩和学生创新性、综合素质提升相结合，过程性与结果性相结合。同时注重评价体系的弹性和激励性，对学生的评价不仅评定其成果，还应激励学生更好地学习和发展，允许学生出现学习滑坡现象，做到抓大放小。评价体系还应结合产业前沿变化，定期修改内容指标，以便为课程体系的调整提供参考依据。

第三节　实践育人导向与资源保障

一、实践育人导向存在的问题

在高校工科教育中，实践育人是至关重要的，但仍存在着一些突出的问题需要解决。以下是三个突出的问题：

第一，实践教学资源不足。具体来说，一方面实验室等实践场景、设施不足。许多高校的实验室设施相对落后，设备老化、功能单一、数量不足等问题普遍存在。例如，在工程类专业中，需要用到各种先进的实验设备和工具，但很多高校的实验室设备并不齐全，同时缺乏丰富的实践场景，无法满足学科发展要求和学生的实践需求。这导致学生在实验操作过程中无法真正掌握相关技能，影响了他们的实践能力培养。另一个问题是缺乏充足的工程项目资源支持。工科教育的重要目的之一是通过实践项目培养学生的实际操作和问题解决能力。然而，许多学生缺乏参与真实工程实践的机会，无法将他们所学的理论知识应用到实际工程实践中，这导致他们的实践能力无法得到有效提升。实习实践是工科教育中至关重要的一环，通过实习实践，学生可以接触到真实的工作环境，学习实际工作技能并建立职业素养。然而，由于实习实践机会有限，很多学生无法获得理想的实习岗位，无法将所学知识应用于实际工作中，这影响了他们的职业发展和实践能力的培养。

第二，实践教学与理论教学脱节。首先，教学计划设计不合理，一些高校的教学计划存在着理论课程和实践课程的错位或不协调的现象。可能是由于教学计划编制时对实践教学的重视程度不够，导致实践课程与理论课程之间的联系设计不够紧密。这种情况下，学生可能会感到理论与实践之间存在着隔阂，无法将理论知识与实践技能有效结合起来。其次，教学方法不够灵活，一些教师可能过于注重理论知识的灌输，而忽视了实践操作的重要性。他们可能更倾向于传统的讲授式教学方式，而缺乏针对性的实践指导和辅导。这导致学生在课堂上缺乏实际动手操作的机会，无法将理论知识转化为实践能力。最后，教学评价体系的不完善也是造成实践教学与理论教学脱节的重要原因之一。一些高校可能更加注重理论知识的考核，而对实践能力的评价相对较少，甚至缺乏有效的评价指标。这就导致学生在学习过程中更注重理论知识的学习，而对实践操作的重要性缺乏足够的认识。

第三，实践教学质量参差不齐，首先部分高校在实践教学方面可能缺乏完善的质量监控机制，导致实践教学质量无法有效地得到保障和提升。缺乏监控机制意味着无法及时发现和纠正实践教学中存在的问题，从而影响教学质量的持续改进。其次，开展的实践教学项目可能缺乏针对性和实效性，无法有效地满足学生的实际需求和行业的发展趋势。这些项目可能过于理论化或与实际工程项目实践脱离较远，导致学生参与其中时缺乏积极性和学习动力。部分实践教学项目可能存在安全隐患，由于设备老化、管理不善或缺乏专业指导等原因，学生在实践过程中可能面临安全风险。这不仅会影响学生的学习体验和安全感，还可能影响他们的身心健康。

二、实践育人导向的优化路径

高校贯彻实践育人导向，首要的就是调动起学生的积极性和动力。实践育人是指在学科育人的基础上加强学科实践、跨学科实践和综合实践活动，不断拓展理论知识的现实体验场域，让受教育主体在真实世界和场景中解决真实问题，充分获得理性和感性的认识，将直接知识与间接认知结合起来，在自我学习和教育感受中成为"德智体美劳全面发展的时代新人"。这恰恰也体现了新工科的内涵，凸显了实践育人在新工科教育建设中不可或缺的作用，大学时期是促进人才人格稳定和社会化能力成熟的关键时期，因此高校实践育人具有特殊性，即强调价值取向的正统性、多元主体的均衡参与性、要素场景互动的多样性、理论实践的高度互补性等。高校肩负"为党育人、为国育才"的重要责任，同时具备融合政府、社会、企业等多方资源的功能，因此高校有义务做好思政课引领、坚持实践育人导向的任务，为社会主义建设输送时代新人。

从历史角度来看，我国培育"时代新人"的内涵经历了四次演变。从新民民主主义革命时期的"先锋分子"到社会主义革命和建设时期的"三好青年"，到改革开放时期的"四有新人"，再到如今新时代我们要培养"有理想、有本领、有担当"的"德智体美劳全面发展的社会主义建设者和接班人"。每个时期对人才培养的目标都与经济发展、产业变革息息相关，但不变的是实现"中国梦"，实现社会主义建设事业的初心和理想，坚持马克思主义思想，利用好马克思主义思想同中国特色主义的结合运用。教育部等十部门印发的《全面推进"大思政课"建设的工作方案》中要求充分调动全社会的力量和资源，建设"大课堂"、搭建"大平台"、建好"大师资",这凸显了实践育人的重要作用。高等院校是人才培养的摇篮,社会实践是高校成就人才的重要方式。

在新工科人才培养中,认识与实践的关系尤为显著,因为工程教育的核心在于将理论知识转化为实际应用的能力。实践育人不仅是一种教育手段,更是符合青年学生成长成才的内在需求。实践与认识形成了一种辩证关系。实践活动不仅提供了学生将理论知识应用于解决实际问题的机会,而且通过实践活动中遇到的挑战和问题,促使学生回到理论中寻找解决方案,从而达到理论与实践相互促进的目的。例如,通过参与工程项目、竞赛和实习,学生能够将课堂上学到的理论知识应用到具体的工程实践中,这不仅加深了对知识的理解,还提升了解决复杂工程问题的能力。实践育人导向是新工科人才培养的一个重要方向,在教育实施过程中,应着重构建与真实世界紧密相关的教学内容和环境,使学生能够在仿真环境或真实环境中进行学习和实践。例如,利用虚拟现实(VR)和仿真实验室等技术手段,可以模拟真实的工程问题,让学生在无风险的环境中进行实验和操作,从而学会如何应对真实世界中的工程挑战。

在实践育人的实施路径上,有三个关键步骤:

第一,厘清三个要素,构建价值思维。紧扣思政引领是关键,把中华民族优秀传统文化中的宏大叙事和"中国式现代化"的生动实践作为课程素材,让学生树立正确的人生观、价值观和世界观,树立崇高的理想和为国奋斗的社会责任感;融合专业教育是突破,面对国家需要、社会需要以及新工科的建设需要,学生须对产业变革有充分的认识,对关键技术行业的突破有敏锐的感知,突破专业的限制,将所学知识用于建设中去,并不断充实自己;实现青年建功是目标,鼓励学生在实践中认识世界、发现问题、解决问题,承担起时代新人的责任,实现中华民族的伟大复兴。

第二,高校要打造自己的特色品牌,坚持立德树人的教育目的,从基础教学、专业教学、实践教学、毕业设计等各教学环节入手,构建与各自人才培养目标相适应的渗透式、递进式、系统化的实践育人模式，主动对接企业，在育人体系中渗透科技服务基因，很多工科院校在改革开放时期，成立了"大学生科技服务团"，由专业教授带队，把课堂搬进企业，致力于帮助企业解决技术工艺难题。近年来，很多高校会邀请著名的校友在开学季、毕业季为全校学生上一节特殊的"专业实践课"，讲述科研创新的实践经历，引起学生的共鸣。高校还要主动拓展实践场景，按照校内小课堂和社会大课堂的要求，整合校内外资源，为学生积极拓展实践场景，让学生在基层岗位中提升社会化能力，端正社会责任感和就业观念。

第三，画好青年群像，优化育人体系。随着网络的兴起，不少青年出现"一边逃避一边励志"的矛盾心理和行为，高校应主动解构矛盾，帮助青年走好关键的一步。随着专业结构的变化，高校需每年更新"大实践"课程体系的教学计划和培养大纲，扩展实践教学路径，做好与专业内部结构调整相匹配，努力建立教学、实践、育人的有效连接，实现"内容输出—知识内化—行为表达"。提升高校、学院和教师的积极性，优化课程设计和供给，在专业教学中进一步丰富实践场景，在实践的真实体验中达到育人实效的增强。利用好创新创业竞赛体系的实践育人功能，鼓励学生参与创新创业活动，为学生创业团队提供自主创业的政策、场地和资金扶持，实现全覆盖、全方位、全过程的实践帮扶。高校还要做好校地企联合育人的责任，坚持校内外资源有效共享，深化高校与企业的合作，为学生打造校外实践大课堂，为企业输送人才，提高实践育人体系的成效。

实践是人类主动改造世界的社会性物质活动，实践是认识的来源，实践是认识发展的动力，实践是认识的目的，实践是检验认识真理性的唯一标准。因此，坚持实践导向的育人原则，是培养合格人才的有力保障。此外，新工科的内涵本身就蕴含了实践和创新、跨学科和专业性，因此新工科的建设必须具有充分的资源保障，包括专业相关的师资及合适的配比、政策的支持、用于研究和建设新工科的资金支持。清华大学教授林健提到了非实体模式新工科平台的建设，可以通过组织校内不同院系、不同学科和专业方向的教师以及校外兼职教师，共同从事新工科的科学研究、专业建设、人才培养工作。这在一定程度上可以依靠"互联网"平台建设，减少新工科大刀阔斧改革的资金浪费，并且对新产业的需求和未来发展具有较强的适应性，能够及时调整学科建设方向和人才培养要求。

同时，重视青年科技人才的基础和实践教育至关重要。首先，教育部门应及时调整和更新专业设置，尤其是在大数据、人工智能、航空航天等关键科技领域，强化基础学科和跨学科的人才培养，以填补技术和知识的空白。其次，通识教育和实践教学比重的增加是必要的，这包括改革课堂教学方法，采用更多启发式和互动式教学模式，以培养学生的人文素养、科学和批判性思维。

清华大学林健教授提出，新工科人才培养的关键在于创新创业教育平台的建设，充分保障实践资源的提供，以实践为导向，促进新工科人才的创新能力和实践能力的提升。在课程体系和教学方法上进行革新，在课程开发设计上要包含学科前沿、综合性、创业引导、问题导向及交叉学科研讨等类型形式的课程，以覆盖创新创业的各个方面。在教学模式上采用问题和课题导向的教育模式，推广研究性学习和挑战性学习、个性化教学策略，强化学生的探究兴趣与创新意识。

三、实践资源不足

部分高校在资源保障方面存在严重不足，这成为人才培养中的一大突出障碍。资源不足限制了对学生学习和实践能力的培养，也影响了教师的教学效果和创新能力。特别是在一些工科院校中，资源总量与生源数量不匹配，这给人才培养带来了严峻的挑战。缺乏足够的资源意味着高校无法提供充足的实验设备、实践场地和实习机会，学生的实践能力培养受到了限制。同时，资源不足也会影响教师的教学质量和创新能力，无法为学生提供优质的教育资源和科研支持。具体体现在以下三个方面。

第一，许多实验设施已经使用多年，设备老化严重，技术水平与时代要求相差甚远，无法满足当代工程教育的需求。例如，部分实验设备功能已经不完善、性能不稳定，甚至存在安全隐患，这既影响了学生的实验效果，也增加了实验过程中的风险。同时，由于实验设施不足，学生需排队等待使用实验设备，导致实践教学时间被浪费，严重影响学生的实践能力培养，也削减了学生对工程领域的兴趣和热情。实验资源的陈旧和数量不足，不仅影响了学生的实践教学体验，也制约了科学研究的开展。

第二，许多院校与企业、科研机构等外部合作单位的合作关系不够紧密，缺乏有效的沟通渠道和合作机制，导致学生难以获得丰富多样的实习实践平台。由于缺乏与实际工程项目有关的实践经验，学生在校期间往往只能局限于课堂上的理论学习，无法将所学知识应用于实际工程项目中。这种情况严重阻碍了学生的职业素养和实践能力的培养，使他们在毕业后就业时缺乏竞争力。另外，由于缺乏与外部合作单位的深入合作，工科院校也难以跟上行业的发展动态和需求变化，无法及时调整课程设置和教学内容，导致人才培养模式与市场需求脱节。

第三，资源短缺也会导致工科院校教学过程的松散化。实验资源的限制意味着教师在实践教学过程中无法给予每个学生足够的指导和支持，导致教学过程缺乏系统性和过程性的指导。教师可能无法为每个学生提供充足的实践机会，学生们在实验室中可能会面临设备不足、排队等待的情况，从而无法充分参与到实践活动中。这种教学过程的松散化会影响学生对课程内容的理解和掌握程度，使他们难以在实践中深入学习和应用所学知识。由于缺乏系统性的教学指导，学生可能无法形成完整的工程设计和解决问题的能力，影响了其实践能力的培养，也影响了教学质量。

四、实践资源保障

实践资源在工科院校人才培养体系中扮演着不可或缺的角色。它既是学生进行工程教育学习的中介产物，也是教师进行教学的媒介。针对以上资源存在的问题，提出如下相关策略。

第一，加大对实验设施的更新和扩建投入。通过增加资金投入，工科院校可以对现有实验设施进行更新和改造，引进先进的实验设备和技术，提升实验条件和性能。同时，还可以通过扩建实验室，提升实验设备的应用前沿性，同时增强跨学科、跨学校、跨地方科研平台等实验设备的共享程度，以满足不同专业、不同课程的实践教学需求。这样的举措将为学生提供更好的实践教学环境，为他们的学习和研究提供更多更好的支持和保障。通过提升实验条件，学生可以更充分地参与到实践活动中，深入掌握实践技能和科学方法，提高实践能力和创新能力。

第二，加强与校外单位的合作。通过与企业、科研机构、基层单位等外部合作单位深入合作，可以为学生提供丰富多样的实习实践平台，让他们置身于真实的工程场景中，从而积累宝贵的实践经验，提升职业素养和实践能力。建立起稳固的合作关系，不仅有利于学生的职业发展，也为院校的产学研合作提供了有力支撑，促进了产学研深度融合的进程。同时，加强与外部合作单位的沟通与交流，能够及时了解行业需求和趋势，根据市场变化调整人才培养方案，确保人才培养质量并与时俱进。通过与行业和企业的紧密合作，工科院校可以更好地满足社会需求，为学生的就业和职业发展提供更加有力的支持，助力其成为具有竞争力的优秀人才。

第三，注重提升人工智能实践平台的现代化水平。人工智能的崛起和发展，已经让 AI 逐步替代行业实践和发展的体验和进程，应注重相关设施的现代化和智能化建设，采用先进的技术和设备，以适应当代工程教育的要求。此外，教师在教学过程中应加强对学生的个性化指导和支持，为每个学生提供与时俱进的实践机会。教师可以根据学生的学习特点和需求，设计个性化的实践场景和教学方案，引导他们积极参与实践活动，提升实践能力和创新意识。

清华大学教授林健就平台建设资源问题，提出加强创意、创新和创业"三创融合"活动支撑平台建设，建立一个综合性创新支持平台，支持学生从创意到创新再到创业的全过程，包括基础工程能力训练、系统性创新思维培养及创意原型的开发和产业化。高校提供必要的技术、资金和指导资源，实现资源整合，促进学生的跨学科学习和协作，支持他们在挑战学科前沿问题时能实现创意、创新和创业。利用好创新创业实践和竞赛平台的优势，通过科学合理的竞赛激励机制的建立，充分调动学生参与学科竞赛的积极性，鼓励学生参与国家级创新创业训练计划，参与创新训练、创业训练和创业实践项目，同时建立学科竞赛平台，将其作为学生实践能力、创新精神和创新能力培养的有效载体。组织学生积极参与全国大学生创新创业大赛，不仅将其作为展示创新成果的平台，也作为创新教育改革的重要部分，旨在提升学生的创新和创业能力，以及整体教育质量。

他还提出，面对新工科专业构建中的实践教育资源短缺问题，高校必须采取综合措施强化工程实践教育体系。首先，高校需增加经费投入，改善政策支持和教师激励，扩建专业实验室与工程训练中心。其次，通过与领先的新技术和新产业企业合作，建立校外工程实践教育基地，充分利用企业的资源优势。最后，国家应通过政策和激励措施，促成大型高科技企业参与，建立国家级工程实践教育中心，全面提升新工科专业的实践教育质量和效果，确保工程科技人才的创新能力培养。

五、本节小结

本节重点论述了实践育人导向与资源保障的重要性以及当前存在的问题和优化路径。笔者认为，物质的发展直接影响人的意识形态、认识方式和行为模式，而意识反过来推动社会的物质生产和科技创新。因此要确保实践育人导向，突出意识引领作用，加强资源保障供给，促进意识与物质发展的共进。因此，坚持培养时代新人的观念，利用好高校资源、企业资源和国家资源是深化实践育人导向的关键点，保障与生源匹配的物质资源，同时也要关注学生对资源的使用权利和成效。让学生有机会使用、会使用、探索新使用方法，坚持以学生为本，以实效评价资源的合格率、利用率，以学生的工程能力、综合素质能力进步及发展空间为评价点，完善新工科实践育人体系。

第五章　高等教育中新工科人才培养的实践探索

第一节　课程体系改革与专业设置调整

一、课程体系改革

在新工科背景下，课程体系改革至关重要。传统的课程体系可能无法有效满足新工科专业人才培养的需求，因为新工科注重跨学科融合和实践能力培养，而传统的课程体系往往偏向理论知识的传授，缺乏跨学科和实践教学的整合。因此，课程体系改革可以更好地结合新工科的理念和要求，构建具有前瞻性和实践性的课程体系，包括增设跨学科课程、加强实践教学环节、引入新兴技术和行业等。通过课程体系改革，可以为学生提供更加全面和实用的知识体系，培养符合新工科要求的复合型创新人才，促进高等工程教育与产业需求的紧密对接，推动工科教育的持续发展和创新。

学者陈东岳、刘建昌、潘峰等人结合新工科改革存在的问题，提出了课程体系优化必须围绕知识体系展开，以自动化新工科专业为例，人工智能理论与方法引发的专业知识体系变革主要从理论体系、技术体系和工具体系三个层面展开，如图 5-1 所示。

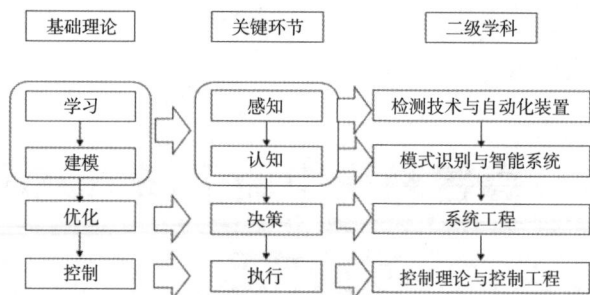

图5-1　人工智能驱动的自动化新工科理论体系架构

在课程理论体系方面，人工智能的融合显著改进了传统自动化理论，扩展了其结构从仅包括反馈控制的"小闭环"到一个涵盖"感知—认知—决策—执行"四个关键环节的综合智能系统"大闭环"。这一变革通过一个多维理论体系支撑，该体系融合了"学习、建模、优化、控制"等多个领域，与控制科学与工程的二级学科布局高度吻合。技术体系的演进则反映在从自动化向智能化的转变中，涉及数据处理、对象管理、平台开发和系统整合等多个方面的新技术和方法。

这些技术的实现依托于一系列的新兴工具，包括计算机语言、嵌入式系统、工业软件及通用硬件平台和集成系统等，这些工具为新技术的学习和应用提供了必要的支持。这些综合体系的改革也将推动学科基础课程、专业方向课程和实践课程的全面升级。

为了确保课程体系改革的成功实施，必须考虑到现实因素，如高校现有的课程结构和学分要求、师资力量、学生入学质量等的影响。此外，课程体系的改革应确保内部的一致性和系统性，满足专业的培养目标和毕业要求，并适当对数学与自然科学的基础课程及通识课程进行必要的配套改革，以适应新的教学需求和发展方向。这一系列措施将有助于优化专业课程体系，为学生迎接未来的技术挑战做好准备。

学者胡清华、王国兰与王鑫在对人工智能领域人才培养体系的研究中建议采纳新工科的"产业导向"及"由服务转为引领"的学科建设观，以核心技术为主轴心，以前瞻性应用为引导，挖掘人工智能教育所需知识的实质，创设"通识教育＋专业教育＋创新创业教育＋课外实践教育"的宽基础、综合型、多元化的培养模式。校企联合可设定"通识必修＋通识选修＋专业必修＋专业方向选修"的课程体系如表5-1所示，以迭代更新，旨在为学生提供核心技术、创新创业与课外实践教育，完善课程体系改革。

表5-1　"人工智能＋"复合型人才培养课程知识体系

课程体系	课程名称	主要内容
通识教育	思想政治理论课	思想道德修养与法律基础、中国近现代史纲要、马克思主义基本原理概论、毛泽东思想和中国特色社会主义理论体系概论、形势与政策
	专项教育课	军事理论、集中军事训练、健康教育、体育、体育锻炼、大学英语1、大学英语2、大学英语3、大学英语4、高等数学、线性代数及其应用、离散数学、概率论与数理统计、人工智能数学基础、数学模型、数值计算方法与Matlab、大学物理实验
	必修课程通识核心	法制安全教育、大学生心理健康、诚信教育、大学计算机基础
	通识选修课	新工科、社会与哲学、艺术与美学、自然科学、思维培养与沟通表达
专业教育	大类基础课	计算机系统导论、程序设计原理、数据结构、计算机系统基础、算法设计与分析、操作系统原理、计算机网络、数据库原理、数字逻辑与数字系统
	专业核心课	认知科学导论、知识工程、机器学习、语音信息处理、数据挖掘、自然语言处理、人工智能伦理
	人工智能＋	机器感知及其学习方向
		神经网络与深度学习、计算机视觉与模式识别、智能无人系统、群体智能
		数据与知识工程方向
		知识图谱、知识表示与推理、大数据分析理论与方法、问题求解与专家系统
		语音与语言处理方向
		信号与系统、信息检索与智能问答、情感计算、媒体计算
	实践教学课	程序设计综合实践、计算机系统综合实践、机器学习综合实践、知识工程综合实践、语音与语言理解综合实践、智能识别系统综合实践、智能无人系统综合实践、综合实训（人工智能）、毕业设计（论文）

续表

课程体系	课程名称	主要内容
创新创业 教育		计算机产业前沿与创新创业、创新创业实践（创业实践、 学科竞赛、科研实践、学科交叉实践等）
课外实践 教育		人文学术讲座、社团组织经历、选修

通识教育在新工科课程体系建设中起着至关重要的作用，其在一定程度上能够避免因专业和学科过度细化导致的人才单一化、与新经济产业所需人才不匹配的问题，通过自然科学、人文教育等基础课程的设置，可以加强学科间知识的联系，以培养复合型、创新型的新工科人才。目前，国内大量学者、高校领导者等都意识到通识教育的重大价值和作用，纷纷开展了新工科教育建设背景下通识教育的研究。

学者王震、姜宝杰、魏月等人提出，课程以成果导向为教学理念，以"金课"建设标准，即"创新性、高阶性、挑战度"为标准，将创新创业能力贯穿专业教学的全过程。他们提出，要创新教学内容，增加知识的广度和深度，可以通过以下三种方法实现：一是建立融合企业元素的专创融合案例库；二是补充慕课资源，拓展知识广度；三是补充科研学术进展，增加知识深度。

创新教学方法，激发学生学习热情，可以通过以下措施达到该目的：

第一，以高校为第一课堂的多元化教学。引入了线上线下混合式教学模式，充分利用数字资源来增强学生的学习体验，同时保留传统课堂的互动和实操优势。以OBE教育理念来设计问题导向的学习活动，鼓励学生主动探索并解决问题，同时提供实时反馈以促进学生的持续改进。采用案例教学方法，通过引入最新的研究和技术进展案例，增强学生的实际应用能力和批判性思维。推动项目式学习，鼓励学生参与创新研究项目，从而提高他们的研究能力和团队协作技能。

第二，基于企业参与的第二课堂教学。高校、政府和企业的产学研联动模式对创新型和应用型人才的培养至关重要。教学改革的方向应着眼于开辟与课程内容有关的第二课堂，将教学场景扩展到实际企业环境中。

第三，建立多元化评价方式。将学生的平时表现和期末成绩设置为各占课程总成绩的50%。平时成绩的构成涵盖了多种评价方式，其中包括考勤、课堂表现、知识竞赛和创新竞赛。考勤通过现代教学工具实施，用于提升学生在线学习的参与度；课堂表现则通过实际案例的分享和路演来评估，以增强学生的互动和表达能力；知识竞赛和创新竞赛则旨在评价学生的专业知识掌握和创新设计能力。这些组成部分都鼓励学生在团队合作的环境中相互学习与竞争，从而增强团队协作能力。期末考核则尝试放弃传统的闭卷考试，转而采用项目模拟设计的形式，要求学生根据近期文献设计实际的研究方案，以创新项目申请书的形式提交，确保学以致用，切实提升学生将理论知识应用到实际问题解决中的能力。这种考核方式不仅能更好地评价学生的综合运用能力，还能激发学生的创新精神和研究兴趣，如图5-2所示。

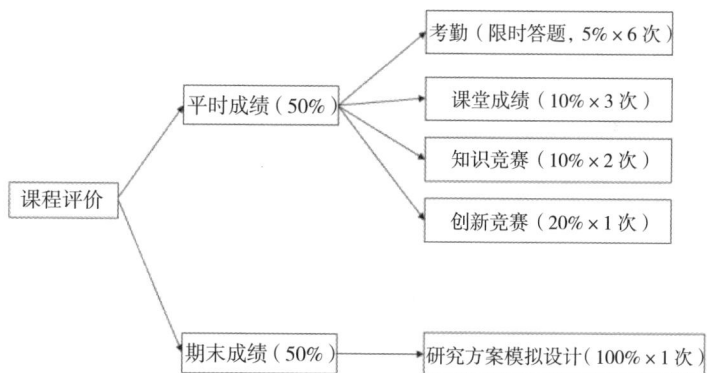

图5-2　课程多元化评价体系

实施以上的课堂改革优化方案后，学者王震、姜宝杰、魏月等人通过不记名问卷和现场访谈进行调研，结果显示，2018级、2019级和2020级学生对发酵工程原理课程校企联动育人项目的满意度均高于90%。其中，非常满意的比例分别为41%、45%和58%。由此可见课程教育改革对推动校企协同育人的成效显著。

二、课程体系改革的案例探究

通识教育在新工科教育建设中扮演着重要角色，通识教育不仅为学生提供了广泛的知识基础，还培养了跨学科的思维能力和综合解决问题的能力。特别是在新经济时代的背景下，各行各业对人才的要求更加复杂多样，不再局限于单一学科的知识，而是需要具备跨学科、创新思维和现代化技能的综合型人才。以下选取了两所具有代表性的工科院校开展了有关课程体系优化的案例。

案例一：

王国强、卢秀泉、金祥雷与王瑞联合研究了吉林大学在新工科课程体系中通识教育板块的构建。2018 年，吉林大学依据自身特色，出台了《吉林大学关于加速构建一流本科教育体系以提升人才培养质量的实施方案》，其中明确提及"更新课程内容，构建融合共享的课程体系"。他们依托 OBE 理念，并将其在新工科通识教育课程板块中予以实施，从知识、能力、素质三个层面细化了通识学习目标，展现出三者之间的内在联系，如图 5-3 所示。由此，确立了一目标、双条件、三前提、四原则、五要点为核心的新工科通识教育模块设计架构，具体如图 5-4 所示。

图5-3　通识教育学习成果目标

图5-4 新工科通识教育体系设计蓝图

强调以 OBE 理念为指引,紧扣工程教育认证标准,融合高校特性与专业导向,围绕新工科建设体系,构建三类通识教育课程群。这三类课程群具体包括卓越工程通识群、拓展通识群及开放通识群。在 2018 版培养方案修订之际,明确了新工科专业通识教育的具体要求。同时,充分利用综合性大学的多元学科优势,强化国内外协同育人。通过公共通识课程、新生研讨会、专业导论课、跨学科卓越通识课、国际课程周、海外精品课及特色学院等途径,形成校级新工科通识教育模块,并在工程实训中心进行实践,如图 5-5 所示此体系架构。

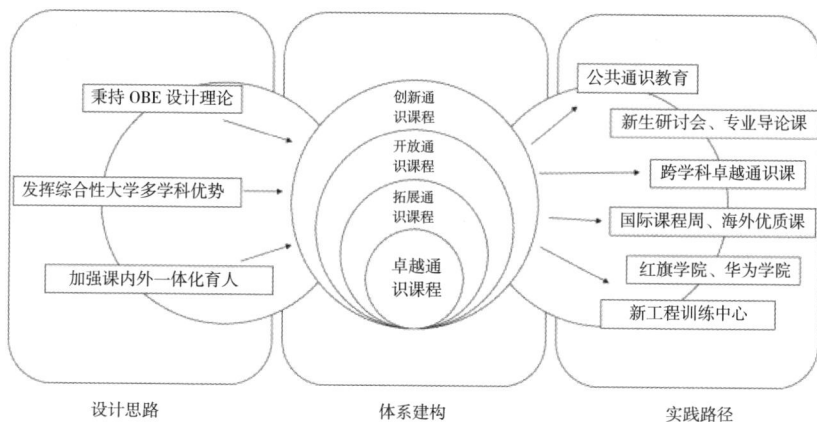

图5-5 新工科通识教育体系

2018 年至 2019 年，吉林大学积极推进新工科教育改革，新增了诸如生物科学与工程、智能制造、新能源与环境工程等 7 个面向未来的新型工科专业。首批申报的 36 个国家一流专业中，有 18 个涉及新工科改造项目。同时，有 14 门课程被评选为国家级精品在线课程，其中 8 门属新工科通识课程，包括地震波动理论实验在内的 4 项教学项目被纳入国家级虚拟仿真实验教学项目，其中 2 项为通识实践课程。这些措施吸引了超过 2 亿元的资金投入，为新工科建设提供了强有力的支持。2018 年起，吉林大学陆续成立人工智能学院、新能源与环境学院、机械与航空工程学院等"新工科"学院，为新工科教育增添了新动力，软件工程、机械工程、食品科学与工程等 10 多个专业相继通过工程教育专业认证，高校工科通识教育体系认证目标得到了专家们的一致好评。

吉林大学通过回收工科专业学生对新工科通识教育课程的多层级反馈，进行整理和数据分析，结果表明，学生在专业知识与能力得到提升的同时，对其系统性、创新性、批判性等思维的养成起到了积极的促进作用，取得了良好成效。

案例二：

学者裴钰鑫、汪惠芬和李强分析了该校在新工科背景下对专业体系的内部进行的课程设置改革。以南京理工大学为例，在教学中渗透了真实情境中的工程问题，注重学习者工程实践能力的培养，以智能制造工程专业为例，下设三个专业方向：智能产品 / 装备设计与制造方向、智能控制技术方向、智能制造解决方案方向，针对智能产品和系统的设计、控制和感知技术进行综合应用研究。在课程设置上形成三方体系：跨学科系列课程、跨学科合作课程、跨学科链条课程。

①跨学科系列课程，智能控制技术专业方向通过开设一系列跨学科课程，如"图像处理与分析""嵌入式控制系统及应用""生产系统智能化技术"和"机器人技术与应用"，实现了学科间的有效整合。这些课程分别属于计算机学科、控制学科、工业工程学科和机械工程学科，由来自相关领域的教师负责讲授。通过定期的教师研讨和共同案例分析，深化了学习者对智能产品控制的理解，促进不

同学科知识的融合与应用，优化了课程体系。

②跨学科合作课程，"人工智能技术及应用"课程是智能制造工程专业中一门典型的跨学科合作课程，由控制学科和计算机学科的教师联合讲授。该课程以智能机器人为实际应用背景，全面介绍了人工智能的当前应用和前沿技术。强化了学习者在控制、计算机及设计学等领域的综合应用能力，促进了学科间的知识融合与技能交叉，适应了新工科教育改革的特性。合作课程强调理论与实践的结合，通过实际案例分析和项目驱动的教学模式，提升学习者解决实际问题的能力，适应新工科人才培养的需求。

③跨学科链条课程，"智能控制技术综合实践"是指将智能控制技术专业方向的四门跨学科系列课程的知识内容链接起来的独立设课的综合实践课程。课程由多名参与跨学科系列课程的名师讲授，以问题导向为驱动，解决智能控制领域的复杂工程问题，帮助学生将多学科的知识整合在一起，构建大知识、大系统的框架。

智能工程专业课程体系在低年级阶段以通识课和学科基础课为主，高年级以专业课、实践课为主，渗透跨学科融合的课程。实践课占比超过 25%，可见学校注重培养学生的基础实验能力、工程实践能力、工程创新能力，在"通识 + 学科基础课 + 专业课"的层面上构建了较为完善的实践教学体系。

案例三：

学者龚春慧、王鹏、杨毅以南京理工大学"核辐射监测与评价"为例，探究了新工科背景下辐射防护与核安全专业课程体系的改革，将建设核心课程群作为高校课程改革的关键环节之一，研究了解决新工科背景下对辐射防护与核安全人才的培养需求的问题。

学校基于 2022 年修订的人才培养方案，旨在实现"工程精英"与"社会中坚"的人才培养目标。在此框架下，学校着手构建了一系列专业核心课程群，其中"核辐射防护与核安全"专业核心课程群内的"核辐射监测与评估"是典型代表课程。

该课程群涵盖五门专业课程："核辐射探测基础""辐射环境监测""电子学与核仪器原理""核安全系统工程"及"核辐射创新理论与实践"。

"核辐射监测与评估"核心课程群覆盖的五门核心课程，分布于第二学年下学期、第三学年上学期和第四学年上学期。其中，"核辐射探测基础"与"辐射环境监测"为基础课程，"电子学与核仪器原理"和"核辐射创新理论与实践"为专业课程，旨在培养学生掌握辐射探测与监测的理论基础，具备从事核辐射探测、环境监测和评估的能力。"核安全系统工程"课程则综合了"核安全实务"与"核安全知识"，旨在培养学生从事核安全工作的能力。

课程实施不仅包括课堂教学，还设计了"核辐射探测""辐射环境监测"实验及"电子学与核仪器"课程，同时"辐射创新理论与实践"课程引导学生在核辐射领域的创新应用。这些课程亦服务于科研训练和毕业设计，旨在提升学生科研实践能力，跨学科解决工程问题。"核安全系统工程"与科研训练及毕业设计共同促进学生具备高级研究和核辐射管理的能力，含五门核心课程的核心课程群有效地解决了课程内容重叠与衔接不合理的问题。

第一，基础核心课程"核辐射探测基础"，包含多学科、多技能的教学内容，学生通过课程学习掌握了探测物理原理与数据处理方法，获得设计探测器的初步能力。该课程为其他课程的学习提供基础引导，如辐射环境监测、核电子学原理、安全系统工程及核与辐射的创新与实践。第二，专业核心课程"辐射环境监测"则偏重实用性，培养学生遵守职业道德，提升专业素养，评估辐射环境水平，与"辐射环境监测"等核心课程紧密相关。第三，专业方向课程"电子学与核仪器"系统介绍了信号分析方法，以及滤波器、放大器等设备的使用，学生在学习中掌握了仪器工作原理。以上三门课程构成了核心课程群的主干，为培养学生的核辐射相关技术分析能力和核安全管理能力奠定了基础。第四，"核安全系统工程"系统介绍了我国核安全的监管和质量评价体系，内容包括核辐射设施退役的安全监管，流出物的排放限制，这些都与其他核心课程有关联。第五，"核与辐射创新创业理论与实践"涉及电子学、辐射环境学等多学科，要求学生掌握辐射监测与仪器知识，培养设计与报告能力，为将来成为核管理拔尖人才打下坚实的基础。课程群的建设对于辐射防护与核安全专业至关重要，学生通过学习获得辐射处理、安全评估、监测等技能，提高了国际竞争力，为成为顶尖人才奠定了坚实基础。

综上所述，学者们纷纷就通识课程、专业课程和核心课程的比例进行调整，并探讨核心课程群的建设。除此之外，第二课堂及其他实践类、跨学科类活动也被广泛应用，以提升学生的创新能力。在这一背景下，笔者认为在课程设置和评价体系上，需要以学习者为中心，注重学生对理论和实践的掌握情况，并以建构主义学习理论的视角，持续优化课程教学和评价机制。

首先，课程设置应当贴近学生的学习需求和专业发展方向，确保通识基础、专业核心和实践应用的有机结合。课程设计要充分考虑学科特性和学生的学习兴趣，促进跨学科交叉融合，培养学生的综合素养和创新思维。此外，应鼓励开设以问题驱动和项目为导向的课程，激发学生的学习动力和创造力，培养解决实际问题的能力。

其次，评估体系应侧重于对学生综合素养与实践能力的展现，不再拘泥于传统的笔试分数。评估范畴除了涵盖理论知识的掌握程度，还需扩展至实践操作技能、团队协作及创新思维等多维度。通过引入多种形式的评估手段，如项目报告、实验演示、团队项目成果评审等，以展现学生的学习成效及学习能力。

再次，针对学生在学习过程中可能出现的问题和困难，需要进行误差分析，并及时调整教学方法和课程设置。建立学生反馈机制，鼓励他们积极参与课程评价和教学改进，形成师生共建、共享的学习氛围。

最后，持续优化教学环节和评价体系，打通"学习—考核—评价—反馈"的"最后一公里"，实现教育教学的良性循环。通过不断调整和改进课程设置、教学方法和评价机制，为培养创新型、复合型的工科人才提供更加有力的支撑和保障。

从宏观层面上，清华大学教育研究院教授林健提出，新工科的学科专业结构应当由新型学科专业、新生学科专业、新兴学科专业组成，而学科专业建设有以下三方面：一是新工科的建设目标更集中。其主要目标可以表述为，"主动布局、设置和建设服务国家战略、满足产业需求、面向未来发展的工程学科与专业，培养造就一批具有创新创业能力、动态适应能力、高素质的各类交叉复合型卓越工程科技人才"。二是新工科需要有新型的学科专业建设平台。新工科教育专业平台可以是实体的，也可以是非实体的。非实体模式是一种新型的学科专业组织结构，以跨学科交叉融合为特征，包含新型专业在内的模式，由相关院系、学科和专业的教师以及校外兼职教师组成。实体的学科专业平台有利于新学科专业的建设和发展，非实体的学科专业平台则能更好地整合各方资源，节省大量物质成本、人员成本，不论是哪种形式，新工科的建设都要取决于新学科专业的发展阶段和性质特征。三是新工科需要建立学科专业的动态调整机制，当今新经济和产业发展速度都有了质的飞跃，固守一套人才培养体系终究会落后于时代，因此高校必须经常性地分析本校新工科培养体系在人才市场上的反馈，明确新工科专业建设的方向，学科专业的动态调整须集中在三个核心方面：首先，高校应深入分析区域产业发展特征与趋势，以精准预测工程人才需求的变化；其次，定期评估新工科专业建设与人才培养的环境和条件，确保其在竞争市场中的适应性；最后，及时更新专业设置和人才培养策略，包括目标、标准、模式及教学内容等，确保培养的人才能够满足并领先于国家和产业的需求。

从中观层面上，学者许艳丽、张钦提出，地方院校应聚焦地方产业需求，培养能够支撑地方制造业转型升级的技术应用型人才。这样的人才培养分类和层次化策略，不仅能够更好地适应快速变化的工业发展需求，还能促进教育资源的合理配置和优化使用，推动新工科人才培养模式的深度变革。

从微观层面上，在应对制造业创新和智能化转型的过程中，高校需要重新审视并优化工科人才培养体系，突出本校特色和时代需求。各类高校应根据自身特点和教育资源，在培养目标上实现多样化和特色化，避免同质化。例如，综合性大学可以利用其多学科优势，推动工程学科之间的贯通和交叉，以培养能够在多领域技术交融中发挥领导作用的创新人才。专业工科院校则应加强与智能制造领域的对接，深化智能化工程技术教育，培养符合产业新形态的高技能工程技术人才。

四、专业设置调整

在专业设置方面，高校需要通过运用大数据和可视化等智能技术，动态调整和优化专业结构，打破传统学科间的壁垒。通过实时或定期收集行业和专业数据，高校能够精确掌握行业需求并预见未来发展趋势，进而引导专业设置的科学调整。利用网络分析工具如 UCINET 和 GEPHI 等，可以深入分析学科间的交叉融合程度，推动学科间的有效整合，确保教育资源的最优配置。高校还应根据自身特色和市场需求，灵活规划专业的增设、转型或淘汰，以培养符合时代要求的新工科人才。综合型高校可以依托其多学科的综合优势，开发跨学科融合的新型工科专业；技术型高校则应侧重于加强与智能制造有关的工科教育，建立专业学科群；地方高校则应聚焦于满足地方新兴产业的需求，开设与之有关的新工科专业。通过这样的专业布局和学科结构调整，高校不仅能更好地适应产业发展的需求，还能提升工科教育的整体质量和效果。

为应对未来制造业的需求变化，高校还需要采用数据驱动的方法，通过分析行业动态和技术趋势来预测未来的专业需求。这种前瞻性的策略允许高校在学科专业布局上进行动态调整，确保教育供应与市场需求的紧密对接。通过升级和改造现有学科，以及开发与未来技术密切相关的新学科，高校可以更有效地培养出能在智能制造、人工智能和机器人技术等领域中发挥关键作用的工程技术人才。

在课程设计方面，为强化工程教育与产业需求的对接，高校应着重推进以工程实践为核心的课程设计，从而提升学生的工程技术能力和创新思维。这要求教育机构须从工业界的具体需求出发，优化课程体系，确保教学内容既包含理论知识也强调实际应用。

具体来说，课程设计应依据工程领域的关键能力要求，划分为基础理论、专业核心、前沿技术及工程实践等多个模块，每个模块都应与工程实际紧密相关，确保学生能够系统地学习并实际应用所学知识。此外，教育机构还需要提供灵活的课程选择方案，允许学生根据自身兴趣和职业规划自主选择跨学科的课程组合，从而促进知识的综合应用。

在实践教学方面，高校应构建与智能制造密切相关的综合实训课程体系，通过实际操作项目让学生深入理解智能制造的各个环节，强化其工程素养、创新意识和可持续发展理念。通过这种教学模式，学生能够在真实的工作环境中锻炼其解决复杂工程问题的能力，为未来的职业生涯做好充分准备。这种课程体系的改革不仅有助于提高学生的工程技能，还能加强其跨学科和团队协作能力，从而更好地满足现代工业发展的需求。

高校应从内部质量入手，推进课程建设的智能化发展，彻底改革课程体系。这包括将传统的以知识传递为核心的教学模式转变为以智慧体验为核心的学习方式，利用先进的教育技术如增强现实（AR）、虚拟现实（VR）和混合现实（MR）技术，深入融合工程实践的复杂问题，创建虚拟工厂和仿真实验室等智能体验中心。这些设施可以提供接近真实工作环境的学习体验，使学生在理解和解决实际工程问题时更为直观和高效。

此外，高校应利用数字技术构建和扩充工程案例教学视频库和虚拟仿真实验教学项目库，这些资源应建立在国家级的教学和学科平台之上，确保教学内容的前沿性和高质量。通过这种方式，课程不仅能反映最新的工程技术和方法，还能提供丰富的互动和实践机会。考虑到教育的个性化、协同化和多元化需求，在智能化教学空间环境中，应利用大数据技术为学生制订个性化的学习路径和课程方案。这样的教育模式将根据每个学生的具体需求和进度来调整教学内容和方法，从而最大化提升学生的学习成效和信息素养，以更好地应对未来智能制造和技术革新的挑战。

因此，应该在培养模式上做好卓越工程师核心素养和能力的顶层设计，在开设工程教育改革需要的复合式素养的核心课程的同时，深入研究新兴领域、科研攻关领域的优秀科学家和工程师的成长路径，优化培养路径，丰富课程体系，做到因材施策、因材施教。课程体系上，建设务实导向的"学践合一"的高质量体系，形成"国家重大需求关切—工程行业和标准认知—工程理论学习—工程问题认识—工程难题解决—行业认识加深"的课程闭环。

五、专业设置调整的案例探究

案例一：

2019 年，天津大学向教育部提出新增智能感知工程、合成生物学、地理科学专业的申请，并获批准。

合成生物学专业致力于培养学生具备生命科学、化学、计算机信息学等多学科的交叉融合能力，使其能够创造性地解决合成生物学领域的科学技术问题。该专业与世界著名大学如美国麻省理工学院、杜克大学、纽约大学、密歇根大学、英国爱丁堡大学、澳大利亚昆士兰大学、新加坡南洋理工大学、新加坡国立大学及新加坡 A star 研究所等建立了广泛而深入的合作关系，为学生的实习、实践以及未来的深造和就业提供了重要支撑。该专业拥有优秀的师资力量、优质的课程体系和国际化的科研训练平台。骨干教师团队荣获"合成生物学与生物加工过程"国家基金委创新群体，承担了"十二五"合成生物学领域重大的 863 项目、973 项目及"十三五"合成生物学重点研发计划专项。

智能感知工程专业专注于智能科学基础和关键领域，包括智能感知方法、技术与仪器的研究及智能传感器的设计与研制。该专业致力于培养卓越的专业人才，他们在智能制造、人工智能、机器人等智能感知相关领域从事研究、开发和管理等工作。该专业与荷兰特文特大学、德国 ilmenau 传感研究所等国际一流高校及研究院所订立了联合培养协议，为学生提供了国际化的教育资源和学术交流平台。科研实力雄厚，学校设立了国内唯一的精密测试领域国家重点实验室——"精密测试技术及仪器国家重点实验室"，为学生提供了良好的科研环境和实践机会。人工智能技术的日新月异，对我们提出了更高要求。站在学科建设角度来看，应该打造体系化教学、研究及人才培养模式。天津大学精仪学院获批成立感知科学与工程专业恰逢其时。该专业的设置具有引领示范作用，也标志着我国进入实体运行和专业化管理的新发展阶段。

地理科学致力于创新传统专业范式，将自然科学和社会科学融通于教学与研究之中，强调知识创造与可持续发展决策的贯通，旨在培养具备地球系统科学知识、全球视野、家国情怀和实践能力的高素质专业型复合型人才。该专业由中科院院士等高水平师资领衔，实施"全员导师制"和本—研贯通培养模式，提供国际名校联合培养及国际野外综合实习等多种国际化发展机会，鼓励学生毕业后在国内外继续深造。此外，专业还拥有国内领先、国际高端的仪器分析和实验研究平台，教学科研团队承担了多项国家重大/重点科研项目，为学生成长成才提供了一流的教学科研训练环境。

天津大学新增三个专业直接响应了智能制造和相关技术领域的人才需求。这不仅提升了学科布局的科学性和专业适应性，也为智能感知、生命科学、环境保护相关领域的技术发展和产业升级培养了必需的研发与管理人才。这种以市场和技术发展为导向的教育模式，有效促进了学术界与产业界的深度融合，增强了教育的现实意义和长远影响力。

案例二：

华南理工大学为开展新工科建设，引导学生培养跨学科的思维，把广州国际校区定位为"工科领军人才培养试验区"，聚焦国际前沿，围绕国家和粤港澳大湾区战略新兴产业所需，整合学科资源，主动布局了一批新工科学院。这批新工科学院是面向世界科技前沿和未来产业发展的新兴交叉领域，涵盖了智能制造、集成电路、生物医药、量子科技、新材料、新能源等新兴工科。华南理工大学围绕战略性新兴产业设立了多所学院，包括数字经济领域的未来技术学院、高端装备制造领域的吴贤铭智能工程学院、新一代信息技术领域的微电子学院/集成电路学院和量子与光通讯工程学院、绿色低碳领域的智慧城市学院、生态与环境学院、电气工程与新能源学院、海洋经济领域的海洋科学与工程学院、生物医药领域的生物医学科学与工程学院、新材料领域的前沿软物质学院（先进材料国际化示范学院）。

华南理工大学对各学院充分赋权,实行"一院一策"的管理模式,着重突出"高精尖缺"导向。在教职管理上,高校实行具有中国特色的预聘长聘终身教职制度,旨在吸引和留住国内外顶尖人才。这一制度为教师提供了更稳定的职业前景和更多的学术自由,鼓励他们在学术研究和教学实践中追求卓越。此外,高校积极面向全球招引人才,通过国际化的人才引进政策,引进具有丰富国际经验和领先学术水平的教师,为高校创建国际一流的师资队伍奠定了坚实的基础。

在学术研究方面,华南理工大学致力于培育学术创新和高水平科研成果。高校鼓励教师开展前沿领域的研究工作,并为其提供良好的科研支持和平台。通过设立专项基金、建设高水平科研实验室及促进学术交流合作,助力教师开展创新研究,推动学科发展。同时,高校注重学术团队建设,鼓励教师之间开展跨学科、跨领域的合作研究,提升研究水平和影响力。

除了学术研究,教学质量也是华南理工大学的重要关注领域。学校积极推动教学改革,倡导创新教育理念,提升教学质量和效果。通过建立教学评价机制、推广教学优秀经验和案例、培养教师教学能力等方式,高校不断提升教学水平,为学生成长成才提供优质的教育环境和学习体验。同时,高校注重学科交叉与融合,开设跨学科课程,培养学生的综合能力和创新思维,以适应未来社会和行业的需求。

根据以上对新工科建设学科专业平台意见可以看出,与之息息相关的是人才培养模式的调整。林健教授提出,新工科专业建设需聚焦于多学科交叉融合,制定专业培养方案应从明确跨学科人才培养目标、设定具体的培养标准、构建符合标准的课程体系、采用适宜的教学方法、制订详尽的教学计划，及确定有效的质量评价体系六个方面进行。这一过程不仅要实现教育内容的多学科融合，还要通过创新教学方式和评估方法，确保教育质量与培养目标的一致性，以适应新工科人才需求的动态变化。同时新工科专业的培养方案需具备高度的灵活性，以适应多样化的未来人才需求和动态变化的产业发展。这种灵活性主要体现在：一是课程组合和专业方向选择的灵活性，允许培养多类型的工程师，如技术工程师、管理工程师等；二是赋予学生除通识课、必修课从外的高度选课自主权，包括自主选择课程、制订个性化培养计划及构建符合个人职业规划的新专业，从而实现个性化人才培养。要求高校须提供丰富的课程资源和教学支持，同时确保教师能够有效指导学生，支持其专业和个人发展。

根据新工科人才培养的框架，新工科的建设应当在纵向上实现本研贯通培养人才，此模式的目的是提高教育效率，支持学科交叉，并满足新产业对工程人才的高层次需求。此模式要求：一是整合本研阶段的课程体系和知识结构，满足学分要求和培养模式的连续性；二是实现本科与研究生教育的有效衔接，特别是在专业核心知识和能力培养上；三是建立灵活的选课体系和学分互认机制，制订适应不同专业的培养方案，从而扩大学生的职业适应面并提升其专业复合与创新能力。这种改革旨在通过系统的课程调整和教育资源优化，培养能够引领未来产业发展的高级工程人才。

在改革课程体系和教学内容方面，根据"卓越计划"的指导原则，应重点实施三大策略：首先，强化通识教育的基础支撑作用，重新整合和优化通识课程，以促进多学科的交叉融合；其次，构建反映多学科融合的新专业课程，培养学生的跨学科思维与整合能力；最后，将前沿科技知识及相关交叉学科知识融入专业课程，扩展学生视野，提升其未来竞争力。这些措施旨在通过模块化和系统化的课程改革，培养适应未来产业发展的卓越工程科技人才。

第二节　实践教学模式创新与工程项目实践

一、实践教学模式创新

在新工科背景下，实践教学模式的创新显得尤为重要和必要。随着科技发展的不断推进和产业结构的不断优化，传统的理论教学已经不能满足学生全面发展的需求，更不能应对未来工程领域的复杂挑战。因此，创新实践教学模式成为当务之急。通过结合新兴技术、产业需求及跨学科融合的理念，重新构建实践教学模式，将为学生提供更为丰富、深入的学习体验，培养出更具创新能力和实践能力的新工科专业人才。

吉林大学通过完善"课内实践""开放性创新实验""大创计划"三个层次的创新人才培养制度，逐步提升学生的实践能力。此外，该校还建立了新工程训练中心等国内一流的大通识实践类教育平台，该平台遵循共建共享的原则，服务于全校工科、近工科及非工科学生，提供工程训练、自主学习和课外科技活动的公共教学实践支持。

华南理工大学在新工科建设中积极响应人工智能赋能教育的发展趋势，实施了一系列创新的实践教学模式。首先，教育范式已从传统的从"教师教什么"为中心转变为以"学生学什么"为中心，教师角色也由单纯的知识讲授者转变为学习指导者，通过设计丰富的学习活动和资源，帮助学生深入理解并内化知识。学生的角色也从被动接受者转变为自主学习者，这一变化通过课堂内外的多元化教学策略得以体现。

在课程内容创新方面，学校进行了改进，加强了人工智能通识教育，为全体学生设置了"小白学人工智能"通识课程。通过学习这门课程，学生可以全面理解人工智能的数据、算法和计算力等。此外，他们还在专业课程中增加了"+大数据"和"+人工智能"等跨学科内容，以适应新科技革命和产业变革的需要。这些举措有助于提高学生对人工智能的认识和适应能力，为他们未来的发展奠定了良好的基础。

学校还推行了线上线下混合式教学，并作为"新常态"，结合传统和现代教学方法，以满足学生个性化学习需求，实现教育公平。同时，借鉴人工智能深度学习的范式，学校将这种数据驱动的学习方法应用于课堂教学和科研训练，增强学生的学习和思维能力。

在实践教学方面，学校积极推广探究式教学，建立了涵盖国家到学院各个层次的大学生创新创业训练计划，以及以"一院一赛"为核心的学科竞赛体系。学校鼓励学生通过问题解决、项目实施和竞赛参与等多样化学习途径来进行探索和创新，全面提升学生的实际操作能力和创新精神。这些教学创新不仅加深了学生对专业知识的理解，也为他们未来的职业生涯和持续学习打下了坚实的基础。

学者张雪针对新工科专业人才实践课程建设的合理性进行了问卷调查，如图5-6所示。调查结果显示，66.67%的学生和82.4%的教师认为当前的实践课程设置是合理的。这些课程被认为有助于提升新工科专业人才的工程实践能力，以满足社会和企业的需求，其中77.8%的学生和89.6%的教师赞同此观点。此外，73.9%的学生和82.7%的教师认为这些实践课程对于学生未来的就业非常有帮助。

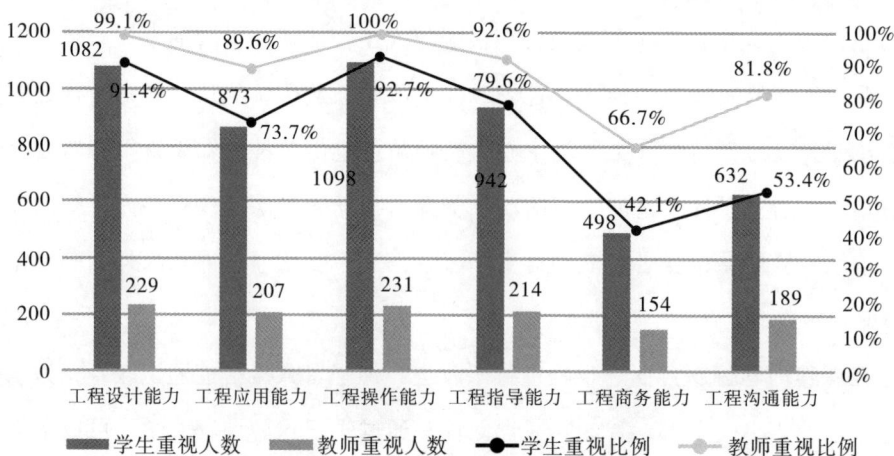

图5-6　新工科专业人才培养课程设置合理性调查

这一数据显示，教师对实践课程设置的认可度普遍高于学生。大多数参与调查的学生和教师还强调，新工科课程设置应该与工程设计、应用、操作、指导、商务和沟通等关键能力的培养标准相匹配。这种高度的匹配性是确保新工科教育效果，以及毕业生能够满足现代工程领域需求的关键因素。这些见解可为进一步改进实践教学模式提供重要参考。

学者杨林、杨其华在总结国外工科教育时，在校企合作和人才实践教学培养方面，发现国外高校的学习者在企业实践的比例占一半左右，在为企业提供优质知识和技术支持的同时，企业更愿意对学生开展实践培训，形成双元制教学，高校利用自身优势与企业以工程项目或问题的形式保持合作，有利于高校相关教师和学习者共同参与，解决企业技术难题。

综上所述，国内外对工程教育实践模式改革都加重了实践时间的比例、加强实践平台的建设，打通校内外资源的共享渠道，深化与企业间的合作，以期为学生提供更丰富的工程实践环境，锻炼学生的工程技能，提升学生的实践水平。

二、工程项目实践

工程项目实践与实践育人导向是一体两面的关系，工程项目实践是将学生置身于真实工程环境中，通过团队合作，解决实际工程问题的过程。它具有以下四个显著的意义和特点。

一是实践导向，工程项目实践为学生提供了一个实践的平台，在这里，学生们可以将课堂上学到的理论知识应用到实际工程问题的解决中。通过实践，他们不仅可以提高自己的动手能力，还可以培养解决问题的能力，从而为将来的工程实践做好准备。另外，工程项目实践也可以促进学生创新能力的培养。在项目实践中，学生有机会提出新颖的想法和解决方案，尝试用各种方法来解决问题。

二是跨学科融合，工程项目实践往往涉及多个学科领域的知识。在一个智能交通系统的项目设计中，学生需要融合电子工程、计算机科学、通信技术、交通规划等多个学科领域的知识。他们需要了解电子设备的原理和制作方法，掌握计算机编程和算法设计的技能，熟悉通信网络的搭建和管理，同时还需要对城市交通规划和管理有一定的了解。通过跨学科的融合，学生可以更加全面地理解和解决工程问题，提高解决问题的效率和质量。跨学科融合培养了学生的综合能力和思维能力。在工程项目实践中，学生需要不断整合和应用不同学科领域的知识和技能，从多个角度思考问题，综合考虑各种因素的影响和作用。

三是团队合作，工程项目实践往往是一个集体项目，需要团队成员密切合作、相互协助，共同解决各种工程问题，因此团队合作是实践过程中不可或缺的一环。在工程项目的实践中，学生应该积极参与团队合作，充分发挥个人优势，与团队成员共同努力，共同完成项目任务，以实现个人与团队的共同成长。

四是创新驱动，在项目实践中，学生需要面对各种实际的工程问题和挑战，需要思考和探索新的解决方案。这种挑战性的任务激发了学生的创新意识，促使他们从新的角度思考问题，寻找创新的解决方案。在项目实践中，学生有机会将自己的创新想法付诸实践，通过设计、实验和验证，不断改进和完善自己的方案，最终实现项目的目标。

例如，南京工业大学的"智慧城市规划与建设"项目是工程项目实践的一个典型案例。该项目通过智能技术和信息化手段，提升了城市管理水平和服务质量，实现了城市的可持续发展。项目团队由电子工程、计算机科学、城市规划等各个专业的学生组成，他们通过对城市数据的收集、分析和处理，设计出一套智能城市管理系统，该系统包括交通管理、环境监测、能源利用等方面的内容。在项目实践过程中，学生们在学到专业知识的同时，还培养了团队合作和创新能力，为未来的工程实践打下了坚实的基础。

第三节　校地企合作与产学研联合培养

由教育部联合高校发布的"复旦共识"、"天大行动"和"北京指南"中都明确提到加强校地企合作，深化产学结合、产教融合。当前社会面临一个矛盾现象：一方面学生面临着找工作的难题；另一方面企业则在招聘合适的员工上遭遇困难。这一问题的本质在于高等教育体系与劳动力市场需求之间存在不匹配，具体体现在学生在工程技术实际操作及创新能力不足与社会需求的脱节等方面。为打破企业与高校之间的壁垒，并推动双方协作以共同确立教育培养方向、构筑课程架构及评估系统，2017年6月，教育部行政办公室颁布了《新工科研究与实践项目指南》。该文件明确指出，需构建一个涉及政府、高校及企业等多个主体在内的协同培育模式，即加速知识传授与科研实践的整合进程，强化教育与产业的交汇融合，并深化校—企—地合作机制下的协同人才培养体系革新。

一、校地企合作

学者胡清华、王国兰和王鑫在其《校企深度融合的人工智能复合型人才培养探究》中提到，人工智能技术在应用中普遍遭遇技术实践与生产经营脱节的挑战。为应对这一挑战,应聚焦于高校与企业间的协同合作,将高校"教什么"与产业"要什么"紧密结合，全力培育具备"人工智能+"的跨领域人才队伍。据此提出了"产教融合+产学合作"协同育人的新模式，构建由学校与企业携手合作的多元化、多层次、递进实践与创新能力培育体系，旨在创设全面提升专业实践能力和创新创业能力的"双能力培养实践系统"。如图5-7所示，利用好校—地—企等多方提供的平台，以必选的课程、实训、实习和毕业设计递进式提升专业实践能力，以自选的学科竞赛、创新创业、学科交叉、科研项目螺旋式提升创新创业能力。

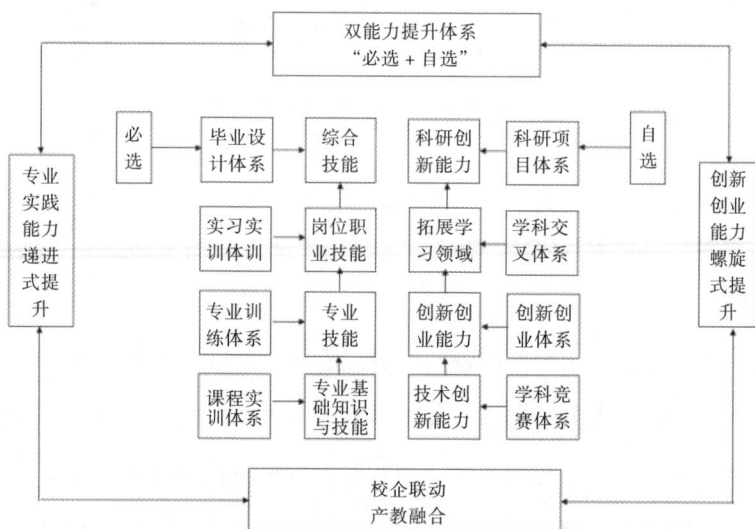

图5-7　"人工智能+"复合型人才培养实践体系

　　华南理工大学深度拓展了校企合作模式，与地方经济和产业紧密结合，引入企业资源共建专业和共育人才。例如，与产业界合作建立了微电子学院和软件学院，通过校企合作模块课程和企业实践，构建了从"工程认知"到"企业实践"逐级深入的课程体系。此外，与科大讯飞、大疆等企业共建的联合实验室和"未来创新实验室"提供了一个多学科交叉融合的平台，激发学生对科学未知领域的探索兴趣。高校还与企业共同设立"特色教改班"，在制定培养目标、构建课程体系、实施教学过程及评价体系等方面实现校企深度合作，共同培养适应未来需求的新工科人才。这种校企合作不仅加强了教育的实用性和前瞻性，也为学生提供了更为丰富和实际的学习与研究经验。

　　学者许艳丽、张钦提出，为了有效推动新工科教育的发展，高校需要构建与产业紧密相连的协同育人平台，从而实现教育与产业的深度融合。主要包括两个方向：首先，高校应与国内外领先企业合作，搭建多学科、多主体参与的开放式联合培养平台。通过这种平台，可以集合各方面的优势资源，不仅将产业的最新发展动态和企业的实际需求带入教育培养过程中，还能将学术研发的前沿成果转化为教育内容，实现教学内容与产业需求的高度匹配。其次，必须健全校企之间的双向交流机制。这不仅包括传统的企业实习、工学交替等模式，还应该包括企业参与课程开发、共同研究项目及师资力量的互补共享。这种双向交流不仅可以提升学生的实际工作能力和创新能力，也能促进高校教师了解最新的产业技术和企业需求，进而优化和更新教学内容和研究方向。

通过这种多元化和开放式的合作模式，新工科教育可以更好地适应快速变化的技术和市场需求，为智能制造和其他高新技术产业培养出更多具备国际视野、创新精神和实战能力的工程技术人才。这种校地企合作模式是新工科人才培养战略的关键组成部分，有助于实现教育资源的利用最大化和人才培养质量的持续提升。

二、产学研联合培养

随着科技的迅速发展和产业结构的不断变革，传统教育方式已无法满足不断增长的产业需求和科技创新要求。因此，为了培养适应未来工程领域发展的专业人才，产学研联合培养成为一种迫切的需求。通过高校、产业界和科研机构的密切合作，将理论知识与实践技能相结合，为学生提供更为丰富、实用的学习和实践机会，以培养出具备创新精神和实践能力的新工科专业人才。

2020 年 7 月，教育部与工业和信息化部的行政办公机构联合颁布了《现代产业学院建设指南（试行）》，正式规划了创建现代产业学院的关键举措。此指南强调，此类学院应以满足地方产业发展为导向，着重与行业实施深度融合，并展现出独特的教育特色，特别是针对应用型高校。此政策的出台，旨在强化高等教育体系对经济高质量发展的支撑作用，并促进不同高校依据自身特点与优势进行分类发展。

国内关于产业学院的研究可追溯至数十年前，且近期该领域的学术探究正呈现显著的增长态势。研究主体多元化，涵盖了职业院校与应用导向的本科院校，同时，亦有少量研究密集型本科高校涉足此领域。尽管如此，针对"现代化"产业学院的深入探索仍有不足，现有文献大多聚焦于高等职业学院内职业教育议题的探讨，未能充分覆盖"现代产业学院"概念的广度与深度。

在实践操作中，现代产业学院的演进经历了三个典型阶段：首先是基于校企合作的被动配合培养模式，继而发展到产教深度融合、互促的双向互动阶段，最终迈向引领并协同产业创新发展的高级形态。至于其组织结构层面，现代产业学院大致可分为地方政府牵头、龙头企业牵头、高校牵头和行业协会牵头四种类型。然而，现代产业学院在具体服务产业链或创新链、协调各方利益关系、强化协同合作共建机制等方面仍面临着诸多挑战，尤其需要突破体制和机制的束缚。

学者肖付刚、舒朋华等指出，现代产业学院正面临表面化、形式化的问题，产教融合的程度尚浅，且合作形式较为松散，未能充分嵌入产业发展的深层结构中。多数学院依然固守传统的校企合作框架，合作仅浮于表面，缺乏实质性的深度整合。为破解这一现状，高等院校必须深化对现代产业学院理论与实践的探索。明确该模式设立的政策原意，强化对其核心特质的理论剖析，方能利用这一细微切入点带动全局性变革，实现既定目标。据此，他们强调需集中应对三大核心议题：首先是明确新工科理念下现代产业学院"现代"属性的具体内涵；其次，需分析影响现代产业学院建设成效的诸多因素及其相互作用机制；最后，需在新工科框架内建立一套现代产业学院建设质量的评估标准与评估体系，具体实施方案详见如下三个方面。

第一，现代产业学院的构建应聚焦于科学合理的治理结构和顶层设计。包括健全以理事会为中心的组织架构与管理模式，优化完善内部管理制度，构建自律、自驱、健康发展的高效运作体系。进一步实行股权制模式，依托协议清晰界定合作双方的权责界限。在此框架下，董事会作为常设的权威机构，应承担领导与战略决策职责，秉持集体领导原则。而监事会的构成，则融合了企业推荐及教职工选举的代表，专职监督学院运营活动，以确保活动的合规性。

第二，在内部治理层面，亟须强化专业集群的制度化建设与规范化管理，细化规章体系，明晰各岗位的职责与权益，优化考核评价体系，以此提升工作效能与执行力，同时增强教职员工的责任意识与集体认同感，共同向构建一个和谐且充满活力的现代产业学院迈进。

第三，改革并完善教学质量保障体系，增强其系统性和可操作性。同时，加强校企合作，增强企业在人才培养流程中的有效参与度，推动教育领域与产业领域协同发展，优化人才培育体系，以更契合的人才培养队伍服务于地方经济社会的发展需求。

吉林大学积极推进产学研联合培养，采取了一系列措施以加强高校与企业的合作，培养适应未来工程领域需求的高素质人才。首先，高校与企业建立了产学一体式教育体系，促进了产学合作协同育人机制的深度发展。通过与企业的合作，吉林大学专注于学术理论知识与实践技能的深度融合，致力于为学生创造多元化、实践性强的学习及实训机遇。其次，高校与企业共建了红旗学院、华为ICT学院等新兴产业学院，致力于培养与时俱进的工科人才，为其提供符合市场需求的课程和实践机会。最后，高校还着眼于未来发展趋势，打造了面向未来、校内外一体的创新型通识课程，构建了新工科通识教育新模式，以培养学生的创新能力和综合素养。在实践教学方面，高校建设和引进了系列化虚拟仿真实验教学平台，为学生提供更加安全、便捷的实践环境，促进其实践能力的提升。吉林大学还制定了课外创新实践活动的学分制，建立了学生成长目标与培养手段的映射矩阵，以确保学生在课堂内外都能够获得全面的发展和培养。

学者邵桂芳、刘暾东、祝青园、高云龙针对现有新工科创新人才培养受单一导师学术制约与企业参与度低等问题，提出在产教融合引领下，建立"跨专业跨学科跨领域的交叉开放平台"与"政产学研用多方融合的新型创新实践平台"，实施全方位新工科创新人才质量工程，并以厦门大学自动化专业人才培养的探索实践为例进行了论述。

科技的飞速跃进与学科领域的日益细分，在催生专业深化的同时，亦引发了专业间界限分明的现象，这不可避免地限制了人才培养的范围，使其发展常局限在相对狭窄的学科框架之内。为了培养具备社会责任担当和实践能力的创新型人才，推动国家创新驱动战略的实施，突破学科壁垒，面向科学问题和行业需求，建立了新的人才培养模式。他们提到目前人才培养所面临的两个突出问题以及对策：

一方面，针对本科生创新教育环节中所凸显的单一指导教师制度及学术思维固化现象，提出了基于校企合作、跨学科、跨专业、跨院系、跨国界的多元化导师制度。该制度以科学问题、工程问题为导向，需要搭建复合导师培养体系，加强互动交流并融入国际元素，培养拥有尖端学术视角与国际竞争实力的青年学者群体。

另一方面，针对学生科研成果转化难的症结，设立了校企联动的技术创新合作平台。该平台紧密贴合产业与企业技术发展需求，实现了教育资源与产业实践的深度融合，化解了政产学研用多方面合作因缺乏统一协调平台而面临的困境。借助开放式合作共治的模式，平台促进了多方协同，推动了创新实践的有效落地，推动了技术成果的产业化与人才培养的深度结合。

他们认为要坚持全过程"产教融合"引领，依托多重导师制度（包括校企、校际以及本硕导师），遵循需求引领与应用导向的原则，渐进创建"政产学研用一体化"多交叉开放共享平台和多融合创新实践平台。如图 5-8 所示，基于培养学生社会责任担当和学以致用的原则，全方位提升创新人才的思想素养、科研能力及创新实践能力，推进创新型人才全面发展。

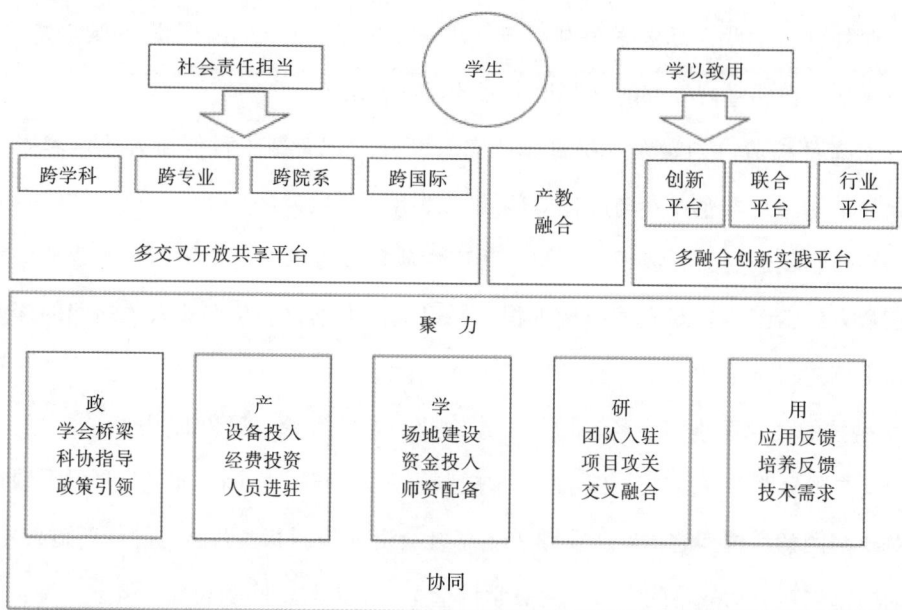

图5-8 产教融合引领下的新工科创新人才联合培养体系

将"产教融合"理念融入新工科教育体系之中，针对新工科人才培育的具体要求，从多元化视角出发，整合政、产、学、研、用五方面的资源，协同构建跨领域融合的创新平台，推行技术难题攻克、学术生态建设与思想品德引导的合力机制，确保在"产教融合"战略框架下，实现多方位创新人才培养的紧密协作。

第一，通过深度且广泛的产教融合实践，构建跨越教育阶段的联合培养体系，如硕士生带动本科生、高年级辅助低年级的一体化协同培养模式。通过学科竞赛和项目实操，塑造具备实践创新能力的技术人才；依托企业工程师、双师型师资力量，培养具有前瞻科技观念的高级人才；依据行业实际需求和技术导向，培育兼具实践技能与创新素养的复合型人才。

第二，构建由政府引领、科技组织指导、行业协会搭桥的产教融合新模式，政府通过政策指引、资金扶持及科技活动的多样化开展，为产教融合创造有利的外在条件，强化"科技是第一生产力"的社会共识。在此基础上，高校、企业、地方等共同投入资源，创建新型创新实践平台，以解决企业技术难题和科技突破为契机，增强学生的实践工程技能与科研创新意识，同时激发其服务社会的责任感。

坚持多层次、全方位的人才培养机制，为达成可持续发展与普及应用愿景，创建逐级递升的创新人才培养模式。围绕学习力、科研力与创新力，通过实践课程、学科竞赛及科研实践等途径，探索包括校企、校地、校级和学位互认的多种合作形式在内的多样灵活的人才培养模式。

在个体成长、综合素养及团队协作三个维度上，重视个体学习能力的全面提升。低年级学生通过校企平台的项目实践，聚焦实操技能提升；高年级学生则结合学术研究成果，强化沟通表达；并以任务为导向，持续提升分析思考能力和解决实际问题的能力。在团队建设上，采取梯队建设、职责明确和角色轮换的方式，组建高、低年级联动的项目团队，通过队长负责制及定期角色互换等方式，促进学生间的互动学习、协调与合作。

科研能力的培养可分三个阶段进行，即认知科研、实践科研、独立科研，本科阶段借由多级科创比赛及创新创业项目，启发科研思维，引导学生科研价值的认识；本硕阶段，通过校企协作与跨学科交融，培养工程实践与创新的综合能力；硕士博士阶段，则强调校际合作、国际交流，拓宽视野，培养跨文化能力，在科研活动中，人才培养的目的各不相同，项目、竞赛、任务各有偏重，分别锻炼系统解题、自主学习创新及应用创新能力。

创新能力的提升，可分为应用创新、理论创新与跨界创新三个方面，在不同项目中施以目标明确的培养。学生首先通过企业实践项目，参与应用开发，了解项目运行的基本规律；其次经由前沿探索与学术交流，提升自己和团队的理论水平；最后将理论应用于技术挑战，锤炼问题解决技巧。可选择横向项目（企业委托）、纵向项目（部委资助）及平台项目。

为了提升跨学科融合的学术研究能力，可借鉴嘉庚学院与厦门大学合作的研究生培养的双导师模式，进一步引入企业导师制度，建立创新平台。如图5-9所示，通过与博硕小组导师的合作，形成跨学科、跨校区、跨国界的导师团队，包括不同学科专业、知识层次和理论实践的导师，实现多元合作。

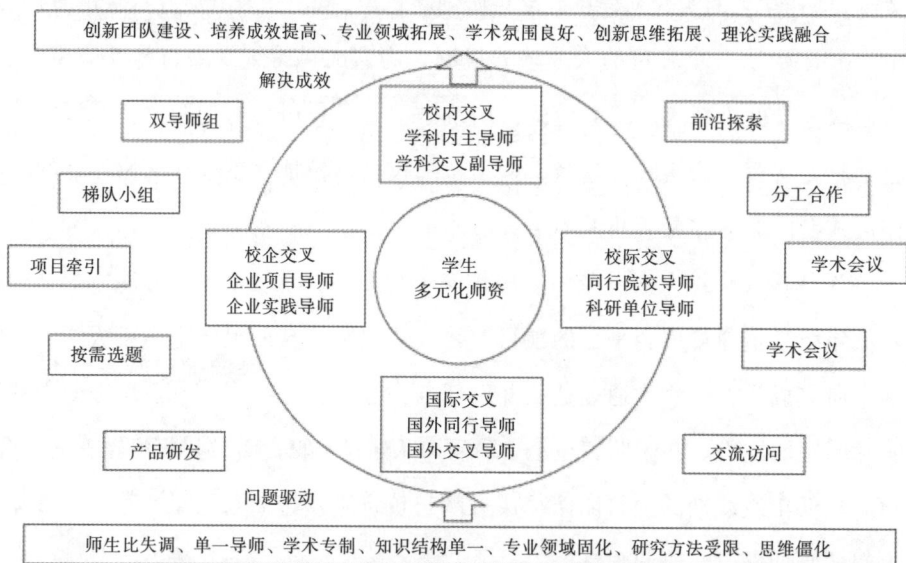

图5-9　多学科交叉融合学术研究能力联合培养示意

在实现多学科交叉融合的学术研究能力培养的方面，可以从以下四个方面着手：

一是校内交叉。倡导自发组建跨专业团队，构建以导师为核心的学科小组，依据学生的学术志趣促进学科交叉。通过导师与学生的充分沟通，协商成立具有明确目标和职责的学科梯队，克服传统导师团队可能存在的松散弊端。

二是校际交叉。遵循优势互补与联合研究的原则，学生可长期参与合作导师的团队学习，同时融合本校团队特色，共同探索跨学科问题解决方案。

三是校企交叉。以现实需求为导向，利用项目引领和产品开发手段，在校企合作框架内，融合理论学习与实践操作，以促进学生创新实践能力的提升。

四是国际交叉。结合"走出去"与"引进来"策略，通过邀请专家讲座、教师海外研修、研究生短期国际交流项目以及参与国际会议等途径，紧跟国际学术前沿，拓宽国际视野。

在增强服务行业和社会的创新能力培养环节，依赖政产学研用多方协同的多元平台，学生在这一过程中不断提升应用技术研发、工程逻辑思维、团队合作及协同创新能力。产教融合不仅促进了产业升级和复合型人才培养的实际成效，而且企业通过与学校的合作，在技术难题攻克、应用研发、前沿探索及产品创新等方面显著提升了竞争力，这一模式对促进区域经济发展和产业结构转型具有积极作用。总体而言，如图5-10所示，这种全周期、全方位的创新性人才培养模式实现了四方共赢。

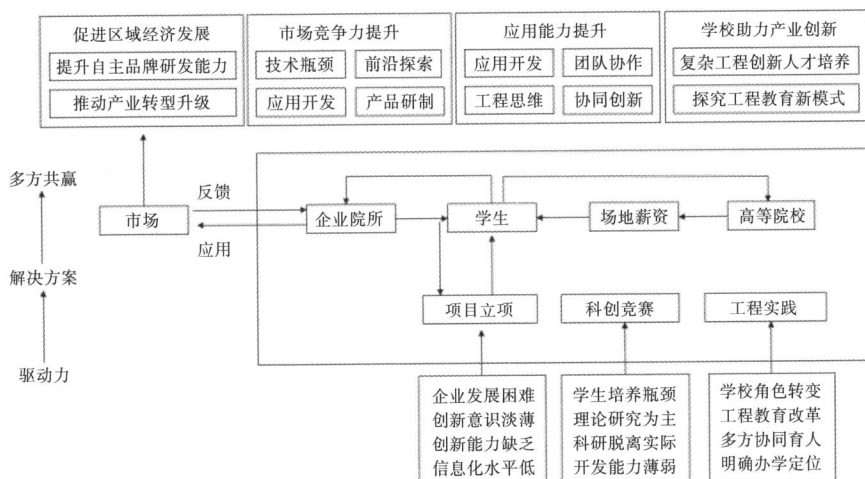

图5-10　多学科交叉融合学术研究能力培养示意

一方面，构建以行业技术创新为动力的校企协同创新平台。遵循互利互惠的基本原则，通过整合高校的资源优势与校企双方人员的共同入驻，加之资金的协同投入，采用项目化管理模式，旨在响应产业智慧需求并满足学生实践教育的现实需求。此平台在确保突破企业技术瓶颈的同时，也致力于提升学生的应用创新能力。

另一方面，建立政策导向下的多元融合支持平台。凭借资源共享与优势互补机制，创立以学科发展为导向的实验室平台，依靠政府财政支持与科研机构的紧密合作，借助学术团体、行业协会作为桥梁，在科技部门的引领下，促成跨学科行业协会的联合平台构建。通过政府、产业、学术、研究与教育的深度融合，共同营造一个利于培养学生的生态环境，旨在协同培养其技术应用能力、理论探索能力和创新创造能力。

南京工业大学在新工科人才培养方面推出了特色鲜明的"南工大模式"，该模式通过积极推动产学研协同育人和科教融合实现了深入完善。高校为全日制学生全面开放科研平台，加强科研与教学的互动，利用课题研究驱动高质量学习。与此同时，高校与地方政府携手合作，共同搭建产学研一体化平台，凭借"一园多区、协同创新"的模式，构建起一个立体式的科技成果转换体系。为了加速这一转化流程，学校将自身的"学科布局图谱"与"江苏省产业布局图"巧妙融合，实现学校科研成果与本土企业需求的精准对接，确保专家资源能直接服务于解决企业的实际难题。此外，学校还主动与地方政府及龙头骨干企业合作，联合创办国家大学科技园内的特色产业海外孵化器，旨在推动科技成果的有效转化，为产业升级转型注入强劲动力。

加强产学研一体化联动是推动新工科人才培养的另一关键策略。通过构建科研、教育与产业发展的整合模式，将前沿科学研究知识融入基础教育阶段，结合产业发展的现状，在科学研究中解决产业发展的实际难题。特别是在大型科研项目中，应鼓励包括"偏才"和"怪才"在内的多样人才类型，充分发挥他们的特长，打破传统的培养模式。

政府、科研机构、高校及行业企业需共同建立创新的人才培养模式，拓宽实践教学的场景，建设多元化和先进的师资队伍，确保教育内容的现代性、学习的实践性和科研活动的针对性，从而实现新工科教育的全面进步和产学研一体化的新发展。

在新工科专业产学研合作方面，林健认为，具有新产业特征的企业在业内处于引领地位，这有利于新工科建设的方向把握，而产业研究所对新产业的未来发展有着长期且深入的研究，具有大量的相关资料，因此由新工科专业相关新产业的代表性企业和新工科建设高校、产业研究所进行的合作具有代表性，并且其合作内容应具有前沿性，能够反映新产业的发展状况和未来发展趋势。其成果可以通过搭建高校合作与交流的全国性平台，加快新工科的建设和提高全国范围内的工科教育水准，创建全国性产学研合作联盟，这种联盟有利于在全国范围内建立产学研合作关系。教育部可以统筹协调建立各类院校和跨院校类型的新工科专业协助组。前者旨在为同类型高校在新工科建设过程中提供合作与交流的机会，有利于共同推动新工科专业教育的发展。同时，跨院校类型的新工科专业协作组也能够为不同类型院校间的专业建设提供支持与帮助，促进各类院校的教育资源共享，进一步推动新工科专业的发展和壮大。后者则为不同类型和层次的高校在新工科建设中，就专业人才培养等方面进行相互学习与借鉴。

林健还提出了层次更丰富、内容更具体、方位更明确的多方合作教育体系。由校内的跨学科专业合作教育，拓展到校外合作教育，再到政产学研教育以及国际合作教育。

在跨学科专业合作教育方面，其开展需关注五大核心领域：首先，精选合作对象，涵盖工程、自然科学、数学、人文及社会科学等多学科领域。其次，建立合作关系，通过团队和合作方式的创新，打破学科壁垒，建立多学科交叉的教育体系。再次，明确合作内容，包括课程建设、合作学习、教师队伍构建及复杂工程问题解决能力的培养。从次，实现教育资源共享，通过跨院系、跨学科的资源整合提高使用效率并确保其持续更新。最后，完善政策制度支持，确保跨学科教学活动的有效实施与成果转化，通过明确的任务要求、组织保障、资金支持和评估体系来激励和保障这一教育形式。

在政产学研合作教育方面，政府层面上，中央与地方政府通过政策影响产业发展，与高校合作存在双向影响：一方面，通过教育培养满足产业政策的工程人才，支持产业发展；另一方面，高校的新工科建设和人才培养可以指导政府的产业政策制定。企业层面上，企业在人才培养中发挥关键作用，提供实际需求导向、先进的生产技术、实践环境和企业文化，协同育人能有效结合企业资源，实现教学互补。另外，争取和科研机构的合作也具有必要性，科研院所在新技术研究和新产业发展方面具有先发优势，提供了技术支持和研究平台，对于新工科专业的建设和人才的培养至关重要。综合来看，政产学研协同育人旨在构建一个协同育人的新工科专业培养模式，通过政府、产业、学校及科教的融合，形成多利益主体参与的卓越工程科技人才培养体系，共同推进教育资源的优化配置和高质量人才的培养。这不仅提升了教育质量，也促进了产业的快速发展和创新。

第六章 高等教育新工科人才培养的
未来发展方向思考

第一节 制度机制与政策支持的优化

一、新质生产力的发展

习近平总书记在中共中央政治局第十一次集体学习中强调，"发展新质生产力是推动高质量发展的内在要求和重要着力点。"他指出，新质生产力已经在实践中形成并展示出对高质量发展的强劲推动力和支撑力。新质生产力象征着先进生产力未来的发展趋向，这是技术革新带来的突破性进展、生产要素的创新性重组以及产业结构深层次变革共同作用下的产物。其核心在于劳动者、劳动工具、劳动对象及其高级形式的优化集成的显著提升，蕴含着巨大的发展潜力，引领开创全新的社会生产纪元。结合《新质生产力的内涵特征和发展重点》一文中新质生产力的内涵，高等教育新工科人才培养的发展方向主要包括以下三方面内容：

①更高素质的劳动力被视为新质生产力的重要部分，同时也是关键性要素，因为人在生产力体系中扮演着最具决定性作用的角色。推动新质生产力的发展，关键在于培养能够催生新型生产方式的战略性人才。在此背景下，新工科教育模式应运而生，旨在培养不仅能够驾驭全球科技最前沿，而且能在根本性科学认知

及技术创新层面实现重大飞跃的杰出人才，同时也致力于输送在基础科研与核心技术攻关领域具有显著成就的领军人物。唯有精通新兴生产工具运用的实战型人才，才能在科技领域造福社会，在国际舞台上享有优势地位。新型生产力的兴起，要求我们着力于培育具有跨领域知识体系与熟练操控现代化生产工具的新一代工科人才，这涵盖了以卓越工程师及大国工匠为代表的工程技术精英与高技能劳动者。

②增强技术含量的劳动资料构成了新质生产力的动能基础。关注高技术含量劳动资料的发展对教育方向和课程设置具有重要意义。随着新一代信息技术、先进制造技术、新材料技术等的快速发展和融合，高校应积极调整专业结构和课程内容，确保教育内容与技术同步。具体而言，高校需要加强工业互联网、工业软件、智能制造等关键技术领域的课程建设，不仅教授相关的基础理论知识，更重视实际应用能力的培养。通过设立与产业密切相关的实验室、研究中心和创新平台，为师生提供与企业合作、参与实际项目的机会，使他们能够在学习过程中亲身体验和解决真实的工程问题。此外，重视跨学科技能的培养，如数据分析、系统设计、生态环境保护和可持续发展等，这些都是现代工程师必备的综合素质。通过这些教育改革和实践，能够有效培养出适应新质生产力发展需求的新工科人才，为推动社会生产力的全面进步提供人才支持。

③更广范围的劳动对象是新质生产力的物质基础。针对新质生产力的物质基础和劳动对象的不断扩展，高校需要积极适应这一变化。首先，教育方案应重视科技前沿领域的融入，比如深海、深空、深地探索技术和数据科学等，将这些领域的知识和技能纳入课程体系中，以培养学生对复杂自然环境和高技术环境的理解与操作能力。其次，教育机构应加强以数据作为新型生产要素的教学，强调数据处理、分析与应用的技能培养，使学生能够在数字化时代胜任数据驱动的决策和创新。最后，新工科教育还应注重跨学科学习的推广，通过实践教学和项目驱动的教学模式，鼓励学生在实际应用中解决跨领域问题，培养他们的综合能力，以适应未来生产力发展的需要。这些教育改革不仅可以应对现代技术的挑战，也

为青年科技人才的培养打下坚实的基础，促使他们成为能够领导和推动新质生产力发展的未来工程师和创新者。新质生产力与传统生产力之间展现出了显著的特征差异，形成了清晰的对比。新质生产力显著区别于传统生产力，其以创新为核心驱动力，超越了以往的经济增长模式与生产力演进轨迹，代表着一种集高新技术、高效率与高品质于一体的先进生产形态。

近年来，我国科技创新能力稳步提升，成为我国推动新质生产力发展的主要动力。科技创新从根本上重塑了生产力的基本构成要素，驱动了新兴业态与产业的兴起，不断促使生产力向更高层次与更尖端水平进化。新质生产力作为一种以重大科技突破为导向的生产模式，要求我们促进创新链、产业体系、资本流动及人力资源的紧密融合，加速将科研创新的成果转化为实际的生产力。我国在诸如载人航天工程、量子信息技术、核能技术、大型客机制造等多个领域已取得了一系列标志性的科技成果，正稳步迈入创新型国家的行列，就此奠定了加速培育新质生产力的坚实基础。

战略性新兴产业与前瞻性的未来产业作为核心载体，正在孕育高效率的生产力体系。近年来，中国战略性新兴产业呈现出蓬勃增长的态势，截至 2022 年，其对国内生产总值的贡献率已跨越 10% 大关。新能源汽车、锂电池制造、光伏产品等领域的发展显著增速，同时，数字经济等新兴版块亦已占据显著的竞争优势地位。这一系列成就有力验证了国家对未来产业布局的战略远见与规划的准确性和迫切性。因此，国家应加强教育战略部署，充分发挥创新型、综合性高校的优势，构建跨学科、跨领域的复合型人才培养体系。

以新供给与新需求高水平动态平衡为基础，实现高质量生产力。供求有效匹配是社会生产良性循环的重要标志。当前，我国大多数领域已解决"有没有"的问题，而"好不好"的问题更为凸显。一方面，新需求对供给升级提出更高要求，需求推动供给不断发展；另一方面，基于新质生产力的新供给可以提供更多高品质、高性能、高可靠性、高安全性、高环保性的产品和服务，这激发了国民对更好的满足和创造的需求，形成了供给创造需求的良性循环。新工科人才的建设是维持和推进这一循环的关键。

文中还提到了为发展新质生产力蓄势赋能，在新质生产力的发展过程中，正确处理一系列关键关系至关重要。首先，需构建适配新质生产力演进的生产关系体系，这意味着市场在资源配置中的决定性功能需得到更高效的施展，并需优化政府职能，迅速构建促进新质生产力提速的制度与机制框架。其次，应重视新质生产力各构成要素间的协同作用，重视科技创新在其中的引领地位，全面培养新型劳动力，开发先进生产工具，并开拓新的劳动对象领域，以求得这些要素间的高效协同与整合。再次，平衡好自主创新发展与对外开放创新的关系至关重要，应追求二者的同步发展路径，利用全球创新资源，在开放的环境下增强自主创新能力，构建一个具备全球竞争力的开放创新生态体系。最后，必须协同推进新质生产力与既有生产力的协同发展，确保科技创新成果能迅速应用于各产业领域和产业链，这不仅包含新兴行业的培育与扩容，也涉及传统产业的改造与升级，旨在构建一个完备、先进且稳固的现代化产业架构。这些策略将为新质生产力的发展提供强大的支撑，加速经济结构的优化和升级。

新经济形态催生了新型劳动者。为应对新质生产力的发展要求，关键任务是培养新型劳动者队伍。这就需要推动教育、科技和人才的高度融合。教育的优先发展战略应聚焦于拔尖创新人才的培育，涵盖战略层面的科学家与顶级科技领军人物，同时，也要致力于构建一支具备国际竞争力的青年科技人才。此外，还需构建既能体现中国特色又能比肩国际一流水准的工程师教育体系，促进高等学府与企业深度合作，联手培养兼具高技能与综合能力的工科人才。开放性和高效的人才政策措施同样不可或缺，应考虑建立接轨国际规范的全球引才机制，加大国家科技项目对海外资源的开放程度，激励外资公司及外籍科技专家参与和承担中国的科研项目。这些政策为全球人才提供了一个充分发挥能力和创造力的工作和创业平台，要积极响应新质生产力的发展需求，促进国内外人才的融合与创新合作，推动技术创新和产业升级，为新质生产力的培养和发展注入源源不断的动力和活力。

提升新质生产力的本质在于创新并优化高技术密集型劳动资料的配置。实施创新驱动的发展战略，以自主创新为核心，推动劳动资料技术的更新换代。国家承担起科技创新的组织者角色，依据国家战略导向，统筹科技资源，集中攻克原创性、前沿性的科技难题，产出能够引领新质生产力前进的科技成就。同时，企业作为新型生产工具研发与应用的中坚力量，需强化创新要素的融合及科研成果的市场化转化。构建企业龙头主导、高校及科研机构为支撑的创新联盟，促进创新主体协同，加速科研成果的实践应用，转化为新质生产力。此外，加速数字经济与实体经济的深度整合，推进产业数字化转型，集合人工智能、大数据、物联网、工业互联网等关键技术，广泛推广数字化、网络化、智能化的生产工具，加速数字化车间和智能工厂的建设，全面提高新质生产力的效能与效率。上述举措将保障新质生产力的持续发展与竞争力的增强。

巩固和提升新质生产力的关键在于扩大劳动对象的范围，特别是要以战略性新兴产业和未来产业为重心，不断开拓新的生产领域和市场前沿。应致力于深化国家战略性新兴产业集群的扩展，促进产业融合与集群效应的增强，特别是在新一代信息技术、人工智能技术、生物科技、新能源、新材料、高端装备制造、环保技术等领域，增强其发展动能，确保我国在全球价值链中的科技与产业领先地位。在国家层面上，需全面规划未来的产业发展蓝图，特别是在脑科学智能、量子信息科技、基因编辑技术、未来网络通信、深海与太空探索等前沿科技与产业变革的关键领域。推行未来产业培育与加速战略，广泛探索这些前沿技术领域的颠覆性突破，并促进跨学科的深度融合，积极筹备与提高生产力，确保我国在全球科技革命和产业变革中占据先发优势。这些措施不仅为新质生产力提供了充足的物质条件，也为国家的长远发展奠定了坚实的技术和产业基础。这样的发展策略不仅有助于激发经济新活力，也有力提升了国家的战略竞争力。

提高新质生产力水平的关键在于实现生产要素的高效协同匹配和创新。为了适应新质生产力的发展，必须对产业组织和形态进行根本性改革，优化生产要素组合，从而提高全要素生产率。通过打造产业链的龙头企业和具有产业链控制力的生态主导型企业，加强大中小企业的融合发展，能够有效推动生产力的集聚和协同增效。在推动生产组织方式转型方面，强调平台化、网络化和生态化的重要性，通过构建一个开放、协同、共享的产业生态圈，实现资源的最优配置和高效利用。这不仅加快了全产业链、供应链的价值协同和共创，也促进了新业态的发展，如智能制造、数字贸易等，从而提升了产业的整体竞争力和创造能力。同时，在促进传统业态与数字业态跨界融合的过程中，数据作为"融合剂"发挥着积极的作用。这一融合不仅推动了新技术的应用和新模式的探索，还创新出了新的业务链和活动形态。通过跨界融合，可以更好地满足市场的精准供给需求，激发消费潜力，推动经济结构的优化升级。这种跨界融合为新质生产力的持续发展提供了强劲的动力和支撑。

二、新质生产力与新工科的关系

新质生产力是指通过技术创新、产业升级和人才培养等手段，形成的具有重要经济价值和社会影响力的生产力形态。它以信息技术和智能制造为代表，是推动经济结构转型和产业进步的关键力量。新工科建设则是高等教育领域响应新质生产力需求、适应经济社会发展趋势的重要举措，两者之间存在着内在的联系和相互促进的关系。

（一）新工科建设是培养新质生产力所需人才的基础

新工科建设是高等教育对现代工业社会需求的直接响应。随着科技的飞速发展和产业的转型升级，新质生产力持续侧重于人工智能、大数据、云计算等领域的应用与创新。这些领域的快速发展不仅重塑了传统行业的生产方式和业务流程，也极大地提高了对相关技术人才的需求。因此，新工科的教育模式和课程设置必须跟上时代的步伐，以满足新经济形态下的人才需求。

首先，新工科教育强调跨学科知识的融合与创新能力的培养。在传统的工科教育模式中，学生往往只能接触到有限的专业知识，而新工科教育则通过整合计算机科学、工程技术、数学建模等多学科内容，为学生提供了一个更为广阔的学习平台。这种教育模式不仅提升了学生解决复杂工程问题的能力，也培养了其系统思考和创新设计能力。

其次，新工科教育通过与行业的紧密合作，使学生有机会直接参与到真实的工程项目中。例如，许多高校与企业合作，共同开展教育项目和研发活动，使学生在学习过程中就能接触到行业前沿的技术和工具，从而提前适应未来的工作环境。这种"工学结合"的模式不仅提高了教育的实用性，也让学生的创新能力和实践能力得到实质性的提升。

最后，新工科教育注重软实力的培养，如团队合作、项目管理、沟通协调等人文素养的提升也被纳入课程之中。这些技能对于未来工程师在多元化和国际化的环境中工作尤为重要。通过实际的项目实施和团队协作，学生能够在实践中学习如何有效地解决问题和管理项目，直接提升了他们的职业竞争力。

因此，新工科建设不仅是适应新质生产力需求的必然选择，也是高等工科教育自身发展的必然趋势。通过持续的教育改革和课程创新，新工科能够为社会培养出更多具备高素质、高技能、多能型的工程技术人才，有效支持和推动新质生产力的进一步发展。同时，新质生产力的发展为新工科建设提供了技术和教育资源。随着智能化技术和信息技术的广泛应用，新工科教育可以利用这些技术进行教学内容和方法的革新。例如，通过虚拟现实（VR）和增强现实（AR）技术，教育者可以构建更为直观和互动的教学环境，使学生能够在模拟的工程场景中进行学习和操作，大大提升教育的效果和趣味性。此外，互联网平台和在线教育资源的丰富，使得教育资源的共享成为可能，这极大地扩展了学生的学习范围和深度，加速了教育模式的创新。

（二）新质生产力的发展为新工科建设提供了技术和教育资源

随着智能化技术和信息技术的广泛应用，新工科教育进入了技术与教育融合的新时代。这些技术的应用为教学内容和方法的革新提供了全新的可能性和途径。

虚拟现实（VR）和增强现实（AR）技术为新工科教育带来了革命性的改变。通过这些技术，教育者可以构建模拟的工程场景，将学生置身于实际的工程环境中。学生可以通过虚拟现实设备亲身体验不同的工程操作和场景，从而加深对理论知识的理解和实践技能的掌握。例如，在建筑工程领域，学生可以通过虚拟现实技术参与建筑设计和施工过程，从而提高设计能力和增长实践技能。

互联网平台和丰富的在线教育资源为新工科教育带来了更加便捷和灵活的学习方式。学生可以通过在线平台获取丰富的教学资源，包括视频课程、网络课件、实验模拟等。这些资源不受时间和空间的限制，学生可以随时随地进行学习，自主选择学习内容和学习进度。同时，教育者也可以通过在线平台进行教学内容的发布和管理，实现教学过程的个性化和定制化。

人工智能技术的应用为新工科教育带来更智能化、个性化的学习体验。通过人工智能算法分析学生的学习数据和行为模式，教师可以为学生提供个性化的学习推荐和反馈。同时，利用人工智能还能实现智能辅助教学，比如智能题库系统、智能作业批改系统等，以减轻教师的教学压力，提高教学效率。

总之，智能化技术和信息技术的广泛应用为新工科教育注入了新的活力和动力。教育者应充分利用这些技术，不断革新教学内容和方法，提高教育质量和效果，以适应时代发展的需求，为新质生产力的发展提供强有力的技术支撑和教育支持。

（三）新质生产力的发展对新工科建设提出了更高要求

在当今经济全球化和技术快速演进的背景下，新工科建设对于国家的科技创新和产业竞争力具有决定性的意义。因此，适应和推动新质生产力的发展，已经成为高等工科教育的核心任务。新质生产力的发展依赖于技术的创新和跨学科的综合能力，这也是新工科建设必须着重考虑的方面。

新工科建设需要紧跟国际教育的发展趋势，通过不断优化课程设置和教学方法来提升教育质量。这不仅要求教育者及时更新教学理念，而且需要他们持续关注全球科技前沿和产业发展的最新动态。随着人工智能、可持续能源、生物工程等领域的迅速发展，教师应将这些领域的最新研究成果和工业应用融入课程内容，使教育内容与国际标准保持同步，满足全球工业界的需求。

跨学科的教学模式是新工科建设的另一重要方向。现代工程问题往往不再局限于单一学科，而是涉及多学科的综合知识和技能。新工科教育应通过设置跨学科课程，如综合工程、物理、计算机科学及经济管理等，来培养学生的系统思维和创新能力。通过项目式学习、案例研究和企业实习等教学活动，学生可以在解决实际工程问题的过程中，应用和综合各学科知识，提升解决复杂问题的能力。

新工科建设亟须强化与产业界的紧密合作。通过与企业的合作，高校可以直接对接行业需求，这样既能为学生提供丰富的实习和就业机会，也能确保教学内容的实用性和前瞻性。定期邀请行业内的专家进行专题讲座，学生可以直接从实践者那里学习到最新的行业知识和技术。此外，通过参与企业的研发项目和实习，学生能够在真实的工作环境中应用学到的知识，这不仅提高了他们的工程技能，也锻炼了他们解决问题的能力。同时，高校应与企业共建研发中心和实验室，这样的合作模式不仅能提供实验设施和资金支持，还能保证教学与行业发展保持同步，从而更好地为学生未来的职业生涯铺路。该教育模式不仅提升了教育质量，也促进了学生能力的全面发展，为培养能够领导未来产业发展的高级工程技术人才奠定了坚实的基础。

综上所述，新工科建设与新质生产力之间存在密切的关系，相互推动，共同进步。在全球化的经济环境和激烈的国际竞争中，新质生产力的持续发展对高等工科教育提出了更高的要求，新工科建设应作为响应这些需求的教育革新活动而持续推进。这种教育革新不仅是对传统工科教育内容和方法的改进，更是一种全面的教育理念和体系的更新，目的在于培养能够适应并推动新质生产力发展的复合型、创新型人才。新工科建设不仅响应了新质生产力的人才需求，也推动了工科教育的深刻变革。这种教育革新使得学生在毕业时就已具备了进入新质生产力领域所需的各项关键技能，为社会培养了一批能够适应并引领未来产业发展的优秀工程技术人才，从而为国家的科技创新和产业竞争力提供坚实的支持和保障。

三、制度机制的建立

2010 年 6 月 30 日，为了贯彻落实国家一系列战略部署及教育改革发展规划纲要，教育部在天津大学召开"卓越工程师教育培养计划"启动会，截至目前，共覆盖了全国 30 个省市的 208 所高校的 1257 个本科专业点的 20 余万本科生和 514 个研究生专业点的近 4 万研究生。卓越计划实施以来，取得了重大成就，部分高校毕业生就业率达 100%，学生的实践能力、创新能力和综合素质得到显著提高，这是我国对工科教育进行部署的制度机制之一，有效地推动了我国工科教育的改革。

高校之间存在服务面向、办学定位、高校类型、办学层次等诸多方面的差异，要制定新工科人才培养建设的制度机制，首先国家应当统筹、厘定各个不同层次高校的定位和任务，学者林健根据新工科建设和人才培养的需要，提出可以分为如下四类：工科高校、综合性高校、行业性高校和一般地方高校，就办学层次、师资和设备、地方经济、产教结合程度等差异化的优势分析，建立新的高校分工制度机制。

①工科高校优势在于办学历史长、工科优势明显、工科门类齐全、产业联系紧密，其应在新工科建设和改革中起示范和引领作用。因此，工科高校的人才培养任务：一是聚焦前沿科技和高技术领域，尤其致力于在新材料、新能源、生物技术、信息技术和智能制造等领域发挥领头羊作用，利用自身特性，优化专业结构，推动相关学科的交叉融合和创新。结合人工智能、信息技术、大数据、经济管理等方式，推动新的工程学科的建设。二是增强研发和创新能力，加强与企业和研究机构的合作，建立联合研发中心，促进知识的转化应用，加快科研成果的产业化进程。

②综合性高校优势在于办学历史长，文、理、医、商等学科综合优势明显。这其中包含一些"双一流"高校。这类高校应当聚焦与国家发展战略密切相关、处于前沿领域的国际新产业和未来技术的发展和趋势。因此，综合性高校的人才培养任务：一是强化学科综合优势，利用综合性高校的多学科优势，推动工科与

文科、理科、医科和商科的深度融合，培养具备宽知识面和高创新能力的复合型人才。二是响应国家发展战略，将教育内容与国家发展战略紧密结合，特别是在人工智能、可持续发展和绿色能源等战略性新兴产业中培养专门人才。三是加强创新和创业教育，建立创新创业教育体系，鼓励学生参与创新项目和创业活动，提高学生的实际操作能力和市场适应能力。

③行业性高校主要聚焦于农林、水利、地矿、交通、电子等某些行业领域，在学科领域中专业设置齐全，与产业联系密切。因此，行业性高校的人才培养任务：一是加强行业联系，深化与行业的合作，尤其是与高校学科相关的行业，如农林、电子、交通等，通过合作项目、实习实训基地等方式加强学生的实践技能。二是优化专业设置，调整和优化过于细分或落后的学科专业，强化高校的特色和优势，提高教育的针对性和效果。三是服务地方经济，紧密结合地方经济发展需求，定向培养适应地方产业升级的技术和管理人才，推动地方经济和产业持续健康发展。

④一般地方高校指办学历史不长、主要以工科为主的多科性院校，大多隶属地方省级政府、地级市政府，与地方企业联系较为紧密，注重为本地的企业输送具有专业知识和技能的人才。因此，一般地方高校的人才培养任务：一是满足地方行业需求，根据地方主导产业和特色产业的人才需求定制课程和专业，强化与地方企业的联系，提升学生的实际工作能力。二是加强应用技能培训，重视技能型教育，通过设置应用技术型课程和实践操作强化课程来提高学生的职业技能。三是推动社区服务与地方服务。利用高校资源服务社区和地方，如通过社会实践、志愿服务等活动加强学生的社会责任感，提升实践能力。

结合以上不同办学层次学校的定位和人才培养任务，天津大学刘坤分别从宏观、中观、微观层面上提出了新工科教育发展建设的新体系。

在宏观层面上，树立新工科教育分类发展的治理格局。实质上，新工科建设高校呈现出错位发展、特色发展和合作发展的特点，这是在顺应国家重大战略部署及区域经济社会发展实际需求的前提下做出的理智抉择。各类高校依据其行业特性、办学根基、定位及独特优势，积极探求符合自身特色的新工科教育路径，同时，为高等教育结构的分化与重组提供了导向。在政策层面，教育部已颁发多份文件，明确指示并鼓励各类型高校，无论是工科优势显著的、综合性质的，还是地方性的，均需明确自身定位，聚焦于新工科研究与实践的推进。

在中观层面，新工科教育的推进策略强调差异化与梯度化实施。某种程度上，新工科教育是对现行教育体系的一场革新，涉及师资队伍、课程体系、学科专业架构、学生学习模式及多维度质量评价保障等环节。遵照教育教学的基本法则，新工科教育应探索出具有适应性、延展性和可持续迭代创新性的差异化及梯度推进模式。本质上，新工科教育应构建一个综合的工程人才培养系统，即跨学科、多领域协同的方案，各组成部分间保持灵活联接。这样的教育方案，既适用于研究型大学，也适合应用型学院；既能全面执行，也可局部实施。各高校可依据自身特色制订新工科教育方案，以差异化和梯度化策略推进新工科教育。举例而言，天津大学作为"卓越工程师教育计划"的先驱者与新工科战略策源地，首发了"新工科建设天大方案–CCII"，采用全面推动与重点突破并行的原则，建立了"未来智能机械与系统平台"等校级引领性平台，开设了新工科化工领航班、新工科腾讯实验班、新工科 ID（Innovative Design & Business Excellence）卓越班等新工科教育试点项目。校内搭建了校级与院级新工科人才培养平台，同步推进新工科专业布局与传统工科专业的改造升级。

在微观层面，强化新工科人才培养的分层分类发展。工程教育的分类培养旨在培养不同类别与层次的工程创新人才，以满足经济社会发展和工程实践对多样化人才的需求。不论何种新工科教育模式，都应紧扣"应对未来变化、引领趋势"的核心思想，主动在前瞻性领域布局人才培育，并以新工科理念重构人才培养模式，强调校企深度合作，促进教育链、产业链与创新链的有机融合。具体而言，新工科教育人才培养可细分为三个梯度：基础层次、标准层次与卓越层次。首先，基础层次立足于《普通高等学校本科专业教学质量国家标准》（不仅限于工学的 31 个专业大类），确立人才培养的基本标准，规范目标设定、课程设置、实习实践等环节。其次，标准层次反映在加入《华盛顿协议》后，我国工程教育质量与国际实质等效。推动工程类专业认证，进一步强化培养目标的实现度对培养过程的支持强度，全面提升专业办学层次。最后，卓越层次体现在"四新"建设中，新工科教育扮演着示范引领的角色。启动国家级一流本科专业点的评选，工程类专业建设占据核心位置。这些国家级一流本科专业点的标准超越国家标准、对接国际标准，旨在加速推动我国工程教育进入国际前沿，助力我国成为工程教育强国。

刘坤根据新工科的新体系，如图 6-1 所示，提出了新工科教育治理价值结构"五位一体"理论模式，以期给新工科的制度机制设定提供参考依据。他提出，新理念构成了新工科教育治理的逻辑基点；新结构体现了新工科教育治理的实质内涵与实践基础；新模式展现了新工科教育治理的创新精髓；新体系成为了新工科教育治理的方法论核心；新质量定义了新工科教育治理的标尺与理想目标。新工科教育治理的"五位一体"体系各部分间呈现出一种紧密耦合、有序的互动关系，相互促进。

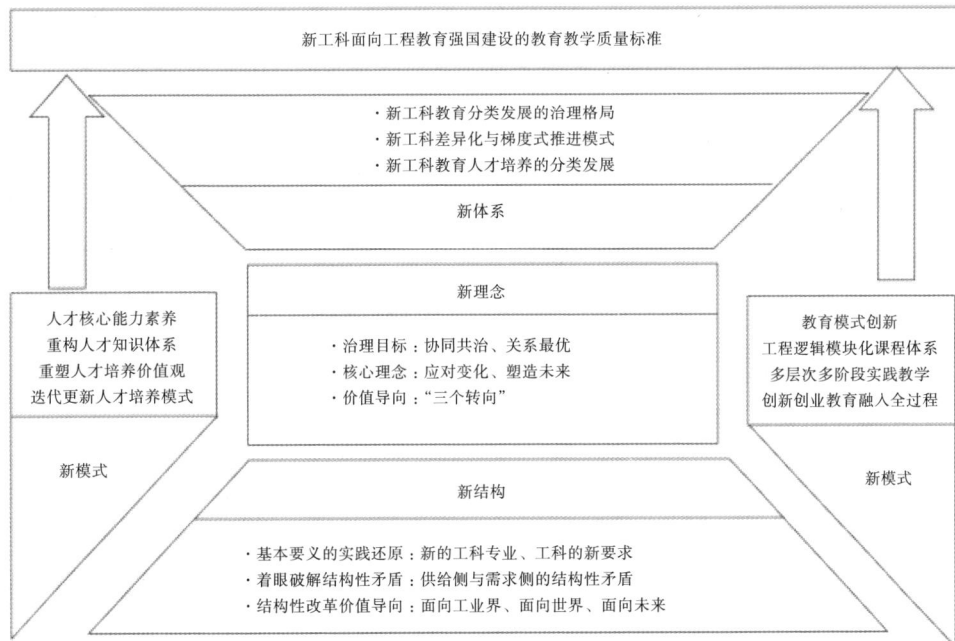

图6-1　新工科教育治理价值结构"五位一体"理论模式

从新工科建设的时间发展角度来看，新工科的人才培养应服务于我国的生产力发展水平，厘清新质生产力的发展特点，为新工科人才培养指出方向。钟登华院士指出，新工科建设的推进路径应聚焦于国家"两个一百年"战略愿景，紧密贴合"天大行动"的总体导向，从而制定了"三大阶段、三项任务与三项突破"的具体实施策略，如表 6-1 所示。

表6-1　新工科建设推进路径

新工科建设			
建设目标	培养多元化、创新型卓越工程人才，为未来提供智力和人才支撑		
建设阶段	到 2020 年，探索新工科模式，支撑新技术、新产业、新经济的发展； 到 2030 年，形成中国特色的新工科发展优势，服务创新驱动发展能力显著增强； 到 2050 年，形成引领全球新工科的中国模式，为实现"中国梦"提供支撑		
关键任务	学与教 重构人才知识体系 重塑人才培养质量观 创新教学方式与技术	实践与创新创业 强化实践创新能力 完善创新创业人才培养模式 加强技术转移与成果转化	本土化与国家化 中国声音 家国情怀 全球视野
重点突破	推动协同育人 工程教育法	人才培养与国家需求相适应 扩大办学自主权	让工程教育回归工程 改革评价体系

新工科建设三个阶段目标分别是：截至 2020 年，研究与发展新工科模式，为新技术、新兴产业及新经济领域提供有力支撑。截至 2030 年，构建具有中国特色的新工科发展模式，显著提升创新驱动发展的效能。截至 2050 年，确立中国在全球新工科领域的引领地位，为全面建设小康社会与中华民族伟大复兴的中国梦贡献力量。

关键任务有三个方面：学与教，重构知识体系成为核心任务，需要围绕产业链和创新链进行学科布局和专业设置的前瞻性布局与动态调整。这包括建设新兴学科专业集群以服务现代产业需求，加快传统学科的改造，并且强化课程改革，重视前沿知识与学科交叉的知识体系构建。需要特别强调的是，课程体系建设不仅要涵盖专业核心知识，还要包括实践创新性课程和工程教育通识课程，以培养学生的全面能力和核心素养。同时，新工科建设需重新审视并提升人才培养质量的理念，迅速构建并优化适应新工科全周期发展的学业衡量标准与核心能力框架。这包括构建一个学生导向的质量改进体系，该体系可以吸纳学生、教职工、毕业生等多方参与，形成从学习目标设定到培养方案设计、课程大纲规划、课程质量评估、改进策略实施至学习目标反馈的闭环优化流程。教学模式的创新尤为重要，"地平线报告"预测了未来五年高等教育技术应用的主流趋势与核心挑战，如表6-2所示，强调了教学与技术融合的重要性，即通过运用在线平台、增强现实、虚拟现实、人工智能等现代信息技术，推动探究式、交互式、讨论式和混合式教学模式，这些先进技术与教学策略将极大地提升教学成效与学生学习体验。

表6-2　"地平线报告"中国高教版和全球高教版比较

		中国版	全球版
主要技术	一年以内	翻转课堂、移动学习、创客空间、大规模开放在线课程	自适应学习技术、移动学习
	二至三年	学习分析及适应性学习、增强现实及虚拟现实技术、虚拟和远程实验室、量化自我	物联网、下一代学习管理系统
	四至五年	情感计算、立体显示和全息显示、机器人技术、机器学习	人工智能、自然用户界面
关键趋势	短期趋势	更多应用混合式学习设计开放教育资源快速增加、STEAM学习的兴起	混合学习设计、协作学习方法
	中期趋势	重设学习空间、跨机构协同日益增加、反思高校运作模式	持续关注测量学习、重设学习环境
	长期趋势	编码素养的兴起、推进变革和创新文化、转向深度学习方法	推进创新文化、深度学习方法
重大挑战	有难度的挑战	个性化学习、教育大数据的管理问题、推广教学创新	成就差异、数字挑战
	可应对的挑战	将技术融入师资、整合正式与非正式学习、提升数字素养	提升数字素养，整合正式和非正式学习
	严峻的挑战	培养复合思维能力、平衡互联生活和非互联生活、重塑教师角色	管理知识过时、重新思考教师角色

实践与创新创业是关键任务的第二个重要方面，也是新工科建设的关键领

域，它涉及扩展实践教育平台的搭建，加强教学实验、科学研究与实习实训的深度与广度，运用创新技术如创客教育、3D 打印等新技术改进工程实践场景，将实际工作场景融入工程教育之中。高校需强化教师的实践与创新创业教育能力培训，确保教育质量与时俱进。

此外，优化创新创业人才培养模式尤为关键。建立一个包含思想政治教育、跨学科融合、产学研合作在内的创新创业指导与服务的全员、全过程、全方位的人才培养体系，打破常规工程教育框架，强化工程教育的系统性，以适应未来社会需求。同时，加强科教协同与产教融合，聚焦突破新兴产业关键技术，完善技术转移与成果转化机制，确保科技创新迅速转变为经济动能，促进社会经济的全面进步。

关键任务的第三个方面是必须兼顾本土化和国际化的双重要求。首先，新工科需要扎根中国特色，响应习近平总书记关于办好中国世界一流大学的指示，即在坚持中国特色社会主义教育发展道路的基础上，服务国家重大战略需求。新工科教育要与国家的历史、国情和文化深度融合，通过深化教育体制机制改革，确保教育成果既服务于人民也助力国家治理，体现出鲜明的中国特色。

同时，新工科建设应采用国际化视角，主动融入全球教育标准，依托共建"一带一路"倡议等强化国际合作与交流，整合全球优质工程教育资源。这涵盖了国际学术、人才的交流及科技合作，旨在提升我国工程教育的国际竞争力和影响力。通过这一双向开放策略，新工科教育不仅能够培育具有家国情怀的工程技术人才，也能培养拥有国际视野和竞争力的复合型人才。

新工科建设的关键突破口具体体现在三个方面：首先，推进工程教育法制化进程，促进协同育人，从法律层面强化大学生创新创业的公共服务体系建构和制度保障。其次，扩大办学自主权，激发工程教育新活力，教育部在《关于深化高等教育领域放管服改革若干意见》中强调解除制约工程教育改革的制度枷锁，赋予工程教育发展新动能。最后，改革教育评价机制，使工程教育回归本真，评价焦点应从传统论文数量和引用转向实效性指标，如人才培养成果、对社会经济发展的贡献及对国家创新力和产业技术进步的实际助益。此评价体系改革意在确保工程教育紧密贴合实际，更好地服务于国家大局，培养能应对未来挑战的创新工程人才，为"中国梦"的实现和全球性变化提供人才与智力支持。

天津大学刘坤在研究中提出了中国情境下新工科教育治理的"政府引导—科教自主—产业驱动"模式，并概括为"三五四二"框架，即"三主体构成、五价值维度、四特征结构、二适应互动"框架。在主体架构上，新工科教育的治理体系由政府、高校（含教师、学生、课程等载体）及社会力量（企业、非政府组织）三方面组成，形成了稳固的三角结构体系。

在新工科教育中，政府的主要角色定位是，研究确定新工科教育的根本方向和目标、制定宏观政策、提供必要的资源保障等。简言之，政府应作为新工科教育的"领航者"，而非"划船者"，角色定位应清晰。政府应为新工科教育提供宏观指导方针，构建一套被广泛认可的治理规则体系，这一体系既可是正式制度，也可为非正式行业规范，如图6-2所示。

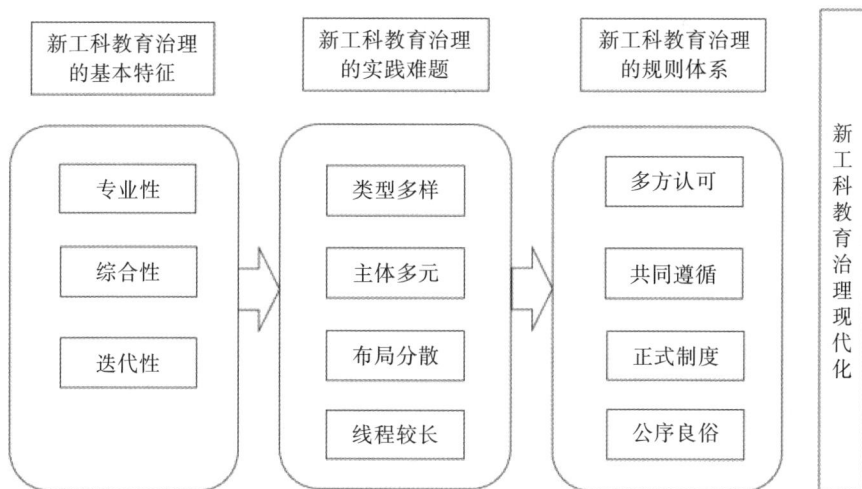

图6-2　新工科教育治理的基本特征、实践难题及其规则体系构建

在高校层面，不同层级的学校承载着不同的角色与行为规范，如图6-3所示。

针对工科优势显著的院校，核心在于推动工程科技创新与产业革新，其教育根基深厚、师资队伍强大、科研能力强，与业界联系紧密，应积极布局与战略新兴产业关联的新工科专业，同时以新工科理念更新传统工科专业。至于综合型大学，重点则在于引领新技术的推进与产业拓展，利用多学科的多样性优势，促进跨学科间的有机融合与协同发展。而对于地方性高校，则更需侧重于支撑地方经济与产业的升级转型，依据地方实际需求，精准培育应用型人才。

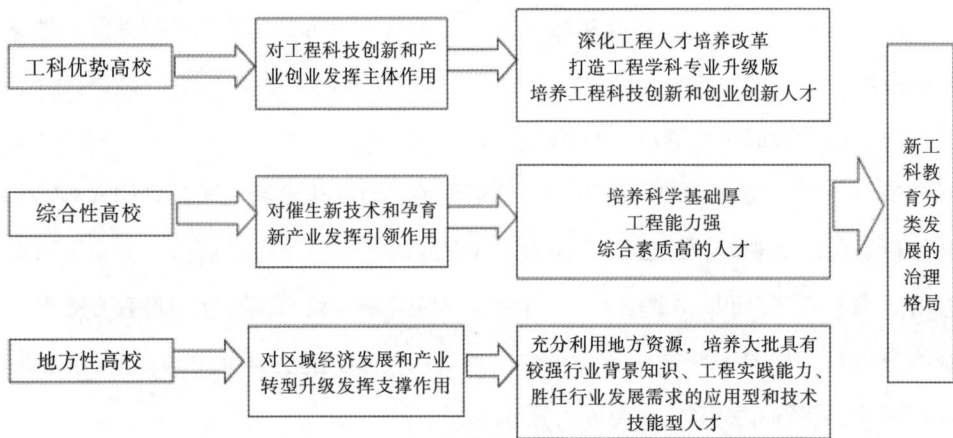

图6-3　不同类型层次高校在新工科教育治理中的角色规范

社会力量在新工科教育的治理进程中同样发挥着关键作用，其有效参与构成了新工科教育治理的必要组成部分。除了政府与高校，还应涵盖行业企业、科研院所、民间组织等外部实体的积极参与，共同推动新工科教育的实施与优化，产教深度融合协作是社会力量在新工科教育治理中有效参与的核心表现。党的二十大报告提出，加强企业主导的产学研深度融合，强化目标导向，提高科技成果转化和产业化水平。国务院办公厅的《关于深化产教融合的若干意见》文件，着重提出教育链、人才链与创新链和产业链的有效链接。教育部办公室发布的《教育部产学合作协同育人项目管理办法》，旨在深化产学合作，推进协同育人模式的实施。

社会力量需以产业需求为核心指引，明确新工科教育的治理策略导向。当前，受经济社会发展状况及教育体制、机制等因素的综合影响，工程人才培养的供给侧与产业发展的需求侧在结构、质量层面尚有不完全契合的情况，甚至存在一定程度的错位现象。因此，如表6-3所示，产学融合双方务必明确各自在供需侧的具体要求。

表6-3　新工科教育治理中产学合作供需两侧双向需求分析

供给侧		需求侧	
序号	主要需求	序号	主要需求
1	获得项目制教学的真实环境	1	获得新工具及专利权收益
2	获得科研资助资金	2	获得技术创新能力收益
3	获得孵化企业或衍生企业收益	3	获得研发风险降低收益
4	获得市场信息及名誉收益	4	获得声誉及招聘员工收益
5	获得稳定的实践教学基地	5	获得学术培训收益
6	获得技术转让及专利收益	6	获得学术网络和公共资金收益

从表6-3来看，供给侧和需求侧的主要需求具有先后、并行等关系，这一方面是由需求错位带来的；另一方面是由产学合作缺乏深度和共识引起的，例如，企业应当为新工科人才教育提供项目环境和资助，院校则以技术的研发来支持企业的发展，双方在主要需求上达成合作共识，才能形成双赢的局面，据此，我们认为深度的产学合作是解决工程人才培养供需双方不匹配问题的有效途径。通过观察发达国家的惯例，我们能发现欧美等国通常运用法律法规和财政税收政策等多种途径，鼓励企业积极参与产学合作，由此，企业与院校逐渐形成了多种合作模式，一般而言，两者在产学上的合作深度主要由双方的契约签订、权责占比、合作项目和人员交流来达到加强和深化。具体如表6-4所示。

表6-4　产学合作的主要模式

序号	模式	合作内容及特点
1	技术咨询模式	合作双方关系稳固牢靠，契约关系可以降低发生纠纷概率，合作灵活，对资源利用效率高。
2	技术转让模式	在短时间内提升高校成果转换率，校企权责分明，政府税收优惠力度大。
3	委托开发模式	委托方可以获得具有一定市场价值的科研成果，而受委托方获得科研经费，有利于相关课题深入研究。

序号	模式	合作内容及特点
4	联合开发模式	利用产学双方优势，汲取项目经验、培养人才，推动双方研发能力提升，消除双方信息不对称，使研究成果更富经济性。
5	共建实体模式	促进高校科研向市场靠近，缩短成果商业化周期，企业能够降低研发成本，提升竞争力，且关系深度耦合，不易破裂。
6	联合培养模式	通过人员流动，增进双方交流和了解，提升企业研究者理论知识和高科技人才的实践性。

有学者从政策目的、行动框架及执行手段等多个维度，选取美国、德国和加拿大作为代表案例，深入剖析了三国在促进产学合作领域的政策措施。通过对比分析发现，这三国的政策实践均高度重视学生创业与就业能力的培养，确立了政府引领的合作管理体系、基于申请的自愿参与模式和契约化运作机制，以及严谨的绩效评估体系，以保障政策目标的顺利完成。刘坤等人在此基础上结合新工科的框架和理论建立了产学合作长效机制的基本政策框架，如图6-4所示。

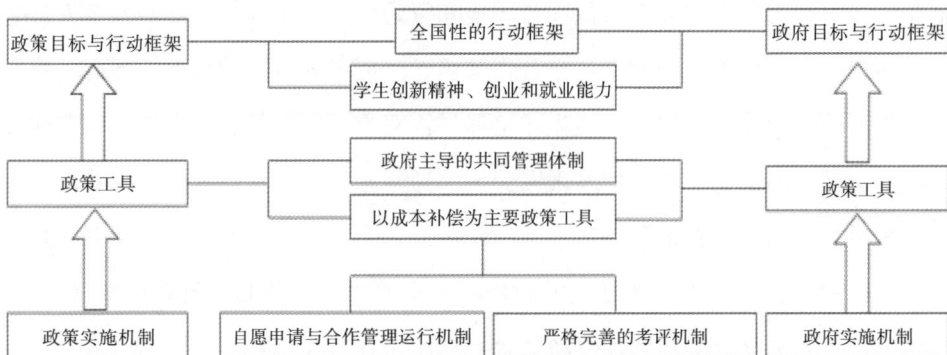

图6-4 新工科教育治理产学深度可持续合作的基本政策框架

在价值观体系构建上，新工科教育以"面向未来"为核心价值导向，确立了一套包含新理念、新结构、新模式、新体系为价值基础的框架，确保教育实践内核新内容的贯彻。体系构建方面，此模式在价值理念、培育模式、治理机制、效能维度上呈现出显著的中国治理特色，彰显了新工科教育的中国理念、标准与特色。在内外互动层面，新工科教育治理注重内部与外部双主体的协同构建，促进教育体系的稳健与持续发展。

　　学者刘坤将新工科教育治理的主体体系基本构架描述为"三位一体、多元共治"，如图 6-5 所示。这意味着治理主体包括政府、高校和社会力量，三者围绕新工科教育的目标，在一定的治理规则下，发挥各自的资源优势。政府和教育行政部门制定相关的政策，给高校建设工科和推动政策实施提供资金支持；高校要厘清各自的立足点，明晰本校所处的类型和层次，充分利用自身的优势，贯彻国家和教育行政部门的政策，围绕新工科建设的各方面需求，设立新工科人才培养目标，加强人才培养体系的建立，如开设跨学科课程、更新教学设备、坚持以生为本的教学方式，设立创新型课程、通识和专业核心搭配的课程体系；而以企业和学会、行业协会等第三方机构和社会公民组成的社会力量，发挥教育背景角色作用，提供技术和实践的平台，对就工科人才的表现和知识储备进行评价和反馈，以便高校调整培养目标。三者相互联系、相辅相成，共同参与新工科教育的过程。

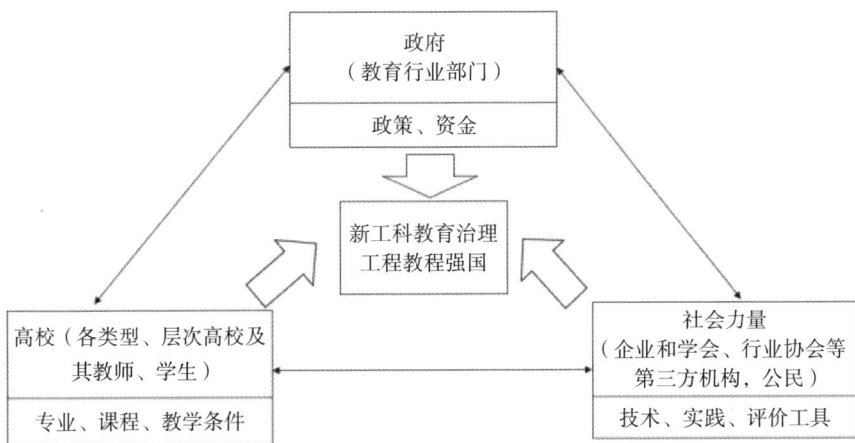

图6-5　新工科教育治理"三位一体、多元共治"主体体系构成

　　综上所述，新工科人才培养的制度机制要契合国家"两个一百年"的战略目标，坚持"三位一体、多元共治"的人才培养治理体系，各个高校要厘清办学出发点，贯彻国家的新工科建设的顶层设计，动员社会力量，围绕新工科关键任务

和重点突破，构建协同育人的人才培养模式。

四、政策支持的现状

目前，我国对新工科的建设提供了一系列的政策支持。

在政策指导与战略规划上，2012 年，教育部等 23 个部门联合印发《关于建设国家级工程实践教育中心的通知》（教高〔2012〕8 号），按照"行业指导、校企合作、分类实施、形式多样"的原则，推动校企联合培养人才，提升新工科高校人才的工程实践能力。国家颁布了"中国制造 2025"计划，该计划提出要推动工科教育与高新技术产业、现代制造业深度融合，培养适应未来产业发展的高技能人才。同时，国家还部署了"双一流"建设，批准围绕新兴产业发展而兴起的新学科，强调了工科学科的升级和国际竞争力的提升，重点支持新工科学科的发展。

在资金投入与科研支持上，启动多项科研基金和专项资金，如国家自然科学基金：旨在为新工科领域的基础研究和应用基础研究提供资助，特别是在人工智能、大数据分析、生物工程等前沿技术领域。科技重大专项和 863 计划：针对国家战略新兴产业，支持从基础研究到技术开发和产业化的全链条，促进新技术的快速转化和应用。建设了一批示范性工程实训基地建设，对实验室和教学设施继续现代化改造。示例项目有智能制造实验室：由工科优势高校与领先的智能制造企业合作，共建智能制造实验室，这些实验室配备了最新的机器人、自动化装备和物联网技术。绿色能源项目：高校与能源公司合作，共同开发和测试新型太阳能和风能技术，这些项目旨在推动可再生能源技术的应用和商业化。

在人才培养与教育变革上，国家发布新工科人才培养指导意见，提供一套全面的政策框架，指导高校如何在新工科教育中整合创新和跨学科教学元素，包括鼓励项目式学习、案例研究和实际问题解决，推动工程教育教学改革，强化实践教学，推广"新工科 +X"跨学科人才培养模式，强调将工程学与其他学科如医学、艺术、商业等结合，以培养具有广泛知识和多样化技能的复合型人才。例如，一些高校设立了"机器人技术＋医疗健康"和"大数据＋金融技术"等交叉学科专业。支持高校设立新工科相关的新专业和新课程，发展前沿技术专业，如人工智能、大数据分析、机器人技术、生物医学工程等新专业，这些专业旨在培养能够应对未来技术挑战的工程师，对课程内容进行更新，融入最新的科技发展情况，如在电子工程专业中增加物联网应用的课程。

在产教融合与合作教育上，成立行业指导委员会，邀请行业领先企业的专家加入高校的教育指导委员会，参与新工科专业的课程设计和人才培养方案制订。如电子工程专业可以与华为、中兴等企业合作，共同设计符合行业发展趋势的课程。校企共建实验室和研发中心、共享资源，企业提供设备支持和技术指导，高校提供研发平台和人才。建立实习实训基地，学生可以在实习基地进行为期数月的实习，直接参与企业的日常工作和项目开发。利用虚拟现实技术，开发模拟实际工作环境的虚拟实训平台。学生可以在虚拟环境中模拟操作复杂的工程项目。校企合作项目和课程方面，邀请企业技术专家担任兼职教授或讲师在校内授课，将实际工作中的经验和挑战带入课堂。鼓励学生直接参与企业的研发项目，如软件开发、产品设计等，将其作为课程的一部分进行评估和学分认定。高校与企业共同建立定期反馈机制，企业可以对学生的实习表现和学习成果进行反馈，帮助高校调整教学内容和方法。通过企业反馈，高校可以及时了解到课程内容与实际工作需求之间的差距，进行适当的调整。

在国际合作与交流上，鼓励高校与国外知名大学和研究机构合作，进行新工科领域的师资交流、学生互访和联合研究。鼓励高校参与国际工程教育组织，如国际工程教育联盟（IEE），以提高教育质量和国际影响力。

五、政策支持的优化途径

实现新工科人才培养体系建设，必须建立政、企、校三方协同育人的完整机制，以确保教育、产业和政策的高效整合。首先，成立专门的协同育人工作机制，包括成立工作小组和定期举行联席会议，负责制订人才培养计划、实践项目和校内外导师的选择等关键环节。同时，明确和强化政、企、校各方在项目管理、课程建设和评价体系中的职责与权限。其次，应建立跨界课程融合机制，聚焦国家重点关注和关键技术难题，通过产学研深度融合，实现课程设计的实践导向和结果导向。高校需要利用国家重点实验室、科技园等平台，与政府和行业企业合作，开展高质量的课程和实践育人教学，使学生能在真实的行业环境中提升解决复杂工程问题的能力，培养其成为具备卓越能力的工程师。这种模式不仅打通了政产学研的"最后一公里"，也为新工科人才的培养提供了系统的支持和广阔的实践平台。

新工科的建设需要坚持国家的教育部署，坚持从顶层设计出发，整合各个高校的优势和资源，相互配合，方能完善新工科人才培养建设体系。因此，高校在新工科建设中必须坚持如下原则：

第一，坚持党管人才，确保人才工作朝着正确方向发展。通过政治引领和全面统筹，党的领导不仅能确保科技人才工作的正确导向，还能有效整合和动员资源，推动青年科技人才在科技创新和工程实践中发挥核心作用。

第二，发挥高校党组织在新工科建设中的引领作用。通过建立健全党内科技工作领导小组和青年人才支持计划，给予人才政策上的倾斜与支持，可以确保青年科技工作者在科技攻关一线得到必要的政治和组织支持。现有政策虽已广泛覆盖，但在实际执行中仍存在衔接和持续性的问题，尤其在资金支持和政策落实上。为此，制定人才政策时必须确保其全面性、系统性，考虑政策的执行和适应性，确保青年科技人才政策的高效落地和地方响应的协调性。同时，重点培养和支持青年科技人才参与科研创新和团队建设，在科研前线提供直接的支持和引导，对他们在职业发展和生活保障方面提供必要的援助。这样青年科技人才才可以全身心投入科研创新，并促进其在科技前沿的突破和成长，从而有效推动国家科技创新和产业发展。

第三，塑造公平公正、多元包容的科研生态环境是新工科人才培养的关键。必须强化科研诚信和科学精神，确立以重大科研攻关项目为依托的选拔和评价机制。瞄准"卡脖子"的基础研究和科技攻关领域，建立符合项目的人才选拔体系，打破陈旧的固有体系，在人才评价和科研项目管理中，要坚持公正、透明的原则，尊重科研规律和科技人才的个体差异，为青年科技人才创造一个公平竞争、自由探索的环境。

第四，党组织应发挥核心的政策指导和资源配置作用，确保科技人才培养机制的适应性和前瞻性。通过顶层设计，党组织应整合教育、科技、人才及产业政策，形成一个有力的政策支持体系，优化资源配置，促进新工科教育与全球科技前沿和产业发展需求的对接。

第五，为了激励青年科技人才并激发他们的创新动力，应建立一个综合的激励机制。对于基础薪资，党组织可以推行针对教学型、科研型及产业型青年科技工作者的差异化薪酬管理制度，鼓励他们将科研成果转化为经济和社会效益。同时，探索建立基于信任的经费制度，如实施全面的"包干制"经费使用，允许在科研成果产出和转化的基础上灵活调整经费使用，避免过度具体的使用限制。此外，确保青年科研工作者能全身心投入科研，是党组织在人才培养中不可或缺的职责。为此，需要简化行政流程和报销程序，减少青年科技人才参与非科研活动的时间损失，如不必要的会议和重复性的行政任务。同时，应提供全方位的生活和职业支持，如住宿、落户、医疗等，解决青年科技人才在家庭和生活方面的后顾之忧，使他们能够更好地专注于科研创新。总之，党组织在新工科人才培养中的作用是多方面的，涵盖了从政策制定到激励机制，再到实际支持措施，确保了青年科技人才在优质的育人环境中茁壮成长，为国家的科技创新和产业发展贡献力量。

综上所述，新工科建设的制度机制需要坚持中国特色社会主义思想、用好马克思主义实践思想，由国家和相关部门、高校综合考量各个层次高校的办学定位，三方各司其职、相互配合，面向新工科的建设共同确定人才培养的差异化、人才培养目标和标准。遵照"三个阶段、三个任务、三个突破"稳步扎实地办好新工科教育。

第二节　信息化技术与人才培养的融合

一、信息化技术与人才培养融合的必要性

2018年，为加快教育现代化和教育强国建设，推进新时代教育信息化发展，培育创新驱动发展新引擎，结合国家"互联网+"、大数据、新一代人工智能等重大战略的任务安排和《国家中长期教育改革和发展规划纲要（2010—2020年）》《国家教育事业发展"十三五"规划》《教育信息化十年发展规划（2011—2020年）》，教育部制订了《教育信息化2.0行动计划》，这份计划明确指出了高校实现数字校园建设，提高师生信息化应用水平和信息素养，建成"互联网+"教育大平台，推动从教育专用资源向教育大资源转变、从提升师生信息技术应用能力向全面提升其信息素养转变、从融合应用向创新发展转变，努力构建"互联网+"条件下的人才培养新模式，发展基于互联网的教育服务新模式，探索信息时代教育治理新模式。

与此同时，在"云大物移智链边"的技术潮流推动下，制造业正在经历一场前所未有的颠覆性变革。信息技术、传感技术、网络技术及人工智能等现代科技的深度融合，不仅革新了制造业的发展形态，也极大地加速了其转型升级。这些技术的集成应用推动制造业向智能化、网络化、服务化方向快速发展，进而促进了生产技术的升级、生产模式的革新及职业岗位能力需求的提升。

智能化生产技术的应用，如物联网（IOT）、系统集成技术，使机器能够自

主识别、分析、决策、执行生产任务，极大提高了生产效率和产品质量。这种集成化生产模式实现了生产过程中各环节的高效协同，提高了资源利用效率和生产灵活性。与此同时，岗位技能要求也由传统的单一技能向数据分析、系统管理及跨界融合能力等智慧化技能转变，这已成为新时代工程技术人才必备的基本素质。这一系列变革重新定义了制造业的竞争规则，并对工程科技人才的培养提出了新的要求。未来的工程师需要具备深厚的技术专业知识，能够处理复杂系统问题，具有创新思维及良好的人机交互能力。教育机构需要更新人才培养方案，将实践技能和创新能力的培养纳入教学核心，确保毕业生能在智能化的新工科领域中胜任各类高端技术工作。

因此，智能制造时代的人才培养模式必须是数字化、多元化、灵活性的，并能快速响应产业变革的需求。高等教育应采用数字信息驱动教学，增强学生的问题解决技能；同时，加强与行业的合作，通过实践学习提升学生的工程技能和创新能力，以培养能够引领未来制造业发展的高素质工程技术人才。这不仅是教育改革的需要，也是国家产业升级的内在要求，对维护和提升国家的国际竞争力具有重要意义。

在第四次工业革命的推动下，当今社会的生产技术经历了数字化与智能化的根本转变。5G、工业互联网、大数据和云计算等新一代信息技术，不仅仅是简单地应用于机械化生产过程，而是贯穿整个生产链，包括机械和非机械组件的供应链管理及整个产品的生命周期。智能制造系统通过集成大数据分析，能够实时监控和反馈生产现场的运行状态，其高度可控、可测、可观、可通信的特性极大提高了生产效率和产品质量。同时，智能维护技术能对设备、软件及产品进行预测性维护，显著降低了故障率并减少了维护成本，这不仅优化了生产流程，也节约了大量资源。此外，结合互联网和5G技术的无人配送车等创新方案，实现了物流过程中的智慧仓储、自动分拣、高效运输和精准配送，进一步提升了制造业的网络化、自动化水平。

这种智能化、数字化的生产技术革新，不仅改变了制造业的生产模式和商业运作模式，也重新定义了工程科技人才的培养要求。现代工程师既需要掌握传统的工程技能，更必须具备强大的数字化创新能力和深入钻研人工智能的能力，以便在智能制造的前沿领域进行突破和创新。因此，高校和企业必须共同努力，更新人才培养方案，强化学生的实际操作能力和创新思维，确保培养出能够适应并推动智能制造时代发展的高质量工程人才。

二、信息化技术与人才培养融合的趋势

2023 年 2 月 13 日至 14 日，主题为"数字变革与教育未来"的世界教育大会在北京召开。国家教育数字化战略行动实施以来取得了显著成效，我国已基本建成世界第一大教育教学资源库。随着教育信息化的不断推进，教育领域正迎来前所未有的发展机遇。

数字化转型正在深刻推动社会的全面变革。新冠疫情暴发时，全球教育面临着巨大挑战，大规模的在线学习需求促使教育数字化改革取得进展。过去 3 年，我国通过慕课、虚拟仿真实验等多种数字资源，开展了空前的大规模在线教学实践。教育领域的数字化转型趋势已经不可逆转，数字化发展正在重新塑造教育发展的模式和路径。

高等教育数字化转型打造了一个全面数字化、数据驱动的教育生态，以期实现人才培养模式的全面变革和教育质量文化的全面提升。这是一个逐步发展、逐步迭代的长期过程，涵盖了从数字化基础设施建设到智慧化应用的多个阶段。

联合国教科文组织将数字技术应用于教育的过程分为起步、应用、融合和转型四个阶段。而我国发布的《无限的可能——世界高等教育数字化发展报告》将高等教育数字化划分为转化、转型和智慧三个发展阶段。

在转化阶段，主要任务是加强数字化基础设施和平台建设，为后续阶段的发展奠定基础。通过建设数字化基础设施和教学平台，为教育信息化提供支撑，实现教育资源的数字化管理和共享。

转型阶段则通过对教育相关数据的深度挖掘和分析，实现高等教育各要素、各环节的数字化转型。这意味着将教育过程中的各个环节，包括教学、管理、评估等进行数字化改造，实现教育质量的提升和教学效果的优化。

智慧阶段则是通过新兴数字技术的深度应用，为高等教育数字化变革提供个性化、精细化、全程化的服务。这一阶段以人的发展为核心，通过智能化技术赋能教育，实现教育教学模式、教育理念和治理方式等层面的全面变革，塑造全新的、以个性化学习和全程发展为核心的教育质量文化。

在这一过程中，数字化推动教育变革不仅影响了教育的组织形式、教学形式、服务形式及治理形式，也引发了人才培养模式的深刻变化。学生将拥有更多个性化学习的机会，教师将能够更好地掌握学生的学习需求，教育资源的共享和开放也将促进全球范围内的教育交流与合作，为高等教育的可持续发展提供新的动力。

当前，我们将教育数字化转型分为两个版本：教育数字化转型 1.0 版本和教育数字化转型 2.0 版本。1.0 版本以数字化基础设施及平台建设为主要标志，注重促进实物的建设和技术应用；而 2.0 版本则以促进人的自由、全面及个性化发展为主要标志，具有更高的复杂性和艰巨性。

目前，我国高等教育发展的核心任务是以服务需求、提高质量为主线，回归以人的自由、全面和可持续发展为根本宗旨的内涵式发展道路。这种发展模式更加追求个性化、特色化，质量文化也由单一化、标准化转向多元化、非标准化。通过数字化转型，对人才培养机制、培养模式、管理方式进行不断重塑，为高等教育内涵式发展注入源头活水。

总之，数字化转型赋能高等教育内涵式发展，不仅是"办好人民满意的教育"的必然要求，也能为高等教育带来全新的可能性，蕴藏着巨大的发展空间和潜能。

三、信息化技术促进人才培养的成效

一是实现教育资源的扩展和优化。信息化技术极大地拓展了教育资源的范围，提升了教育的质量。通过在线学习平台、虚拟实验室和开放课程资源，教育机构能够提供更丰富多样的学习材料和工具，使学习不再受地理位置的限制。这对于培养具有全球视野的人才具有重要意义，使学生能够接触到世界各地的知识和文化，从而促进全球思维和文化包容性的发展。

二是学习方式的创新。信息化技术推动了教学方法的多样化，如翻转课堂、混合学习和自适应学习等，这些方法通过个性化学习路径和互动学习体验，极大地提高了学习的效率和兴趣。利用智能教学系统和人工智能，教师可以根据学生的学习进度和风格调整教学内容，实现真正意义上的因材施教。

三是实践技能的加强。学生可以通过模拟软件、VR 和 AR 等技术进行实际操作练习，这些技术为学生提供了无风险的实验和操作环境。例如，医学生可以在没有任何危险的情况下进行虚拟外科手术练习，工程学生可以在虚拟环境中测试他们的设计性能。这样不仅可以提高学生的实际操作能力，还能提升他们解决复杂问题的能力。

四是促进终身学习理念和职业发展。信息化技术的发展促进了终身学习的理念，使得学习成为了一个持续的过程。工作人员可以通过在线课程和培训，不断更新和提升他们的专业技能。这种灵活的学习方式使得个人能够适应快速变化的工作需求和职业发展，对于构建知识更新和职业适应性极为重要。

五是提高教育的公平性。信息化技术的普及有助于减少城乡和区域之间教育资源的不平衡，特别是在偏远和资源贫乏的地区，通过远程教育和数字图书馆等资源，这些地区的学生可以享受到与城市学生相同的教育资源，从而提高整个社会的教育公平性。

四、培养人才信息化技能是必然要求

学者许艳丽、张钦提到生产模式的转变，传统的大规模标准化生产模式逐渐转向柔性化和集成化的个性化定制生产模式。这种转变不仅涉及生产技术的机械化到自动化，再到信息化乃至智能化的升级，更是在产品的整个生命周期内实施智能化管理和操作，实现了生产运营的高度集成。通过利用数字化和集成化的手段，制造流程和产品生命周期被重新构建，使得生产模式更加灵活，能够有效满足消费者对个性化产品的需求，同时缩短产品的全生命周期，优化生产资源配置。在这种新的生产模式下，生产数据的透明化、制造的柔性化、产品的个性化及管理的智能化成为可能，这不仅改变了传统的生产流程，也重新定义了工作的边界，促进了生产、管理、和服务的全面集成。

制造业岗位需求发生了根本性变化，不再局限于传统的日常操作，而是转向需要处理动态变化和非结构化任务的智能化生产过程。这种变革导致制造业的岗位特征从单一操作向综合性技能转变，显著提高了对高技能和创新型人才的需求，同时减少了对低端劳动力的依赖。岗位不仅要求技术操作的高端化，还需要生产与服务的一体化。具体来说，智能化的岗位需要工程人才具备高级的技能操作能力，熟练掌握人机交互技术，以及能够进行智能系统的开发与维护。此外，随着人工智能技术在制造领域的广泛应用，新的工作内容，如工业数据采集、智能系统维护等领域的专门技能需求急剧增加，这些领域通常需要复合型、技能型的高端工程科技人才。

新工科人才的培养模式也必须进行相应的革新，以适应智能制造的复杂需求。现代工程师除了需要精通传统制造技术外，更应具备跨学科的知识结构，能够整合各类技术与运用知识，发挥创新能力解决多变的工程问题。高校需要强化与企业的合作，给学生创造解决工程问题的条件，通过实践导向的教学模式，如基于问题的学习（PBL）、基于项目的学习（PJBL）以及基于设计的学习（DBL），有效融合信息化技术，改革教育模式，培养学生的跨学科思维和创新能力。教育模式的革新应聚焦于增强学生的实际操作能力和创新设计能力，使他们能够在智能化的工作环境中充分发挥人的独特价值，实现人机协同和共赢，从而有效应对智能制造时代的产业需求和技术挑战。因此，高校不仅要在技术教育上做深做实，更要在培养学生的系统思考、创新设计项目管理能力上下功夫，真正实现技术与人才培养的深度融合，为智能制造时代培养能够领航未来的复合型智慧工程人才。

智造时代对新工科人才培养模式的变革提出了三点诉求：

①人才培养目标要多层次、多类型。首先，新工科人才的培养必须响应智能制造的发展趋势，适应从基础的数字化技术到综合网络系统，再到全面智能化生产的跨越式发展。这要求教育系统不仅要培养能够精通先进智造技术的高端工程科技人才，还需要培养能够促进产业转型升级的实用型工程技术人才。这种多层次、多类型的人才培养策略，是对传统工程教育模式的重要扩展和深化。其次，智能制造时代要求工程人才不仅要具备深厚的专业知识，还必须拥有强大的数字化技能和复合型能力。工程教育需要着重培养学生的综合技能，包括数据分析、系统设计、网络安全以及人机交互等方面的技能，以适应工作技能的高端化和生产服务的一体化趋势。最后，新工科人才培养应更加注重对实践能力和创新能力的培养，使学生能够在复杂的工程实践中运用所学知识解决实际问题，进而推动技术创新和产业发展。随着智能制造技术的迅速发展，工程教育需要不断更新其培养目标和方法，以适应日益变化的技术和产业需求。

②人才培养内容要融合化、具有前瞻性。新工科人才培养面临着重新定义和调整教育内容的需求，以满足行业对高质量、创新型工程人才的复杂需求。首先，随着工作环境的复杂化及工程角色的转变，智能制造的多技术整合要求新工科教育不应仅局限于传统工程学科，而应包括信息技术、大数据、物联网等现代技术的融合，形成一个综合的、多学科的知识体系。其次，智能制造的实践不仅要求技术知识，还需要工程师具备强大的创新能力、团队合作能力和实践能力，以应对日益复杂的设计和生产挑战。因此，新工科人才培养应当强化实践教育和跨学科项目，以培养学生的综合解决问题能力。最后，鉴于中国在全球智能制造竞争中与发达国家仍存在差距，新工科教育还需要培养学生的责任感和使命感，强化其数字素养和工程领导力，使其能够在未来制造业的高质量发展中发挥领导作用。这需要教育体系在内容上进行动态的调整，不仅仅是在技术领域，还应包括理科和人文社会学科的知识，促进不同学科间的交叉与融合，为创新和技术突破提供坚实的人才基础。

③人才培养途径要具备开放性、多元化。在新工科人才培养方面，随着智能制造时代的到来，教育途径亦须创新，以应对复杂多变的工程挑战。首先，为适应制造业数字化和智能化的快速发展，教育体系必须打破传统的教学模式和院校间的壁垒，推行更开放、多元化的教育途径。这不仅涉及课程和教学方法的更新，更关乎如何将教育活动与实际工程实践紧密结合，实现教学内容与产业需求的高度一致。其次，高校需与技术研发中心、行业领域紧密对接，共同探索和预测技术发展趋势，以指导教育方向和内容的更新。通过校企合作，学生可以直接参与到实际工程项目中，不仅能够实时了解行业需求，还能通过实践学习深化理论知识，培养其解决实际问题的能力。最后，为培养具有全球视野的工程科技人才，高校还应加强国际化教育合作，引入国际优质教育资源，实现教育成果的国际共享。这包括通过国际合作项目、学生交换计划等方式，增强学生的国际竞争力和跨文化交流能力。

综上所述，新工科人才培养的途径需要更加开放和多元化，以适应智能化制造产业的发展需求。这种教育途径的创新，将更好地为学生成为能够领导未来制造业发展的高素质工程师做准备，同时也为我国智能制造的持续发展注入新的活力和动力。

第三节　国际化视野与全球合作

学者林健提出，在新工科专业建设中，国际合作教育是至关重要的一环，主要包括国际合作办学和国际产学研合作两大方面。这种合作模式主要应对解决教育资源、核心课程及教师队伍建设的挑战。通过与发达国家的高校合作，引进一流的教育和课程资源及优秀师资，目的是提升国内高校新工科专业的建设和发展水平，借鉴国际先进的教育理念和教学方法，加快课程体系和教学内容的国际化进程。国际产学研合作强调与全球领先的企业和研究机构的合作，旨在紧跟国际工程技术的最新发展，了解全球新技术和产业趋势，并根据这些趋势调整专业设置和培养目标。这种合作不仅有助于拓展学生的国际视野，还能改进人才培养模式和教学体系，确保培养出能够满足国际新工科专业需求的高质量工程技术人才。

一、倡导树立国际化视野与全球合作

在 2020 年 12 月 11 日至 12 日，由教育部高等教育司和中国高等教育学会的指导，浙江大学联合中国工程院教育委员会主办、多家专业机构协办的第十五届科教发展战略国际研讨会成功举办，大会主题为"应对全球性挑战的工程教育系统创新"。本次会议在杭州召开，线上线下同步进行，吸引了国内外 200 余名专家学者参与。会议深入探讨了全球性挑战下工程教育系统的创新问题，强调了新科技革命和产业革命对工程教育的影响，指出工程教育需向智能、生态、共享和可持续方向发展。中国高等教育学会副会长姜恩来在致辞中呼吁参会者认识并顺应时代变化，共同推动工程教育的高质量发展，努力实现国际合作与全球视野下的教育目标。这次会议不仅是工程教育国际合作的一个新起点，也是各国专家学者凝聚共识、共同面对挑战的平台。

时任教育部高等教育司理工处处长高东锋在致辞中回顾了中国高等工程教育的发展历程，并对当前的发展态势做了总结。他强调了中国高等工程教育在新发展阶段的任务，即贯彻新发展理念，加快培养多元化工程人才，提升产业链和工业链的完整性，以实现更高水平的动态平衡。时任浙江大学副校长严建华指出，后疫情时代和第四次工业革命背景下，迫切需要培育能够解决世界性难题的卓越工程科技人才。浙江大学正通过组建跨界创新团队、实施研究计划、创办工程师学院等方式，积极推动工程教育的研究、实践与改革。这次会议旨在探讨工程教育范式变革，推动全球工程科技创新人才培养的高质量发展，体现了全球化视野下对国际合作的重视。

目前，全球性挑战对工程教育体系提出了系统变革和开放创新的新需求。时任浙江大学发展委员会主席杨卫在题为"开放式工程教育"的报告中指出，为了迎接全球性挑战，工程教育体系需要避免在细化过程中僵化固化，要在开放中寻求创新。他强调，中国工科教育的历史发展决定了其发展路径、组织架构、成功高度和历史地位。尽管中国在工程教育人才培养规模上已经与欧美比肩，但结构上的自我充实型发展模式仍可能导致教育的固化。为了解决这一问题，提出了包括新分化、新成长、新构架、交叉形成和新理念下的五种工科建设形式。此外，杨卫还建议老工科应该通过开放求新，实施包容性教学大纲和融合型师资构成，同时建立交叉培养人才的平台和实践平台及全球通识结构，全面打造开放式工程教育，避免零和博弈，增强工程教育体系的活力和全球竞争力。

时任西安交通大学副校长郑庆华在其报告中深入分析了第四次工业革命和人工智能对工程教育目标、手段和内涵的重新定义。他指出，这一时代的变革特别强调教育模式的革新，这预示着非智力密集型职业将逐渐消失。在中国，工程教育改革虽取得进展，但仍面临诸如评价体系单一、教师缺乏实际工程经验、学科融合不足及实验体系不完善等挑战。郑庆华强调，工程教育的核心在于培养具备科学家精神的工程师，应注重培养学生的探索性思维、协作能力、设计和集成思维及工程伦理，推动项目驱动的教学模式、科教融合和校企合作。他提出，在全球性挑战背景下，中国应积极探索并形成符合新时代要求的工程教育新体系，以培养能够应对未来复杂问题的工程科技人才。

时任浙江大学中国科教战略研究院副院长张炜在其报告《新时代中国工程教育系统变革路径》中，阐述了中国工程教育面向科教融合与产教融合自下而上的变革策略。他回顾了国际工程教育由技术范式、科学范式到工程范式的演进，以及中国工程教育从模仿苏联和美国到推行新工科战略导向的变革历程。张炜指出，随着产业和经济体系的数字化创新进程，知识结构正在从二元向三元空间转变，从而推动了新工科的发展。他总结了中国工程教育改革的特色路径：基础科学驱动的"工程科学"新生路径、产业需求驱动的"产业驱动"转型路径及多链条融合驱动的"融合创新"转型路径。张炜强调，新时代的工程教育需要打破组织、学科、资源及成果转化的壁垒，构建数字化、融合化、生态化的工程教育体系，以应对全球性挑战并促进国际合作，从而实现工程教育的根本变革。

辛辛那提大学工程教育系主任 P.K.Imbrie 在其视频报告中强调，面对全球性挑战，工程科技人才培养的焦点需要转变，不能再局限于传统的教学内容改进，而是要构建与当前学习环境相匹配的新型人才培养模式。在面对全球性挑战时，工程师不仅需要掌握专业技术和广泛的知识，还需具备企业家精神和专业敏感性等综合素质，并培养终身学习的思维和技能。P.K.Imbrie 建议，通过向学生开放参与科研的通道、提供多样化的课外技术活动、增加体验式学习机会、加强与产业界的合作及在课程开发中贯彻用户中心的设计思想的方式，创造一个能够动态演化的教育环境，以激发和建立新的学习模式，更好地迎接全球性挑战。这需要工程教育具有全球化视野和国际合作，为工程体系应对新需求提供支持。

在全球性挑战下，工程教育模式正朝着"科教产"协同与"线上下"融合的新趋势发展。时任电子科技大学校长曾勇在其报告《高水平"科研育人"进课程、进课堂、进实践》中详细介绍了该校在新工程教育探索与实践中的具体举措和成效。主要实施策略包括：以学生为中心，结合通识与专业培养理念，确立面向重大需求和科学前沿的育人目标；利用国家级科研团队和科研平台，高标准策划项目和教学实施；关注人才培养的核心要素，确保"第一课堂"的科研教育质量；建立完善的管理体系，营造支持创新的教育环境和成长社区。这种模式不仅回应了全球性工程教育的新挑战，也是对国际合作和全球化教育视野的积极探索，旨在通过科研整合和实践创新，培养能够适应未来复杂问题的新兴工程领导者。

时任上海交通大学副教务长吴静怡在其报告《以华为—交大模式为牵引，引领产学研合力育人新趋势》中强调了产教融合在当前工程教育体系中的核心地位。她指出，为了应对全球性挑战，产教融合应超越传统的校企合作模式，通过建立创新平台、实施校企共同课程、开展创新性实践活动及持续的师资培训，实现教育链与产业链、人才链、创新链的有机整合。这种模式不仅需要改变现有的教育观念，还需进行超前的教育规划和持续投入，确保教育内容的前瞻性和适应性，通过实践竞赛和课程体系的进阶构建，不断检验和完善学习成果，从而培养出能够应对未来复杂工程问题的创新工程人才。这种教育模式的创新和实施，是响应全球化挑战、推动国际合作的关键步骤，旨在通过系统的变革提升工程教育的国际竞争力和影响力。

时任阿里云大学总经理孙丽歆在其报告《阿里巴巴科技人才培养新范式》中详细介绍了阿里巴巴在科技人才培养领域的创新模式和教育合作生态。阿里巴巴建立了两个重要平台："T型"科技人才培育平台和全栈学习平台，旨在培养商业科技人才、科技专家型人才和青年科技人才。这两个平台包含新学术、新人才、新教学、新服务、新管理五大服务能力，是应对全球性挑战和满足未来工程教育需求的重要组成部分。通过与高校的战略合作，如创新研究计划和访问学者计划，阿里巴巴不仅提升了科技创新和服务社会的能力，还通过解决企业技术难题，增强了企业的核心竞争力。此外，在阿里云大学与高校合作的实践中，已经形成了包括产业学院、职业技能培训认证中心、云中学院在内的多样化教育产品矩阵，为高等院校提供了立体化的人才培养体系，展现了阿里巴巴在全球教育合作和工程教育系统变革中的积极作用。这种深度融合的"科教产"模式不仅是应对国内外工程教育挑战的有效方式，也是推动全球工程教育创新和人才培养新趋势的典范。

非洲工程教育协会主席 Funso Falade 在其报告《全球新冠肺炎疫情下的在线工程教育模式创新：挑战与前景》中探讨了疫情期间在线工程教育的新挑战与创新方向。他指出，非洲工程教育面临基础设施不足和班级规模过大的难题，而疫情进一步加剧了这些问题，特别是在线教学模式下实践经验和适应性训练的缺失。为应对这些挑战，他提出了利用合作式学习、自我激励的学生动力机制及引入建模仿真、虚拟现实等高科技手段来开发虚拟实验室和网络实验室，以及基于游戏的学习平台。这些措施旨在通过创新教学模式和工程教育内容来适应和解决在线教育带来的限制，特别是在实现复杂工程情境模拟和学生主导项目的整合上有所突破。这些策略不仅针对非洲的教育挑战，也为全球工程教育体系面对未来疫情与其他全球性挑战提供了创新的思路和实践方案。

全球性挑战对工程科技人才提出了新的伦理素养和设计思维要求。普渡大学工程教育系副教授 Brent Kyle Jesiek 在其报告中强调了伦理在工程教育中的核心地位，尤其是在应对全球性挑战时。他提出了微观伦理和宏观伦理的概念，前者关注个体工程师的道德行为，而后者则探讨工程师作为一种职业的社会责任。此外，他还强调了工程的社会技术性，即工程实践应该考虑技术与社会的相互影响，以及恶性问题的概念，这种问题通常涉及复杂的伦理决策，不能仅仅通过技术手段来解决。Jesiek 教授认为，工程教育应从知识、技能、态度三个层面培养工程学生应对全球挑战，包括培养他们的决策能力、换位思考能力及正确的伦理观。他建议通过案例学习、情境化问题解决及积极反思等教学方法，将伦理教育整合到工程课程中，突破传统教育中科技内容与社会环境间的壁垒。这一教育模式不仅能培养学生的专业技能，也能强化他们的社会责任感，为全球性工程挑战提供了全面的教育策略和实践指南。这种以伦理和社会责任为导向的工程教育模式是新工科教育在全球化视野和国际合作中应对新挑战的关键路径。

都柏林科技大学教授及伦敦大学学院客座教授 Shannon Chance 强调通过设计思维培养 STEM 毕业生应对全球挑战的能力。她在报告中指出，现代社会面临着许多挑战，需要具备全球视野和跨学科能力的人才来解决。因此，培养学生的设计思维非常重要。设计思维不仅是解决问题的方法，更是一种思维方式。通过设计思维，学生可以培养创新、合作和解决问题的能力，这些能力将使他们在未来面对复杂的挑战时游刃有余。只有通过教育的创新和改革，我们才能培养出更多具备全球竞争力的 STEM 毕业生，为解决全球性挑战做出积极贡献。设计思维是解决全球性挑战和推动可持续发展的关键能力。她指出，当前的工程教育过于依赖传统的讲授和考试方法，但这种方式忽略了学生的主动参与和创造性思考。

为更有效地应对全球挑战，Chance 教授提议工程教育应采用情境主义学习方法，将学生直接置于实际工程情境中，通过基于问题的学习（PBL）、基于项目的学习（PJBL）和基于设计的学习（DBL）等模式，来培养学生解决综合问题的能力。她特别推崇基于设计的学习，因为这种方法能够强化学生面对真实世界问题时的自主性和创新能力，帮助他们理解迭代在解决复杂工程问题中的重要性，并提高他们构建问题框架与找到有效解决方案的能力。这种教育模式不仅仅是技术和知识的传授，更重视伦理责任感的培养和对复杂人际与自然关系的理解，最终目标是将学生从知识的接收者转变为知识的创造者，为他们能够成为应对全球挑战的工程科技领导者做好充分准备。这种以设计思维为核心的新工科教育模式，强调国际合作与全球视野，是应对未来挑战的有效策略。

时任西南交通大学副校长冯晓云在报告中阐述了高等工程教育在全球面临的挑战，尤其是共建"一带一路"倡议下的国际人才培养策略。面对需要解决复杂、跨国界工程问题的国际环境，该校致力于培养具有高度专业技能和广泛国际视野的复合型工程技术人才。冯副校长提出了一系列具体的教育改革措施，包括采纳学生为中心的教育模式、引入设计思维和创客教育理念改革工科数理课程、实施跨学科基于真实问题的教学，以及强化通识教育。他强调以合作和资源共享为基础，优化国际教育共同体的组织和运作，通过"1+1>2"的国际化合作模式，加强国际合作项目，以建立全球化的工程教育治理。这种全面的国际人才培养模式旨在为学生应对共建"一带一路"相关的国际工程挑战做准备，促进学生能力的全面发展，并确保他们能在全球工程任务中发挥领导作用。这不仅反映了教育的全球化趋势，也体现了设计思维和伦理素养在新工科人才培养中的重要性。

在"应对全球性挑战的工程教育系统创新暨第十五届科教发展战略国际研讨会"上，来自不同领域的专家学者对全球工程教育的未来发展方向和机遇进行了深入探讨。讨论聚焦于如何构建能够应对全球性挑战的开放式创新教育系统，探索了"科教产协同"与线上线下混合模式、工程伦理素养与设计思维等关键领域。

通过多元角度的交流，参与者分享了优化专业结构、建设课程体系、校企联合培养以及学术组织创新等方面的典型案例。会议还对教育信息化趋势下的课程与教材迭代创新进行了系统展望，讨论了基于知识传授、能力培养和价值塑造的"三位一体"联动模式。此次研讨会不仅促进了工程教育学术共同体之间的交流与合作，还为全球工程教育的改革与发展提供了宝贵经验，体现了新工科建设在全球化视野和国际合作框架下的重要性及其面临的未来机遇。

二、提升国际化视野与全球合作的策略

学者许艳丽、张钦也提到了国际化合作的重要性：为提升新工科人才培养的国际化水平，高校应重点扩展与全球教育与研究机构的合作。首先，高校应与国际前沿智能制造领域的研究机构和教育机构建立合作，启动协同创新项目。通过这些项目，学生可以直接接触并学习到最新的技术和研究成果，同时，也有助于高校在智能制造的全球研究网络中定位自己。其次，高校应当积极参与或创立国际学术组织和大学合作联盟，通过这些平台加强国际交流与合作，提升教育质量和学术影响力。这包括组织国际会议、研讨会和学术活动，使学生和教师能够广泛参与国际学术交流，从而拓展其视野和提升全球竞争力。最后，高校应制定与国际标准相匹配的实质等效评价体系，确保培养出的工程人才不仅在技术能力上优秀，还能够理解并参与国际规则的制定和智能制造的全球治理，真正实现人才培养的国际化。这种系统的国际化策略将为新工科人才开辟更广阔的发展空间，使其在全球舞台上更具竞争力。

提升国际化视野与全球合作的策略涵盖了多个层面，笔者认为，可以通过教育、企业和政府之间的协同育人来增强跨文化理解、技术交流和国际竞争力。

一是建立教育交流与合作，首先，制定定向交流项目，与特定国家和地区的顶尖教育机构建立长期合作关系，针对特定学科领域制订学生和教师的交流计划。例如，为参与国际交流的学生和教师提供全额奖学金，包括学费、生活费和旅行费支持，以减轻其经济负担，鼓励更多的人才参与到国际交流中来。其次，推广

国际合作课程与双学位项目，与国外大学合作开设跨国课程，课程内容由双方教师共同设计，通过线上和线下的方式共同授课。例如，与国外大学联合开设的"全球市场营销"在线课程，可以让学生在国际商务环境下学习实际的市场营销策略。再次，与国际知名大学合作，为学生提供双学位项目的机会。学生在完成一定的学分后，可以选择去合作大学继续学习，并最终获得两个高校的学位证书。如与澳大利亚大学合作的工程管理专业双学位项目，学生在国内学习两年后，可选择去澳大利亚完成后两年的学习。最后，加强国际学术研究合作，建立国际化的研究团队，团队成员均来自不同国家，共同进行科研项目。定期举办国际研讨会和工作坊，邀请国内外专家学者共同讨论最新科研成果和行业发展趋势，促进学术交流和技术合作。

二是促进国际研究合作，建立国际科研合作网络，与国际大学、研究机构共同主办科研论坛和研讨会，定期邀请国内外学者分享最新研究进展和探讨科学问题。例如，与国外大学共同举办的年度行业论坛，不仅加强了双方的学术交流，也提升了合作项目的可见度和影响力。组织跨国界的科研团队，团队成员包括多个国家的科研人员，共同申请国际科研项目，开展长期的科学研究。再就是获得国际科研资金支持，积极参与国际科研计划，提交项目提案参与竞争，获取科研经费。与国外高校或研究机构共同申请由国际组织或政府提供的科研基金，如联合国教科文组织（UNESCO）或世界卫生组织（WHO）的研究资金，用于支持公共卫生或教育科技领域的合作研究。另外，深化与国际企业的合作，与国际知名企业建立合作关系，共同设立研发中心，促进科技成果的转化和商业化。通过合作企业为学生提供实习和就业机会，使学生在学习期间就能获得实际工作经验，增强其职业能力和市场竞争力。

三是培养跨文化能力。首先，开设专门的多文化交流课程，设计并实施一系列跨文化交流课程，设计课程如"全球工程实践与文化交流"，教授与学生在不同文化背景下进行工程项目管理和沟通的策略。课程通过案例研究和模拟项目，帮助学生理解跨文化团队的动态，并培养他们在全球工程环境中的适应能力。开设课程探讨在不同文化背景下的工程伦理问题，例如，全球供应链的责任问题和国际环境标准，增强学生在全球职场中遵守职业道德的能力。其次，组织跨文化能力提升研讨会，定期邀请国际工程专家和实践者来校分享他们的经验和见解，如可持续工程实践、国际工程标准等，使学生能从实践者那里直接学习到如何在不同国家和文化中开展工程项目。通过工作坊训练学生如何在多文化环境中管理工程项目，包括使用多语言工程软件、国际项目合作等，提升学生的实际操作能力和团队协作技能。最后，推动学生发展成为全球工程领导者，通过模拟国际工程项目管理和团队领导的培训项目，培养学生的全球视野和领导技能。加强工程专业的外语教学，尤其是工程专业英语，确保学生能够在国际工程项目中进行有效沟通。

四是构建国际化的校园环境。设立专门的国际学者服务机构，为国际学生和访问学者提供全面的支持和服务，包括签证办理、住宿安排、语言培训和学术指导。此外，还可举办定期的文化交流活动，促进国际学生与本地学生之间的互动与了解。在工科课程中增加多语种教学选项，例如提供英语、中文和其他主要国际语言的双语课程，以满足不同背景学生的需要。同时，在校园内的指示标志、官方网站及公共服务通告中使用多种语言，确保所有国际成员能够轻松获取信息和服务。定期组织国际文化节、国际科技论坛和跨国工程项目研讨会，加强学生对全球工程问题的理解和参与。邀请国际知名的工程专家来校进行讲座，或与国际合作高校共同举办在线工作坊，让学生有机会参与国际高水平学术和实践活动。此外，优化国际招生政策，提供针对优秀国际工科学生的奖学金和资助计划，吸引更多高质量的国际学生来校学习。同时，通过国际教育展览会和在线推广活动，积极宣传学校的工科教育优势和国际化项目。

五是开展国际企业合作与技术转移。建立国际实习和就业项目，与全球知名工程公司建立合作关系，如与通用电气、西门子、华为、谷歌等企业合作，为学生提供国际实习机会。通过实习，学生不仅可以在国际环境中应用和增强自己的工程技能，还可以了解不同国家的工程标准和工作文化。鼓励学生参与国际工程项目，如跨国基础设施建设项目或全球环保项目，这些项目往往涉及复杂的技术挑战和多国合作，可以为学生提供实践解决国际工程问题的机会。设立与国际企业共同资助的研发中心或创新实验室，这些中心或实验室可以作为技术转移和知识共享的平台，促进学术界和工业界的紧密合作。例如，与AMD或英特尔合作设立的人工智能或芯片设计实验室，可以使学生直接接触到最前沿的技术。与国际企业共同申请和执行研究项目，如通过国际科技合作项目如共建"一带一路"技术交流项目。这些合作不仅可以提升高校的研发能力，还能为学生提供与国际专家合作的机会。提供国际职业认证培训，如PMP（项目管理专业人士）认证、SAP认证等，这些认证在全球市场中非常有价值，可以提升学生的职业技能和市场竞争力。

六是优化政策支持，搭建国际议程。高校可以积极参与联合国教科文组织（UNESCO）或国际工程技术协会（IEEE）主导的项目，如参与全球工程教育网络，推动与国际工程教育标准的对接和认证。设立与可持续发展目标相关的研究基金，鼓励学者和学生围绕清洁能源、可持续城市、环境保护等SDGs目标开展研究。例如，开展与国际组织合作的清洁水技术或可持续交通系统的开发项目，这些项目不仅有助于解决全球性问题，也能提升学生的社会责任感，拓展国际视野。通过双边或多边教育合作协议，如中美教育和文化交流协议，设立学生和教师交换项目，提供奖学金和研究资助。这些合作不仅增强了国际合作的深度和广度，还为参与者提供了宝贵的跨文化经验和全球网络构建的机会。创建国际科研平台或联合实验室，与世界顶级大学和科研机构合作。利用国际发展援助资金，如亚洲开发银行（ADB）或世界银行的教育项目资金，支持工科教育的基础设施建设和科技创新。这些资金不仅可以改善教育条件，还可以通过国际援助项目增强高校的全球合作和影响力。

综上所述，国际合作教育在新工科专业建设中起到了桥梁作用，连接着国内外教育资源与产业发展，通过引入国际先进的教育资源和合作模式，极大提升了我国高等教育的国际竞争力和全球影响力。这种全球合作与交流不仅能促进教育质量的提升，也有助于我国新工科人才的全面发展。

结　语

　　新工科建设归根到底就是新工科人才培养的建设，人才是创新的第一驱动力。高校要时刻牢记"为谁培养人、怎样培养人、培养什么人"新时代教育三问，结合新一轮产业变革和新质生产力的发展特点，继承"卓越工程师计划"的丰硕成果，贯彻新工科三部曲"复旦共识""天大行动""北京指南"的发展建设理念，立足本校的办学层次和办学出发点，深化校地企合作，增强产学研一体培养，培育新工科专业人才。

　　本书在新工科背景下，梳理了众多学者对新工科的内涵解释，集众家之长，厘清了新工科的关键特征和具体内涵，分析了新工科人才应当具备的六大要素，即跨学科能力、创新思维、工程实践能力、团队协作能力、社会责任感、可持续发展意识，并且就高校如何培养新工科人才的六大要素提供了教育思路和教育策略。选取多所积极响应新工科建设号召的工科院校，梳理其新工科建设开展的实践探索，总结在新工科背景下人才培养的可借鉴的策略。本书还就新工科人才培养的问题和挑战提出了六大关键点，即教师队伍建设、教育教学改革、课程体系优化、评价体系重塑、实践育人导向和资源保障。只有充分把握以上六点，才能突破表面性的新工科人才培养建设。

　　在以上基础上，联系当下，本书指出工科院校在实施工科教育中存在的突出问题以及在贯彻新工科教育理念时出现的表面化、刻板性的问题，据此结合理论引领，致力于打通理论和实践结合的"最后一公里"，提出相关的优化路径。

最后，思考和明晰新工科人才培养体系建设的主体是政府、不同层次的工科院校、社会力量、个体，明确每个主体的职能所在，加强协同育人体系的建设，同时深化国际合作，拓展学生的国际化视野，确保新工科人才培养的适应性、领先性和可持续性。

参考文献

[1] 马晓河.准确把握新一轮产业技术革命的特征 [J].经济导刊，2021(08):80–81.

[2] 吴伟,吕旭峰,范惠明.美国工程拔尖人才培养新战略——"大挑战学者计划"实施评述 [J].教育发展研究,2010,30(23):63–68.

[3] 张炜.新工科教育的创新内涵与美国工科教育的观念演变 [J].中国高教研究,2022(01):1–7.

[4] 杜岩岩.新型工业化背景下俄罗斯工程教育发展策略研究 [J].教育科学,2016,32(01):93–96.

[5] 张照旭,蔡三发,黄建业.本研一体化：日本工科教育改革的新模式 [J].高等工程教育研究,2019(05):115–119.

[6] 李培根.工科何以而新 [J].高等工程教育研究,2017(04):1–4,15.

[7] 林健.面向未来的中国新工科建设 [J].清华大学教育研究，2017，38(2):26–27.

[8] 夏建国,赵军.新工科建设背景下地方高校工程教育改革发展刍议 [J].高等工程教育研究,2017(03):15–19,65.

[9] 李华,胡娜,游振声.新工科：形态、内涵与方向 [J].高等工程教育研究,2017(04):16–19,57.

[10] 刘坤.新工科教育治理：框架、体系与模式 [D].天津：天津大学,2020.

[11] 钟登华.新工科建设的内涵与行动 [J].高等工程教育研究,2017(03):1–6.

[12] 姜晓坤,朱泓,李志义.新工科人才培养新模式 [J].高教发展与评估,2018,34(02):17–24,103.

[13] 黄河燕.新工科背景下人工智能专业人才培养的认识与思考 [J].中国大学教学,2019(02):20–25.

[14] 刘亮军.新工科：地方本科院校人才培养的新路径 [J].黑龙江高教研究,2018,36(09):32–35.

[15] 章云,李丽娟,杨文斌,蔡述庭.新工科多专业融合培养模式的构建与实践 [J].高等工程教育研究,2019(02):50–56.

[16] 贾玲利,傅娅,赵东平.新工科背景下风景园林专业人才跨学科能力培养探索——以西南交通大学为例 [J].高等建筑教育,2024,33(02):51–58.

[17] 李玉波,杨淑杰,王皓琨,等."新工科"建设背景下地理信息科学专业人才培养模式探索——

以白城师范学院为例 [J]. 白城师范学院学报 ,2024,38(02):90-94.

[18] 林建新 , 蓝丽金 . 新工科背景下电气专业人才培养模式探索 [J]. 电气电子教学学报 ,2024,46
(01):38-40.

[19] 李尚林 , 张雯雯 , 陆汝华 , 等 ."竞赛驱动 , 赛学一体"的新工科人才培养模式——以湘南
学院物联网专业为例 [J]. 湘南学院学报 ,2024,45(02):93-98.

[20] 何皓怡 , 韦丽娟 , 何永波 , 等 . 新工科背景下数据驱动的人才培养模式研究——以广西某高
校网络工程专业为例 [J]. 科技风 ,2024(10):149-151.

[21] 别敦荣 . 工科、工科教育及其改革断想 [J]. 中国高教研究 ,2022(01):8-15.

[22] 杨宗仁 ."新工科"建设的理念内涵及模式综述 [J]. 兰州交通大学学报 , 2019, 38(06):133-135.

[23] 杨菲 , 徐梓钰 , 王丹 , 等 . 应用型本科高校创新创业人才培养路径探究——以河北传媒学
院为例 [J]. 商讯 , 2020(08):12.

[24] 吴岩 . 深化"四新"建设走好人才自主培养之路 [J]. 重庆高教研究 , 2022, 10(03):3-13.

[25] 倪晓丹 .OBE 理念下通识教育和专业教育融合路径研究 [J]. 教育评论 ,2020(01):48-55.

[26] 张雪 . 新工科专业人才工程实践能力培养的影响因素研究 [D]. 阜新 : 辽宁工程技术大
学 ,2021.

[27] 汪加楠 , 郭磊 , 刘家磊 , 于亚芳 , 彭云峰 . 基于 OBE-CDIO 模式的软件工程专业课程群教
学改革 [J]. 电脑知识与技术 ,2020(35):67-68,73.

[28] 戴维·H. 乔纳森 . 学会解决问题 : 支持问题解决的学习环境设计手册 [M]. 刘名卓 , 译 . 上海 :
华东师范大学出版社 , 2015.

[29] 刘海涛 . 高等高校跨学科专业设置 : 逻辑、困境与对策 [J]. 江苏高教 , 2018(02):6-11.

[30] 艾伦·雷普克 . 如何进行跨学科研究 [M]. 博存良 , 译 . 北京 : 北京大学出版社 , 2016.

[31] 张亚娟 . 建构主义教学理论综述 [J]. 教育现代化 ,2018,5(12):171-172.

[32] 祝智庭 , 钟志贤 . 现代教育技术——促进多元智能发展 [M]. 上海 : 华东师范大学出版社 ,2003.

[33] 杨林 , 杨其华 . 美、英、德、澳校企合作培养工程人才模式综述及启示 [J]. 中国电力教育 ,
2012(03):60-61.

[34] 王菲 . 新时代高等教育卓越工程师培养的探索与实践 [J]. 湖北开放职业学院学
报 ,2023,36(24):36-37.

[35] "新工科"建设复旦共识 [J]. 高等工程教育研究 ,2017(01):10-11.

[36] 吴爱华 , 侯永峰 , 杨秋波 , 等 . 加快发展和建设新工科主动适应和引领新经济 [J]. 高等工程
教育研究 ,2017(01):1-9.

[37] 肖凤翔 , 覃丽君 . 麻省理工学院新工程教育改革的形成、内容及内在逻辑 [J]. 高等工程教

育研究 ,2018(02):45–51.

[38] 周玲 ,樊丽霞 ,范惠明 ,等 . 新工科背景下课程建设现状研究——基于核心素养的实证调查 [J]. 中国人民大学教育学刊 ,2021(03):52–77.

[39] 麦可思研究院 .2017 年中国本科生就业报告 [M]. 北京 : 社会科学文献出版社，2017.

[40] 刘剑平 ,夏换 . 共生理论视角下 "新工科" 融合创新发展研究 [J]. 黑龙江高教研 究 ,2021,39(04):19–24.

[41] 宋余庆 ,陈权 ,刘哲 ,等 . 新工科背景下工程创新人才国际培养的探索与实践——基于 "双 跨" 团队体验混合式学习模式的建构 [J]. 高校教育管理 ,2018,12(03):102–108.

[42] 许艳丽 ,张钦 . 智造时代新工科人才培养模式变革的诉求、困境与选择 [J]. 黑龙江高教研 究 ,2022,40(09):47–52.

[43] 祝成林 ,华玉珠 . 新工科建设背景下我国工程人才培养研究——基于文献综述视角 [J]. 阅 江学刊 ,2019,11(05):94–100.

[44] 费翔 . 新工科建设背景下高校工程人才培养刍论 [J]. 教育评论 ,2017(12):17–22.

[45] 陆国栋 ,李拓宇 . 新工科建设与发展的路径思考 [J]. 高等工程教育研究 ,2017(03):20–26.

[46] 厉威成 .CDIO 模式的教育理念及其实践研究 [D]. 成都 : 四川师范大学 ,2012.

[47] 王国胤 ,刘群 ,夏英 ,等 . 大数据与智能化领域新工科创新人才培养模式探索 [J]. 中国大学 教学 ,2019(04):28–33.

[48] 李玉倩 ,蔡瑞林 ,陈万明 . 面向新工科的集成化产教融合平台构建——基于不完全契约的 视角 [J]. 中国高教研究 ,2018(03):38–43.

[49] 边十洪 . 完善辅修、双学位教育教学管理工作的思考 [J]. 教育探索 ，2010(02):95–96.

[50] 裴钰鑫 ,汪惠芬 ,李强 . 新工科背景下跨学科人才培养的探索与实践 [J]. 高等工程教育研 究 ,2021(02):62–68,98.

[51] 高松 . 实施 "新工科 F 计划"，培养工科领军人才 [J]. 高等工程教育研究 ，2019(04):19–25.

[52] 王菲 . 协同育人、多方参与 : 新工科背景下高校创新创业教育的有效路径 [J]. 科教导 刊 ,2023(36):20–22.

[53] 李嘉良 . 新工科背景下地方高校工科生创新能力影响因素及提升策略研究 [D]. 南宁 : 广西 大学 ,2023.

[54] 冯刚 ,王方 . 国际视野下时代新人培育的理论蕴含与实践路径 [J]. 国家教育行政学院学报， 2020(03):34–42.

[55] 王康 . 高校创业教育新模式研究 [J]. 江苏高教 ,2022(05):105–109.

[56] 李壮成 ,黄明东 . 应用型本科高校内涵式发展 : 价值、逻辑与路径 [J]. 四川轻化工大学学报 (社

会科学版),2020,35(03):73–86.

[57] 周步昆 , 耿颖 . 创新创业与专业教育有机融合的应用型人才培养模式改革与实践 [J]. 实验
室研究与探索 ,2020,39(10):220–223.

[58] 冀宏 , 费志勇 , 张根华 , 等 . 地方应用型高校创新创业教育实践与思考 [J]. 实验室研究与探
索 ,2016,35(08):185–189.

[59] 张兰 . 教师实践共同体建构研究 [D]. 重庆 : 西南大学 , 2010.

[60] 王振海 , 周俊男 , 吴庆兴 . 新工科背景下应用型高校专业教育与创新创业教育的深度融合
研究 [J]. 临沂大学学报 ,2024,46(02):147–155.

[61] 林健 . 新工科建设 : 强势打造 "卓越计划" 升级版 [J]. 高等工程教育研究 ,2017(03):7–14.

[62] 高海涛 . 协同育人视角下高校创新型人才培养路径探析——以新工科人才培养为例 [J]. 科
学管理研究 , 2021 , 39(02):124–128.

[63] 郝莉 , 冯晓云 , 宋爱玲 , 李君 . 新工科背景下跨学科课程建设的思考与实践 [J]. 高等工程教
育研究 ,2020(02):31–40.

[64] 于杨 , 吕悦 . 新工科教师胜任力模型的建构与分析 [J]. 高等工程教育研究 ,2021(03):32–38.

[65] 王莉玮 , 薛涵予 , 叶远松 , 等 . 学科竞赛和 "双创" 项目协同驱动下的新工科人才培养模式
探索 [J]. 创新创业理论研究与实践 ,2024,7(06):157–161,179.

[66] 王菲 . 高校思想政治教育与创新创业教育有效融合研究 [J]. 大众文艺 , 2019（18）: 217–218.

[67] 起华荣 , 曹建春 . 卓越工程师培养实习环节存在的问题与其对策 [J]. 大学教育 ,2018(03):144–146.

[68] 张杰 , 宋应华 , 李伏坤等 . 以工程实践能力培养为导向的化工工艺课程教学改革 [J]. 化工管
理 ,2019(07):12–14.

[69] 张安富 . 实施 "卓越工程师培养计划" 的思考 [J]. 高等工程教育研究 , 2010(04):20–23.

[70] 张雪辉 , 梁彤祥 , 杨牧南等 . 新工科背景下多学科交叉融合的材料类创新型人才培养模式
初探——以江西理工大学材料类专业为例 [J]. 萍乡学院学报 ,2020(03):85–88.

[71] 姜立婷 . 基于 "新工科" 背景的工程实践教育体系与实践平台构建研究 [J]. 大连大学学
报 ,2020(03):125–128.

[72] 杨鹏 . 新工科专业人才工程实践能力培养的影响因素探究 [J]. 湖北开放职业学院学
报 ,2023,36(19):30–31,34.

[73] 王菲 . 上好 "大思政课" 构建实践育人新模式 [N]. 新华日报 ,2023–09–08(016).

[74] 王菲 . 基于多元智能理论的第二课堂学分制改革与探索——以南京工业大学为例 [J]. 神州
教育 , 2018（09）: 66–67.

[75] 方建士 , 顾建平 , 汪云祥 , 等 . 新工科建设背景下应用型本科院校材料力学教学改革探讨 [J].

南京工程学院学报 (社会科学版),2019,19(03):81-84.

[76] 黄兴 , 张东升 , 张俊乾 . 基础力学实验教学改革及其管理体系建设与实践 [J]. 实验室研究与探索 ,2018,37(04):214-216,225.

[77] 赵晓军 . 新工科建设背景下基础力学课程体系改革与应用型人才培养的路径 [J]. 甘肃教育研究 ,2024(03):40-42.

[78] 吴昌东 , 江桦 , 陈永强 .BOPPPS 教学法在 MOOC 教学设计中的研究与应用 [J]. 实验技术与管理 ,2019,36(02):218-222.

[79] 曹丹平 , 印兴耀 . 加拿大 BOPPPS 教学模式及其对高等教育改革的启示 [J]. 实验室研究与探索 ,2016,35(02):196-200,249.

[80] 唐灯平 . 网络互联技术与实践 [M]. 北京 : 清华大学出版社 , 2019.

[81] 唐灯平 , 曹金华 , 薛亮 , 等 . 新工科背景下网络互连技术课程 BOPPPS 教学模式探索 [J]. 计算机教育 ,2024(04):81-84,90.

[82] 王菲 . 认知与构建 : 高校培育 "时代新人" 的逻辑与实践路径 [J]. 文教资料 ,2023(20):52-55.

[83] 戴仁俊 , 白凤娥 . "嵌入式" 人才培养模式的理论与实践研究 [J]. 软件导刊 (教育技术),2016,15(11):3-6.

[84] 高子涵 . 依托高校 "青马工程" 培育时代新人的创新模式研究 [J]. 长春师范大学学报 ,2022,41(11):1-4.

[85] 胡清华 , 王国兰 , 王鑫 . 校企深度融合的人工智能复合型人才培养探索 [J]. 中国大学教学 ,2022(03):43-50,57.

[86] 陆为群 . 高师院校课程群建设的原则和策略 [J]. 黑龙江高教研究 ,2007(11):110-112.

[87] 环境保护部核与辐射安全中心 . 核安全专业实务 [M]. 北京 : 中国原子能出版社 , 2018.

[88] 环境保护部核与辐射安全中心 . 核安全综合知识 [M]. 北京 : 中国原子能出版社 , 2018.

[89] 单健 , 蔡祥鸣 , 肖德涛 , 等 . 辐射防护与核安全人才培养的几点思考 [J]. 国际公关 ,2020(12):320-321.

[90] 龚春慧 , 王鹏 , 杨毅 . 新工科背景下辐射防护与核安全专业核心课程群建设探讨——以南京理工大学 "核辐射监测与评价" 为例 [J]. 科教文汇 ,2024(06):68-71.

[91] 许艳丽 , 周天树 . 基于课程设置的新工科学科交叉研究 [J]. 黑龙江高教研究 ,2019(04):156-160.

[92] 李长玲 , 刘非凡 , 郭凤娇 . 运用重叠社群可视化软件 CFinder 分析学科交叉研究主题——以情报学和计算机科学为例 [J]. 图书情报工作 ,2013,57(07):75-80.

[93] 杨敏 , 陈峻 , 许映红 . 交通强国驱动的交通运输类新工科人才培养体系转型升级 [J]. 东南大

学学报 (哲学社会科学版),2021,23(S1):158-160.

[94] 肖付刚 , 舒朋华 , 孙军涛 , 等 . 新工科背景下现代产业学院的建构与实践路径研究 [J]. 中国现代教育装备 ,2024(07):75-78.

[95] 邵桂芳 , 刘暾东 , 祝青园 , 等 . 产教融合引领下的新工科创新人才联合培养 [J]. 计算机教育 ,2024(04):75-80.

[96] 王菲 . 新时代青年科技人才培养工作的路径 [J]. 四川劳动保障 ,2023(12):82-83.

[97] 习近平经济思想研究中心 . 新质生产力的内涵特征和发展重点 [N]. 人民日报 ,2024-03-01(009).

[98] 林健 . 谈实施"卓越工程师培养计划"引发的若干变革 [J]. 中国高等教育 ,2010(17):30-32.

[99] 潘懋元 , 陈厚丰 . 高等教育分类的方法论问题 [J]. 高等教育研究 ,2006(03):13-18.

[100] 段晖 , 刘杰 , 王丹 . 我国地方教育公共治理的社会网络分析——基于上海浦东"教育委托管理"案例的研究 [J]. 中国行政管理 ,2017(05):60-67.

[101] 胡海青 . 产学合作培养人才政策与实践的国际经验与启示 [J]. 高等工程教育研究 ,2014(01):45-51.

[102] 张炜 , 沈锦璐 , 徐沛錾 . 应对全球性挑战的工程教育系统创新暨第十五届科教发展战略国际研讨会综述 [J]. 高等工程教育研究 ,2021(03):197-200.